现代化
智能物流装备与技术

金跃跃　刘昌祺　刘康　编著

化学工业出版社

·北京·

物流装备是现代物流系统的重要内容，先进的物流设备是物流全过程高效、优质、低成本运行的保证。

本书通过大量的数学公式、经验数据、彩色图表、应用实例，系统地阐述了现代化智能物流的装备及技术，叙述简洁明了、重点突出、易于掌握。

本书主要内容包括智能化物流技术、现代物流配送中心构成与经济评估、物流配送中心设备选择及其平面布置设计、自动化仓库设计、堆垛机设计、自动输送装备与分拣技术、智能密集储存装备与技术、智能穿梭车及其设计计算简例。

书中所载的大量公式、彩色图形、表格、标准和实例是现代物流装备制造业实践经验的总结，对建造现代化物流配送中心、自动化仓库以及智能密集仓库具有参考意义和实用价值。

本书可作为科研机构、设计院所、物流工程企业相关专业人员的重要参考书，也可作为高校物流专业的教材。

图书在版编目（CIP）数据

现代化智能物流装备与技术／金跃跃，刘昌祺，刘康编著.—北京：化学工业出版社，2019.11（2022.2重印）
ISBN 978-7-122-35081-7

Ⅰ.①现… Ⅱ.①金…②刘…③刘… Ⅲ.①互联网络-应用-物流管理 Ⅳ.①F252-39

中国版本图书馆CIP数据核字（2019）第182746号

责任编辑：贾　娜　　　　　　　　　　　　　文字编辑：谢蓉蓉
责任校对：杜杏然　　　　　　　　　　　　　装帧设计：王晓宇

出版发行：化学工业出版社（北京市东城区青年湖南街13号　邮政编码100011）
印　　装：北京虎彩文化传播有限公司
787mm×1092mm　1/16　印张20½　字数518千字　2022年2月北京第1版第4次印刷

购书咨询：010-64518888　　　　　　　　　售后服务：010-64518899
网　　址：http://www.cip.com.cn
凡购买本书，如有缺损质量问题，本社销售中心负责调换。

定　　价：128.00元　　　　　　　　　　　　　　　版权所有　违者必究

前 言

物流是国民经济的大动脉，现代化物流装备业也是国民经济的基础产业，其先进程度是衡量一个国家现代化程度和综合国力的重要标志之一，被喻为促进经济发展的"加速器"。

现代化的物流装备系统在电子商务迅速发展的过程中起着举足轻重的推动作用。通俗地表示：电子商务＝网上交易结算＋物流。只有现代化、高效化、信息化和智能化的物流装备系统才能够更好地满足电子商务的需要。

支持现代化物流的技术基础是现代化、自动化和智能化的物流技术装备。先进的物流装备及其科学的物流管理技术，是现代化物流系统的重要物质和技术保证。近年来，现代化的物流配送中心、物流中心、第三方物流等现代物流业正在我国蓬勃兴起。与此同时，物流装备制造业也得到了长足发展，其现代化水平不断提高，越来越趋于自动化、集成化和智能化。物流设备的选择与配置是否合理，直接影响着物流功能的发挥，影响系统的效益。因此，正确理解物流装备在物流系统中的地位与作用，掌握物流设备的概念、分类、特点及用途，合理选择设计、科学管理物流设备是对物流专业技术人员的基本要求。

为了促进我国现代化物流装备业的迅速发展，笔者根据多年从事物流工程研究与实践的经验，结合先进国家、地区以及国内外先进物流企业的实用技术及案例，走"产学研"道路，理论联系实际，教学与工程实际结合，编写了本书，旨在使广大读者系统掌握有关现代化物流装备的科技知识，提高设计计算能力，帮助众多志士同仁更好地从事物流装备研发与设计工作。

本书通过大量的数学公式、经验数据、各种图表、应用实例，系统地阐述了现代化智能物流的装备及技术，叙述简洁明了、重点突出、易于掌握。主要内容包括：智能化物流技术、现代物流配送中心构成与经济评估、物流配送中心设备选择及其平面布置设计、自动化仓库设计、堆垛机设计、自动输送装备与分拣技术、智能密集储存装备与技术、智能穿梭车及其设计计算简例。本书可作为科研机构、设计院所、物流工程企业相关专业人员的重要参考书，也可作为高校物流专业的教材。

书中所载的大量公式、彩色图形、表格、标准和实例是现代物流装备制造业实践经验的总结，对建造现代化物流配送中心、自动化仓库以及智能密集仓库具有参考意义和实用价值。

本书由南京音飞储存设备（集团）股份有限公司（简称音飞）董事长金跃跃、陕西科技大学教授刘昌祺、北京中嘉绿洲环保科技有限公司工学博士刘康共同编著。本书编写过程中，音飞工程师卞宏建提出了许多建设性意见并作了许多学术性的修改工作，项项和夏琴同志也给予了许多技术性帮助，在此一并深表谢意！

由于笔者水平所限，书中不足之处在所难免，敬请读者批评指正。

编著者

目录

第1章 智能化物流技术 / 1

1.1 何谓物流 / 1
- 1.1.1 物流定义 / 1
- 1.1.2 物流概念形成 / 3

1.2 何谓现代物流 / 4
- 1.2.1 现代物流的主要特征 / 4
- 1.2.2 现代物流与传统物流的区别 / 4
- 1.2.3 现代物流业的发展 / 5

1.3 智能物流 / 6
- 1.3.1 智能物流基本内容 / 6
- 1.3.2 智能物流系统的技术基础 / 7
- 1.3.3 智能物流系统依托于电子商务（EC）的运营环境 / 8
- 1.3.4 智能物流特征 / 8
- 1.3.5 智能物流功能 / 9
- 1.3.6 智能物流系统结构 / 9

1.4 物联网智能物流系统 / 13
- 1.4.1 基本构成 / 13
- 1.4.2 技术平台 / 14

第2章 现代物流配送中心构成与经济评估 / 20

2.1 现代物流配送中心概述 / 20
- 2.1.1 现代物流配送中心含义 / 20
- 2.1.2 智能物流配送系统 / 22
- 2.1.3 智能物流系统结构 / 23
- 2.1.4 自动分拣系统 / 24
- 2.1.5 电子标签 / 26

2.1.6　自动化仓库　/ 26

2.2　现代物流配送中心重要意义及其特征　/ 27
2.2.1　现代物流配送中心重要意义　/ 27
2.2.2　现代物流配送中心特征　/ 28

2.3　现代物流配送中心基本构成　/ 29
2.3.1　设备构成　/ 29
2.3.2　现代物流配送中心管理系统　/ 30

2.4　物流配送中心一般业务流程　/ 39
2.4.1　物流配送中心基本作业流程　/ 39
2.4.2　物流配送中心内部作业流程　/ 40

2.5　配送中心的种类及其主要功能　/ 41
2.5.1　通过型物流配送中心　/ 42
2.5.2　储存型物流配送中心　/ 42
2.5.3　加工配送型物流配送中心　/ 42

2.6　物流配送中心作业流程及其生产力评估　/ 43
2.6.1　进货作业　/ 44
2.6.2　储存作业　/ 46
2.6.3　盘点作业　/ 48
2.6.4　订单处理　/ 49
2.6.5　最佳订货量计算　/ 50
2.6.6　物流配送中心按单生产流程　/ 50
2.6.7　拣货作业　/ 51
2.6.8　配送作业　/ 54
2.6.9　采购作业　/ 55
2.6.10　搬运作业　/ 56
2.6.11　补货作业　/ 56
2.6.12　发货作业　/ 57

第3章　物流配送中心设备选择及其平面布置设计　/ 58

3.1　物流配送中心常用的物流机械　/ 58
3.1.1　物流机械种类和功能　/ 58
3.1.2　物流机械的选择　/ 59
3.1.3　保管机械和选择方法　/ 61

  3.1.4 拣货机械和选择方法 / 62
  3.1.5 手工和机械的物流作业流程比较 / 62
  3.1.6 物流配送中心通道宽度及拣货路线 / 63

3.2　物流配送中心区域设计 / 66
  3.2.1 进货车数量计算 / 66
  3.2.2 进货大厅的计算 / 66
  3.2.3 保管区计算 / 67
  3.2.4 分拣区面积计算 / 69
  3.2.5 流通加工区（增值作业区）面积设计 / 70
  3.2.6 升降机前暂存区面积计算 / 70
  3.2.7 发货存储区面积计算 / 71
  3.2.8 发货大厅面积计算 / 71
  3.2.9 区域平面布置 / 72
  3.2.10 地面载荷计算 / 76

3.3　智能物流配送中心布局简例 / 76
  3.3.1 一般物流配送中心布局及其管理 / 76
  3.3.2 卷烟物流配送中心仓储分拣总体布局简例 / 80
  3.3.3 物联网智能物流系统简例 / 81
  3.3.4 医药物流配送中心规划设计简例 / 82
  3.3.5 智能物流配送中心分拣技术简例 / 85

第4章　自动化仓库设计 / 90

4.1　自动化仓库概述 / 90
  4.1.1 自动化仓库定义、应用、特点及其智能化 / 90
  4.1.2 自动化仓库基本构成 / 92
  4.1.3 自动化仓库基本功能 / 94
  4.1.4 库内物流线 / 95

4.2　自动化仓库分类 / 96
  4.2.1 按货架结构分类 / 96
  4.2.2 按使用环境分类 / 97
  4.2.3 按导轨配置分类 / 99
  4.2.4 按货格深度方向存储托盘单元数量分类 / 101
  4.2.5 按用途分类 / 101

4.2.6　按出/入库工作台布置方式分类　/　101
4.2.7　按出/入库工作台配置高度分类　/　102

4.3　自动化仓库的最佳参数选择　/　103
4.3.1　自动化仓库最佳高度选择　/　103
4.3.2　自动化仓库最佳长度　/　103
4.3.3　自动化仓库系统尺寸　/　103
4.3.4　自动化仓库主要尺寸标注　/　107

4.4　自动化仓库的出/入库能力计算　/　109
4.4.1　堆垛机工作循环时间　/　109
4.4.2　自动化仓库基本出/入库能力　/　110
4.4.3　物品的出入库周期　/　111

4.5　自动化仓库标准化　/　112
4.5.1　托盘式自动化仓库标准化　/　112
4.5.2　托盘式自动化仓库的基本规划设计步骤　/　114
4.5.3　托盘式自动化仓库主要工艺设备组成　/　119
4.5.4　自动化仓库工艺流程　/　119
4.5.5　物流工艺布局　/　120
4.5.6　托盘式自动化仓库柱距计算　/　121

4.6　T-1000 型自动化仓库货架设计参考　/　122
4.6.1　货态要求　/　122
4.6.2　货架　/　123
4.6.3　货架层高度尺寸的计算方法　/　124
4.6.4　自动化立体仓库货架与建筑物距离　/　128

4.7　料箱式自动化仓库　/　128
4.7.1　料箱式自动化仓库及其货架标注模式　/　128
4.7.2　根据标准模型选择 T-50 型料箱式自动化仓库　/　129
4.7.3　T-50 型料箱式自动化仓库技术参数　/　132
4.7.4　辊子输送机及其参数　/　133
4.7.5　料箱规格尺寸选择　/　135
4.7.6　T-50 型标准料箱式自动化仓库货架尺寸计算　/　135
4.7.7　计算货格宽度和货架总长度　/　138
4.7.8　仓库货架和建筑物之间的最小距离　/　141
4.7.9　料箱式自动化仓库作业循环时间　/　141

4.8　旋转货架式自动化仓库　/　143
4.8.1　旋转货架式自动化仓库及其特点　/　143
4.8.2　旋转货架式自动化仓库种类　/　144

4.8.3 旋转货架式自动化仓库及轻负荷容器式自动化仓库性能比较 / 147
4.8.4 旋转货架种类及技术参数 / 148
4.8.5 标准旋转货架式自动化仓库 / 148

第 5 章 堆垛机设计 / 152

5.1 堆垛机 / 152
5.1.1 何谓堆垛机 / 152
5.1.2 堆垛机工作原理 / 152
5.1.3 堆垛机构件名称 / 153

5.2 堆垛机分类 / 154
5.2.1 按结构分类 / 154
5.2.2 按导轨配置分类 / 157

5.3 堆垛机尺寸标注及其型号和参数 / 158
5.3.1 尺寸标注 / 158
5.3.2 堆垛机型号及参数 / 159

5.4 堆垛机的出/入库能力计算及速度曲线 / 161
5.4.1 堆垛机出/入库能力计算 / 161
5.4.2 堆垛机工作循环时间测量 / 161

5.5 堆垛机的作业工艺逻辑流程 / 162
5.5.1 入库作业工艺逻辑流程 / 162
5.5.2 出库作业工艺逻辑流程 / 164

5.6 堆垛机技术要求 / 165
5.6.1 堆垛机的正常工作条件 / 165
5.6.2 堆垛机用金属结构件的材质 / 165
5.6.3 堆垛机结构件的焊接 / 165
5.6.4 对通用零部件的要求 / 165
5.6.5 制造和组装要求 / 165
5.6.6 性能要求 / 166
5.6.7 堆垛机效率 / 167

5.7 堆垛机结构计算 / 168

5.8 货叉和电动机功率计算 / 170
5.8.1 货叉尺寸 / 170
5.8.2 电动机功率 / 170

5.9　堆垛机的安全装置 / 171
　　5.9.1　堆垛机安全装置内容 / 171
　　5.9.2　安全装置说明 / 172
5.10　堆垛机动力计算 / 173
　　5.10.1　升降电动机的选择计算 / 173
　　5.10.2　货叉电动机的选择计算 / 173
　　5.10.3　行走电动机的选择计算 / 173
5.11　货叉机构 / 174
　　5.11.1　伸缩货叉在堆垛机中位置及其基本尺寸 / 174
　　5.11.2　齿轮齿条直线差动机构工作原理 / 175
　　5.11.3　堆垛机货叉直线差动行程增倍机构的组成与工作原理 / 176
　　5.11.4　有轨巷道堆垛机三级直线差动式货叉机构设计简例 / 177
　　5.11.5　货叉机构设计计算 / 178
5.12　堆垛机性能参数 / 179
5.13　电容量 / 182
5.14　堆垛机系列化 / 182
5.15　托盘式堆垛机标准化参数图 / 183

第6章　自动输送装备与分拣技术 / 192

6.1　带式输送机 / 192
　　6.1.1　带式输送机的特点及应用 / 192
　　6.1.2　带式输送机种类、工作原理及输送能力 / 193
　　6.1.3　平带输送机 / 194
　　6.1.4　弧形带式输送机 / 197
6.2　链式输送机 / 199
　　6.2.1　链条输送机 / 199
　　6.2.2　板式输送机 / 201
6.3　辊筒输送机 / 205
　　6.3.1　辊筒输送机特点、应用及参数 / 205
　　6.3.2　自由辊筒输送机 / 207
　　6.3.3　动力辊筒输送机 / 208
6.4　空中输送机 / 215

6.4.1 悬挂链式输送机 / 215
6.4.2 垂直输送机 / 215
6.5 自动分拣技术与装备 / 221
6.5.1 分拣转向装置 / 221
6.5.2 分拣输送机按形式分类 / 226
6.5.3 分拣输送机按原理分类 / 228
6.5.4 分拣技术 / 234
6.5.5 分拣方式 / 238
6.6 电子标签辅助拣货系统 / 240
6.6.1 电子标签辅助拣货相关概念 / 240
6.6.2 电子标签应用 / 241

第 7 章　智能密集储存装备与技术 / 243

7.1 一般密集储存装备技术 / 243
7.1.1 流利式货架 / 243
7.1.2 移动式货架 / 248
7.2 智能密集储存库和穿梭车 / 253
7.2.1 穿梭车高密度存储特点 / 253
7.2.2 穿梭车货架特点 / 254
7.2.3 叉车式穿梭车货架 / 255
7.2.4 穿梭车种类及其应用 / 261
7.2.5 智能密集储存自动仓库 / 267
7.3 穿梭车系统 / 272
7.3.1 穿梭母车相关介绍 / 272
7.3.2 子母车工作原理 / 272
7.3.3 穿梭车（穿梭板） / 274
7.3.4 穿梭车对货架、轨道的要求 / 278
7.3.5 穿梭车对托盘的要求 / 279
7.3.6 穿梭车设计简例 / 279
7.3.7 充电柜及其充电原理 / 281
7.3.8 设备故障处理 / 282

第 8 章　智能穿梭车及其设计计算简例 / 284

8.1　智能穿梭车案例 / 284
8.1.1　轨道输送穿梭车 / 284
8.1.2　双轨直线穿梭车 / 286
8.1.3　输送机用移载式穿梭车 / 287
8.1.4　穿梭车轨道改进设计及其穿梭车系统 / 288
8.1.5　新型遥控穿梭车 / 291
8.1.6　交叉轨道穿梭车用双向行走机构 / 293
8.1.7　智能穿梭车平面凸轮顶升机构 / 296
8.1.8　密集储存轨道穿梭车齿轮齿条升降机构 / 297
8.1.9　密集式智能穿梭车的换层及单立柱升降机 / 299
8.1.10　双工位穿梭车的传动装置 / 299
8.1.11　具有爬坡功能的智能四向穿梭车 / 300

8.2　智能穿梭车设计方案分析 / 302
8.2.1　智能穿梭车出入库流程 / 302
8.2.2　智能穿梭车整体构成 / 303
8.2.3　智能穿梭车技术要求 / 304
8.2.4　智能穿梭车安全装置设计 / 304
8.2.5　穿梭车参数 / 305
8.2.6　电动机功率计算 / 305
8.2.7　行走机构结构设计 / 307
8.2.8　行走轴的计算 / 308
8.2.9　行走机构结构形式 / 309
8.2.10　伸叉机构组成及其原理 / 309
8.2.11　货叉传动机构动力计算 / 312
8.2.12　伸叉机构基本结构形式 / 314

参考文献 / 315

第 1 章 智能化物流技术

1.1 何谓物流

1.1.1 物流定义

仓储是指物资实体的存放，其空间位置没有发生变化，物资处于静态。物流是指物资及其载体的物理移动过程，其空间位置发生了变化。物流使商品在生产和消费之间发生位置转移，有交易就有物流活动。物流是物质的物理性移动，是从供应者到使用者的运输、包装、保管、装卸搬运、流通加工、配送以及信息传递的过程。物流本身并不创造产品价值，只创造附加价值。但是，任何产品生产出来后，都要经过搬运、装卸、包装、保管、运输再到消费者的基本过程。只要有物流过程就会产生费用、时间、距离以及人力、资源、能源、环境等一系列问题。若物流从流通领域扩展到供应、生产、流通全过程，物流概念就会发生变化，即有狭义物流和广义物流之分。图 1-1 为狭义物流和广义物流之区别范围。

图 1-2 为流通构成。物流包括运输和保管，运输解决距离，保管解决时间。商流解决商品所有权问题。图 1-3 为流通系统中的托盘式自动仓库。图 1-4 为消除时间和地区距离的物流功能。

物流这一概念最初被称为"实物分配"或"货物配送""连接生产和消费间的桥梁""后勤保障系统"。图 1-5 展示出了流通是生产和消费之间的桥梁，没有流通，商品无法达到消费者手中，所以流通是生产和消费之间的桥梁。图 1-6 为多层智能穿梭车自动仓库分拣系统。

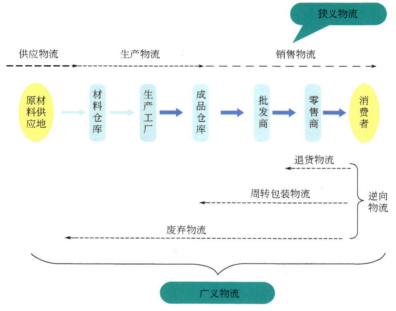

图 1-1　广义物流和狭义物流

图 1-2　流通构成

图 1-3　托盘式自动仓库（南京音飞）

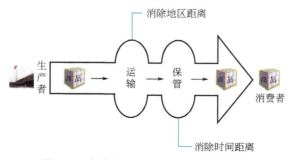

图 1-4　消除时间和地区距离的物流功能

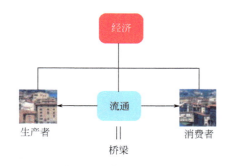

图 1-5 流通是生产和消费之间的桥梁

图 1-6 多层智能穿梭车自动仓库分拣系统（南京音飞）

1.1.2 物流概念形成

图 1-7 为世界物流发展过程。由图可知，从 20 世纪 80 年代开始，随着计算机技术、数控、传感器、条形码、光电、卫星定位、ID、RFID、机器人、可视化和货物自动跟踪等技术的迅速发展及其在物流中的应用，使物流工程和管理技术达到相当高的一体化水平。

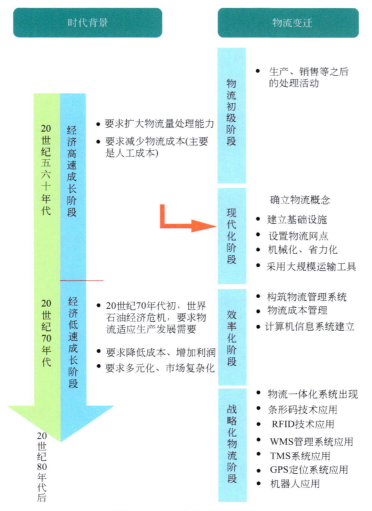

图 1-7 世界物流发展过程

随着科学的发展和社会进步，物流正成为一门新兴产业，指导这一产业的理论基础——物流学也随之发展起来。物流学是实践性很强的综合性、多学科的交叉科学，研究对象是经济活动中"物"的流动规律。

物流的基本任务是完成物资的储存和运输。围绕这一基本任务，物流还包括物资的计划、管理、检验、包装、配送、信息传输和载体的回收等过程。图1-8为多层穿梭车"货到人"智能拣货系统。

图1-8　多层穿梭车"货到人"
智能拣货系统（南京音飞）

物流学属于技术经济学和管理学的范畴，是自然科学和社会科学相互交叉和渗透的边缘学科。它既是技术科学又是经济科学，是多学科的综合，既涉及生产和运输等技术，又涉及经济学、统计学、计算机与信息学和管理学。

满足消费者需要是现代物流业的目标和宗旨。把制造、配送和市场营销统一起来，形成一条龙服务，这是历史发展的必然趋势。社会经济活动主要由生产、流通和消费三大部分组成。其中，流通是联系生产和消费的必要环节。没有流通，商品价值和使用价值都无法体现出来。如何在全社会范围内合理组织物资流通，是经济工作者研究的重要课题。流通是国民经济运行的动脉。

1.2　何谓现代物流

现代物流能将信息、运输、仓储、库存、装卸、搬运以及包装等物流活动整合成一种新型的集成式管理，最大限度降低物流总成本，为顾客提供最佳服务。现代物流可使物流向两头延伸并加入新的内涵，使社会物流与企业物流有机结合在一起，从采购物流开始，经过生产物流，再进入销售物流，然后经过包装、运输、仓储、装卸搬运、加工配送到达用户（消费者）手中，最后还有回收物流。

1.2.1　现代物流的主要特征

现代物流的主要特征是：物流反应快速化；物流功能集成化；物流服务系列化；物流作业规范化；物流目标系统化；物流手段现代化；物流组织网络化；物流经营市场化；物流信息电子化。

综合来讲，现代物流是电子商务与物流的紧密结合；是物流、信息流、资金流和人才流的统一。电子商务物流是信息化、自动化、网络化、智能化、柔性化的结合；物流设施、商品包装的标准化，物流的社会化、共同化也都是电子商务背景下物流模式的新特点。

1.2.2　现代物流与传统物流的区别

传统物流：一般指产品出厂后的包装、运输、装卸、仓储、配送。

现代物流：实现物流系统化、综合物流管理。

1.2.3　现代物流业的发展

① 主导物流服务的是第三方物流。工业发达国家和地区，生产加工企业没有自己的仓库，而由另外的物流配送中心为自己服务。

② 信息技术、网络技术广泛用于物流领域，物流与电子商务融合。20世纪70年代电子数据交换技术（EDI）在物流领域中的应用以及互联网的应用促使物流行业发生了革命性的变化。

③ 物流全球化。现代物流不仅是简单考虑从生产者到消费者之间的货物配送问题，而且还要考虑从供应商到生产者对原材料的采购，以及生产者本身在产品制造过程中的运输、保管和信息等各个方面，全面地、综合性地提高经济效益和效率的问题。

电子商务的不断发展使物流行业重新崛起，物流业所提供的服务内容已远远超过了仓储、分拣和运送等服务。物流公司提供的仓储、分拣设施、维修服务、电子跟踪和其他具有附加值的服务日益增加。物流服务商正在变为客户服务中心、加工和维修中心、信息处理中心和金融中心，根据顾客需要而增加新的服务是一个不断发展的观念。

图1-9为发达国家的现代化饮料物流配送中心，主要由控制系统、在库管理系统、托盘式自动化仓库、旋转式自动化仓库、分类输送机系统、拣货系统、工业机器人等构成。

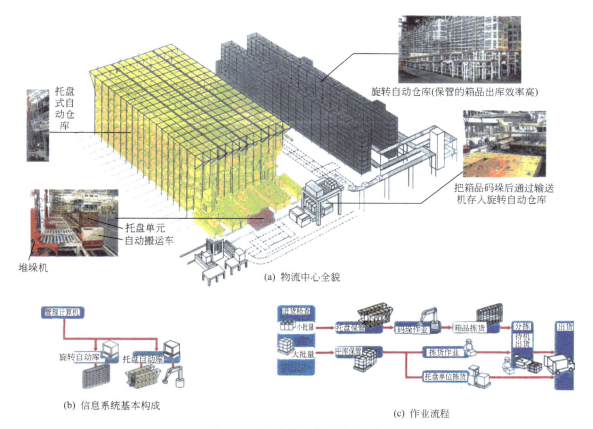

图1-9　现代化饮料物流配送中心

图1-10为物流中心基本的功能及作业流程。

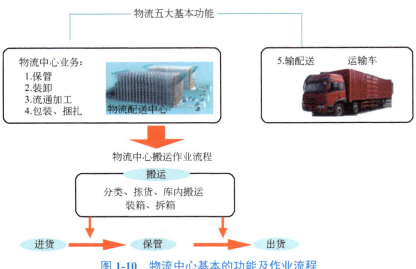

图 1-10　物流中心基本的功能及作业流程

图 1-11 为现代物流基本内容，包括订货、退货、物流信息处理、在库管理、输配送、保管、安全管理、成本管理、配车管理、拣货、捆包等。此外，物流还包括资金流、传票处理、制造信息等内容。

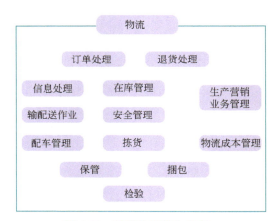

图 1-11　现代物流基本内容

1.3　智能物流

1.3.1　智能物流基本内容

智能物流系统是一个在智能交通（ITS）基础上，电子商务（EC）化运作的物流服务体系。它通过 ITS 解决物流作业的实时信息采集，并对采集的信息进行分析和处理。通过在各个物流环节中的信息传输，为货主提供详细的信息和咨询。在 EC 的运营环境下为客户提供增值性物流服务。图 1-12 为智能物流基本内容。图 1-13 为智能物流系统中的自动仓库。

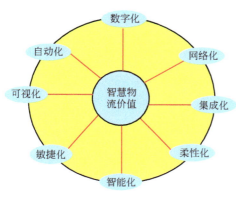
图 1-12 智能物流基本内容

图 1-13 智能物流系统中的自动仓库（南京音飞）

1.3.2 智能物流系统的技术基础

ITS 协助物流配送管理，提供当前道路交通信息、路线诱导信息，为物流业优化运输制订方案提供可靠依据。

通过对车辆位置状态实时跟踪，向物流业或客户提供车辆预计达到时间。图 1-14 为智能物流系统基本构成。图 1-15 为智能多层穿梭车储存及配送系统。

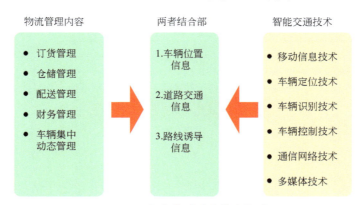
图 1-14 智能物流系统基本构成

图 1-15 智能物流中的多层穿梭车储存及配送系统（南京音飞）

1.3.3 智能物流系统依托于电子商务（EC）的运营环境

现代物流致力于仓储、加工、配送等环节的智能化，优化 EC 系统的配送中心及物流中心网络，设计适合于 EC 的物流渠道，简化物流过程，提高物流系统快速反应能力。图 1-16 为电子商务和物流系统关系示意图。

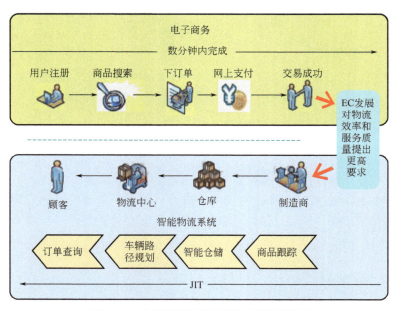

图 1-16 电子商务和物流系统关系示意图

1.3.4 智能物流特征

（1）智能化

物流系统能够模拟人的思维解决物流问题。其核心特征是借助于信息技术、人工智能、商务智能、管理智能、自动识别和控制、运筹学和专家系统，智能化地获取、传递、处理、利用信息和知识，使物流系统能模拟人的思维进行感知、学习、推理和判断。

（2）集成化

智能物流系统中集成了许多现代化技术来满足智能物流系统运作需要。

（3）物流过程自动化

ITS、GPS、GIS 和 EC 等现代技术必须与自动化的物流设施及设备配套使用。依托自动识别系统、自动检测技术、自动分拣技术、自动存取技术、物品自动跟踪技术系统及信息诱导系统等技术来对物流信息实时采集和跟踪。

（4）信息化——实时物流信息的传播、储存、处理

信息化即是物流信息收集的数据化、代码化，物流信息处理的电子化，物流信息传递的网络化、标准化、实时化，物流信息储存数据化。

（5）网络化——物流设施、业务、信息的网络化

通过计算机网络信息、物联网、电子订货系统、电子数据交换系统等工具把物流配送中心与其上游供应商和下游客户之间建立有机联络，保证信息畅通。

（6）柔性化——具有环境适应能力的动态系统

以客户为中心，满足客户多品种、小批量、短周期的要求。

1.3.5 智能物流功能

（1）物流作业功能

其功能有运输、仓储、包装、配送、装卸、流通加工等。

（2）物流信息功能

其功能有物流计划预测、物流控制调度、储存量控制、传达发货指令、传达接货指令、资料处理等。

1.3.6 智能物流系统结构

图 1-17 为智能物流系统构成。现代化物流基本特点是物流信息化、全球化、社会化、网络化、自动化、智能化、柔性化、标准化和绿色化等。

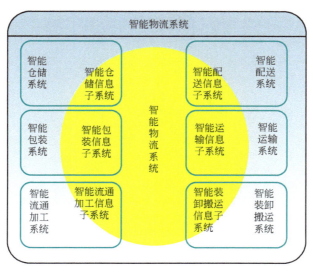

图 1-17　智能物流系统构成

智能物流系统按功能分为产品跟踪子系统、智能决策支持系统、智能仓储信息子系统、智能配送信息子系统、智能包装信息子系统、智能流通加工信息子系统、智能装卸搬运信息子系统等。图 1-18 为智能物流信息传输系统示意图。

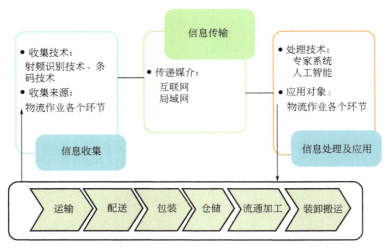

图 1-18　智能物流信息传输系统示意图

（1）智能运输信息子系统

图 1-19 为智能运输信息子系统。此系统以 ITS 为基础，通过在运输工具和货物上安装跟踪识别装置，用先进的交通信息系统，实时采集车辆位置及货物状态信息，向客户提供车辆预计到达时间，为物流中心配送计划、仓库储货提供战略依据。

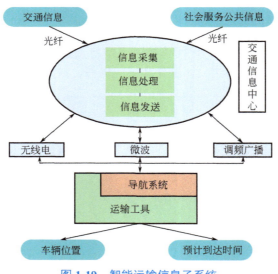

图 1-19　智能运输信息子系统

（2）智能配送信息子系统

智能配送信息子系统包括智能配送信息处理子系统、智能配载及送货路径规划子系统、配送车辆智能跟踪子系统、智能客户管理子系统。

① 智能配送信息处理子系统。收集整理取货信息、送货信息、配送信息后,分发到配载及路径规划子系统中。图 1-20 为多层智能穿梭车"货到人"储存分拣系统。

图 1-20　多层智能穿梭车"货到人"储存分拣系统(南京音飞)

② 智能配载及送货路径规划子系统。应用地理编码和路径规划技术,分析出每辆车的最佳路径,之后根据行驶路线设计货物配载。

③ 配送车辆智能跟踪子系统。通过 GPS 系统把移动车辆信息纳入信息网,并将该系统与地面信息系统构成一个整体。

④ 智能客户管理子系统。把客户信息及配送信息纳入数据库,并进行智能分析,为以后作业流程改进、提高客户满意度和系统优化提供帮助。图 1-21 为智能配送信息子系统构成图。

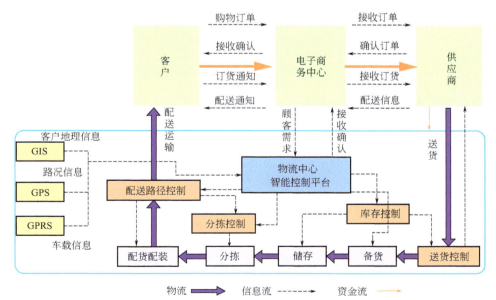

图 1-21　智能配送信息子系统构成图

（3）智能仓储信息子系统

仓储包括货物堆存、管理、保管、保养、维护等一系列活动。

图 1-22 为智能仓储信息子系统结构图。图 1-23 为智能化穿梭车储存及拣货系统实体。

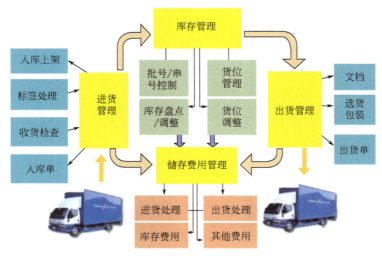

图 1-22　智能仓储信息子系统结构示意图

图 1-23　智能化穿梭车储存及拣货系统实体（南京音飞）

（4）智能流通加工信息子系统

为了促进商品销售、维护商品质量和实现物流效率化，对物品进行加工处理，使物品发生物理或化学变化，如分包、特标、计重等增值性服务。

包装服务是物品在装卸搬运、运输、配送和仓储等服务活动中，为了保持一定的价值及状态而采用合适的材料或容器来保护物品所进行的工作总称。

管理被包装物的输出信息和销售分布信息，提高商品的可追溯性。这是用户能够掌握商品使用性能及其流动过程的有效手段。

智能装卸搬运系统将装卸货、仓储上架、堆垛补货、单件分拣、集成化物品等信息收集并传递到智能决策子系统。决策系统把任务分解成人员、物品的需求计划，合理选择与配置装卸搬运方法和装卸搬运机械设备，尽可能减少装卸搬运次数，节约物流费用，获得最大利益。

物流实时跟踪技术利用 GIS 技术、GPS 技术、RFID 技术、物流条形码和 EDI 技术对物流过程所涉及的物料运输、仓储、加工、装卸、配送、销售等环节进行监控管理，及时获取物品在流通链中的信息，如数量、品种、在途情况、交货时间、发货地和到达地、货主、送货责任车辆和人员等，最大程度提高物流速度和服务质量。图 1-24 为实时跟踪技术示意图。

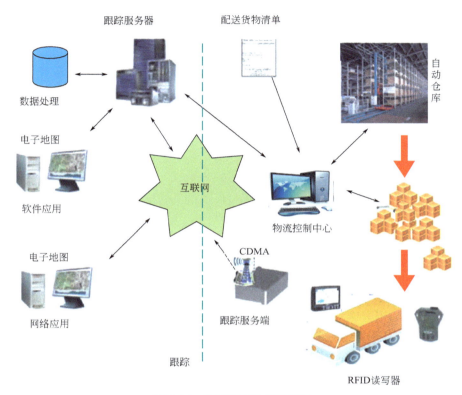

图 1-24　实时跟踪技术示意图

1.4　物联网智能物流系统

物联网智能物流系统包括仓储配送系统、运输系统、销售系统、财务管理系统、统计查询和集成系统等内容。

1.4.1　基本构成

智能物流系统集成了传感器、RFID、声、光、电、机、移动技术等许多细节技术，建成全自动化的物流配送中心。该系统利用智能控制、自动化操作网络，可实现商流、物流、信息流、资金流的一体化管理，还能够实现机器人码垛、无人搬运车运料、自动分拣、计算机控制堆垛机自动完成出入库作业。物流作业与生产制造实现了自动化、智能化和网络化。

智能物流系统具有信息化、网络化、集成化、柔性化、可视化等特点。图 1-25 为智能物流系统基本结构示意图。

图 1-25 智能物流系统基本结构图

1.4.2 技术平台

（1）RFID在智能物流系统中的应用

① RFID 概念。射频识别技术（RFID 或 RF）是自动识别技术之一，即通过无线射频方式进行非接触双向数据通信对目标加以识别。

射频识别技术是利用电波确认人和物的识别技术，该技术用阅读装置读取写在标签 IC 芯片里的许多信息数据。这些数据的最大特征是可以改写。RFID 广泛用于物流中心的进货、盘点、检查等作业中，即利用阅读装置读取全部商品包装表面上 RFID 芯片信息即可完成商品的识别任务。

② RFID 系统的组成及原理。该系统由电子标签、阅读器、编程器和天线四部分构成。

图 1-26 为 RFID 系统工作原理。当装有电子标签的物体接近微波天线时，阅读器发出微波查询信号。安装在物体表面的电子标签收到阅读器的查询信号后，根据查询信号中的命令要求，将标签中的数据信息反射回电子标签读出装置。

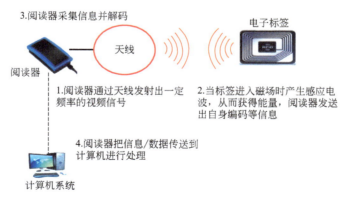

图 1-26 RFID 系统工作原理

阅读器接收到电子标签反射回的微波合成信号后，经阅读器内部微处理器处理即可将电子标签储存的识别代码等信息分离出来。

这些识别信息作为物体的特征数据被传递到控制计算机进一步处理，从而完成与物体有关的信息查询、收费、放行、统计管理等应用。

③ RFID 特点。其特点是：非接触性（阅读距离远达 10m 以上）；读写速度快（毫秒级）；可穿过玻璃、布料、木材、塑料等非金属材料阅读；具有方向性，只对指向物体进行识别；可在油污、粉尘等恶劣环境下工作；可全天候工作，不受风、雨、雪、雾等天气影响。

④ RFID 应用。图 1-27 为物流中心的 RFID 应用举例。图 1-28 为 RFID 在入库流程中的应用。

图 1-27　RFID 应用

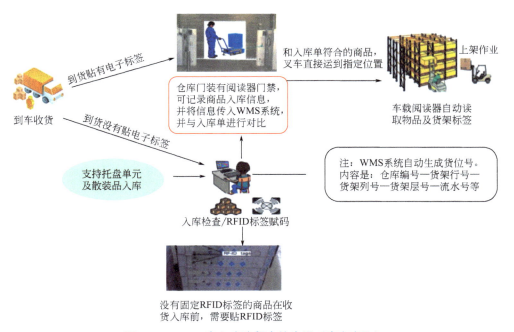

图 1-28　RFID 在入库流程中的应用（南京音飞）

图 1-29 为 RFID 技术在入库上架作业中的应用。图 1-30 为 RFID 商品移位。

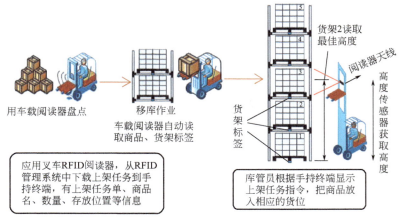

图 1-29　RFID 技术在入库上架作业中的应用

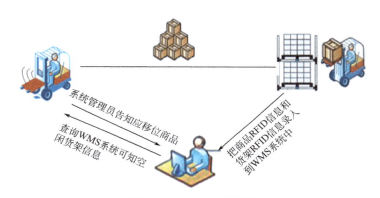

图 1-30　RFID 商品移位

图 1-31 为 RFID 用于理货、拣货、盘点作业。图 1-32 为 RFID 出库作业应用。

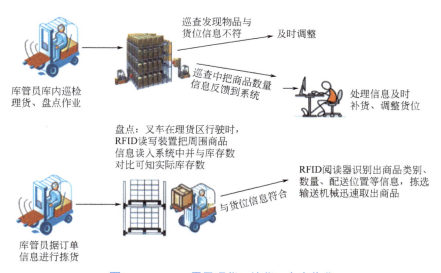

图 1-31　RFID 用于理货、拣货、盘点作业

图 1-32　RFID 出库作业

图 1-33 为 RFID 在物流配送中心的应用。图 1-34 为 RFID 技术在自动化仓库中的应用。

图 1-33　RFID 在物流配送中心的应用

图 1-34　RFID 技术在自动化仓库中的应用（南京音飞）

（2）条形码在物流系统中应用

① 条形码概念。条形码是由一组按特定规则排列的条、空及其对应字符组成的表示一定信息的符号。空指对光线反射率较高的部分。

条和空白组成的数据表达一定的信息，并能够用特定的设备识读，转换成与计算机兼容的二进制和十进制信息。

条和空用于机器识读，符号供人直接识读或通过键盘向计算机输入数据。这些条和空可以有各种不同的组合方法，从而构成不同的图形符号，即各种符号体系，也称码制，适用于不同的场合。

② 条形码技术的工作原理。图1-35为条形码扫描原理图。条形码扫描器主要由透镜、光源及光电转换器等构成。通过光电转换的条形码信息进入放大整形电路后进入译码接口电路进行译码，之后进入计算机系统。

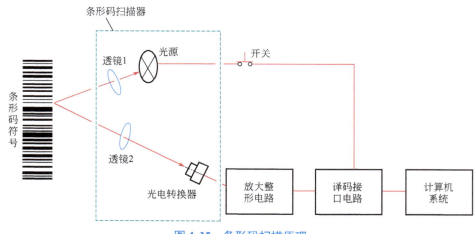

图1-35　条形码扫描原理

③ 条形码种类。条形码有商品条形码（EAN/UPC）、储运单元条形码（ITF-14）、贸易单元128码（EAN/UCC-128）（国际物品编码协会简称EAN，美国统一代码协会简称UCC）等。以商品条形码（EAN/UPC）为例说明如下：图1-36为商品条形码EAN-13，它应用于零售包装，供零售卖场POS系统扫描结账时使用。

图1-36　商品条形码EAN-13

④ 条形码应用。图1-37为条形码在出库流程中的应用。图1-38为条形码在盘点中的应用。

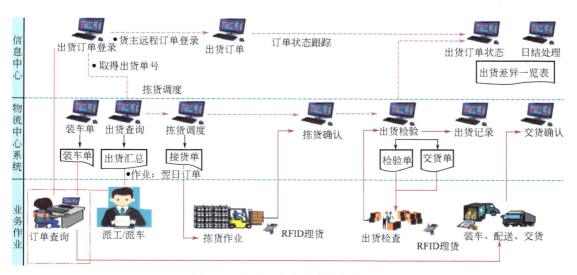

图1-37 条形码在出库流程中的应用

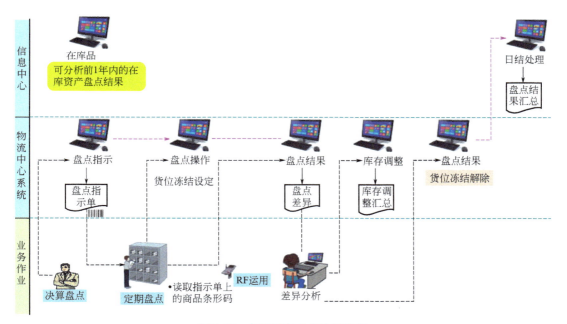

图1-38 条形码在盘点中的应用

第 2 章

现代物流配送中心构成与经济评估

2.1 现代物流配送中心概述

2.1.1 现代物流配送中心含义

图 2-1 为现代物流配送中心基本构成。其主要有托盘式自动仓库、旋转式自动仓库、箱式自动仓库、滚筒输送机、拆垛机、箱品补货输送机以及控制系统、WMS 软件（仓库管理系统）等。图 2-2 为 4 层大型现代化物流配送中心仿真图。

现代物流配送中心是接受并处理末端用户的订货信息，对来自上游的多品种货物进行分拣，根据用户订货要求进行拣选、流通加工、组配，并进行送货的设施和机构。即物流配送中心是从事货物配备（集货、加工、分货、拣选、配货）和组织优质送货的现代化流通设施。现代物流配送中心是基于物流合理化和发展市场两个需要而发展起来的，是以组织配送式销售和供应，执行实物配送为主要功能的流通型物流结点。它很好地解决了用户多样化需求和厂商大批量专业化生产之间的矛盾，是现代化物流的标志。

随着市场竞争的加剧和行业变革加快，我国物流企业积极运用新技术，向着现代化、智能化的物流企业转型。

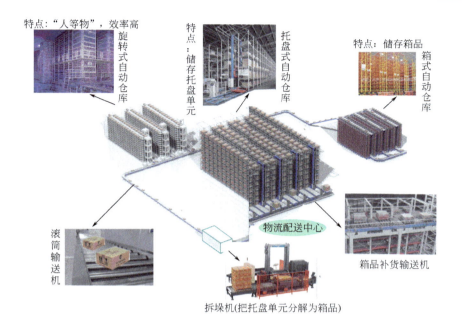

图 2-1　现代物流配送中心基本构成

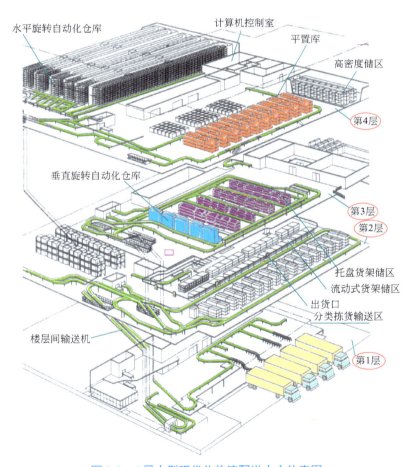

图 2-2　4层大型现代化物流配送中心仿真图

现代物流配送中心采用高位立体存储、智能化密集储存、机械化作业以及自动化物流设备，应用了无线网络通信技术和 RFID 技术，采用电子标签拣选系统、语音拣选系统等，实现库内作业无纸化、任务分配智能化。依托强大的信息系统支撑和软硬件系统，提高了物流效率及物流服务水平。

这种现代化、智能化的智能物流模式，在分拣中心采用自动分拣、自动输送分拣系统、货位精细管理及无线手持终端系统等先进设备。自动分拣系统可连续运行 100h 以上，每小时可分拣 7000 件包装商品。自动输送分拣系统总长度可达 1000 多米，把自动仓库、多层楼层库房全部连接成一套输送分拣系统，可实现物品的自动传输、搬运、补货、出库、自动分拣等功能，大大减少了人工搬运量，提高了出库速度和准确率。

2.1.2 智能物流配送系统

智能物流以物联网为基础，利用先进的信息采集、信息传输、信息处理、信息管理、智能处理等技术，通过信息集成、技术集成和物流业务管理系统的集成，实现生产、配送、运输、销售等物流过程的优化，为供方提供最大化利润，为需方提供最佳服务。此外，智能物流系统消耗自然和社会的资源最少，最大限度地保护了生态环境。

智能物流特点是信息化、智能化、自动化、网络化、集成化、柔性化、无纸化、一体化。智能化物流配送中心广泛应用自动分拣机、智能化自动化仓库、信息处理及自动化通信、传感器技术、RFID 技术、机器人等技术。图 2-3 为智能物流信息系统与技术支持。主要技术有：

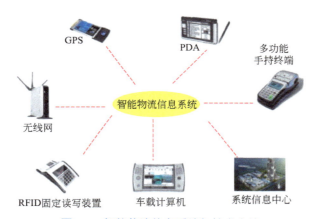

图 2-3　智能物流信息系统与技术支持

（1）自动识别技术

自动识别技术是以计算机、光、机、电、通信等技术为基础的高度自动化的数据采集技术。它通过识别装置，自动获取被识别物体的相关信息，并提供给后台的处理系统来完成相关后续处理工作。利用自动识别技术实现海量数据的自动采集和输入，目前在运输、仓储、配送等方面已得到广泛应用。自动识别技术包括条码识别技术、智能卡识别技术、光字符识别技术、射频识别技术、生物识别技术等。

（2）人工智能技术

人工智能是研究用各种机器模拟人类智能，使人类的智能得以物化与延伸的一门学科。它借鉴仿生学思想，用数学语言抽象描述知识，用以模仿生物体系和人类的智能机制。

图 2-4 为智能物流系统基本构成，各构成部分之间相互在线联系，实现物流的准确流动。

图 2-5 为智能物流配送中心要素及技术功能。

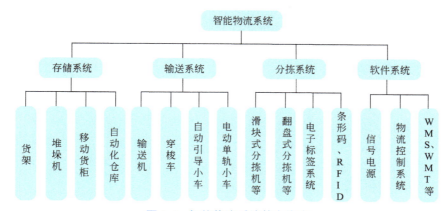

图 2-4　智能物流系统基本构成

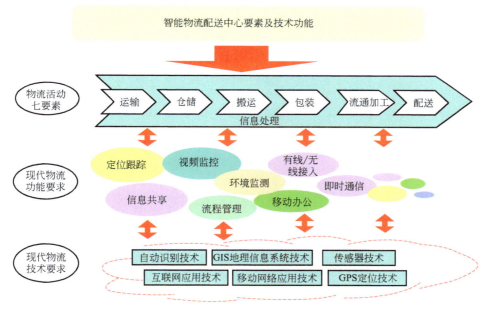

图 2-5　智能物流配送中心要素及技术功能

2.1.3　智能物流系统结构

智能物流系统包括：①智能包装信息子系统；②智能运输信息子系统；③智能仓储信息子系统；④智能配送信息子系统；⑤智能装卸搬运信息子系统等系统；⑥智能流通加工信息子系统。图 1-17 为智能物流系统构成。图 1-18 为智能物流信息传输系统示意图。图 1-19 为智能运输信息子系统。

智能配送信息子系统构成如图 1-21 所示。配送服务是按照用户订货时间及交货地点，在物流节点进行理货、配送的工作。配送作业是距离短、小批量、多品种、高频率的货物运输服务。

智能仓储信息子系统结构如图 1-22 所示。

智能仓储信息子系统功能有：自动精确获得产品和仓储的信息；自动形成并打印入库清单和出库清单；自动分配货位，实现随机储存；产品库存数量、库存位置、库存时间、货位信息查询，随机抽查盘点、综合盘点；汇总和统计各类库存信息，输出各类统计报表。

物流实时跟踪技术如图 1-24 所示。

物流实时跟踪系统构成如下：

跟踪定位装置：把跟踪到的客户端信息置入在货车微型计算机里，计算机中配备了 GPS 模块，用于实时定位卡车位置，并将货车当前位置报告给跟踪服务器。

RFID 部件：把 RFID 标签贴在包装物上，商品移动全过程都由 RFID 阅读器进行监控。

系统数据库：把货车位置、物品状态等信息储存在系统数据库中。借助于电子地图，管理者可以及时调整、优化派送方案。

商品实时查询网站：商品实时查询网站将在商品代码输入系统数据库中查找到商品的当前位置、路线和状态，及时反馈给客户。

物流实时跟踪技术应用：可以实时跟踪每一个商品从收取开始到商品送达完成这一全过程的每一个环节。信息服务网络可以使货主和收货人能够在全球通过因特网浏览服务器实时跟踪其发运商品状况。

图 2-6 为智能物流中心四级管理层内容。计算机仿真技术在物流系统中的应用可节约 30% 总投资。即是应用：①三维虚拟物流配送中心模型；②使用虚拟仿真器可以对物流中心的建设进行精确的投入与产出分析；③在参观现场或查阅自动仓库图纸资料基础上，可用计算机模拟自动仓库；④可以模拟生产型物流的现场作业，并提出提高物流作业效率的方案；⑤在计算机上虚拟物流传输和运输业务，模拟配车计划及相关配送业务；⑥可以灵活变更物流作业顺序，进行物流作业过程重组分析，优化比较方案。

图 2-6　智能物流中心四级管理层内容

2.1.4　自动分拣系统

自动分拣机的分拣效率极高，通常每小时可分拣商品 6000～12000 箱。随着连锁超市和便利店的迅速发展，对物流的"拆零"作业要求较高。因为拣货、拆零作业的劳力占整个配送中心劳力的 80% 左右。为了提高物流环节的作业效率必须使物流配送中心机械化、自动化、智能化。图 2-7 为智能四向穿梭车储存、分拣系统。图 2-8 为多层智能穿梭车拣货作业。图 2-9 为大型现代物流配送中心分拣系统。

图 2-7　智能四向穿梭车储存、分拣系统（南京音飞）

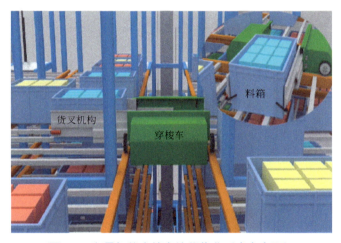

图 2-8　多层智能穿梭车拣货作业（南京音飞）

图 2-9　大型现代物流配送中心分拣系统

2.1.5 电子标签

电子标签拣货系统使用广泛。图 2-10 为电子标签拣货原理，图 2-11 为电子标签在自动分拣中的应用。

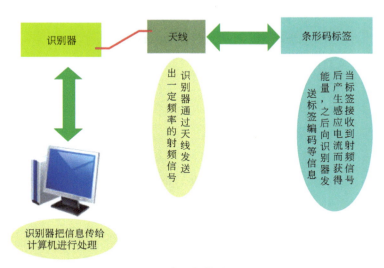

图 2-10　电子标签拣货原理

图 2-11　电子标签在自动分拣中的应用

2.1.6 自动化仓库

自动化仓库是用高层货架储存货物，以巷道堆垛起重机存取货物，并通过周围的装卸搬运设备，自动进行出入库存取作业的仓库。

自动化仓库可以节约空间、劳力。自动化仓库主要由货架、巷道堆垛起重机、周边出入库配套机械设施和仓储管理控制系统等几部分组成。图 2-12 为托盘式自动化仓库。图 2-13 为智能多层穿梭车自动化仓库。

图 2-12 托盘式自动化仓库（南京音飞）

图 2-13 智能多层穿梭车自动化仓库（南京音飞）

2.2 现代物流配送中心重要意义及其特征

2.2.1 现代物流配送中心重要意义

现代物流配送中心是实现销售或供应的现代流通设施，即在计算机监控下，从事货物的集货、加工、分货、拣选、配货和对用户送货等业务。现代物流配送中心在生产服务领域发挥着重大作用。图 2-14 为现代物流配送中心的重要作用及优点。

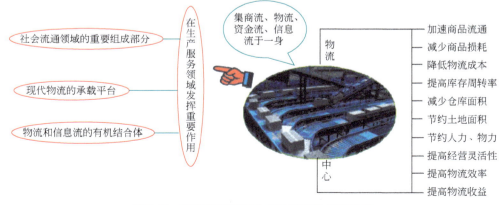

图 2-14 现代物流配送中心的重要作用及优点

图 2-15 为现代物流配送中心计算机控制与管理的主要内容。

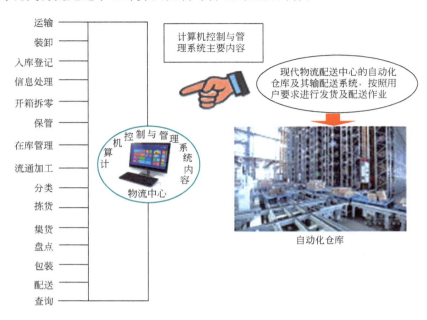

图 2-15　现代物流配送中心计算机控制与管理的主要内容

2.2.2　现代物流配送中心特征

现代物流配送中心特征如图 2-16 所示。

图 2-16　现代物流配送中心特征

2.3 现代物流配送中心基本构成

2.3.1 设备构成

现代物流配送中心必须配备现代化的物流装备，如电脑网络系统、自动分拣输送系统、自动化仓库、自动旋转货架、自动装卸系统、自动导向系统、自动起重机、商品条码分类系统、输送机、工业机器人、AGV、智能化密集储存等新型高效现代化、自动化的物流配送机械化系统。

图 2-17 为一般物流配送中心构成概要图。

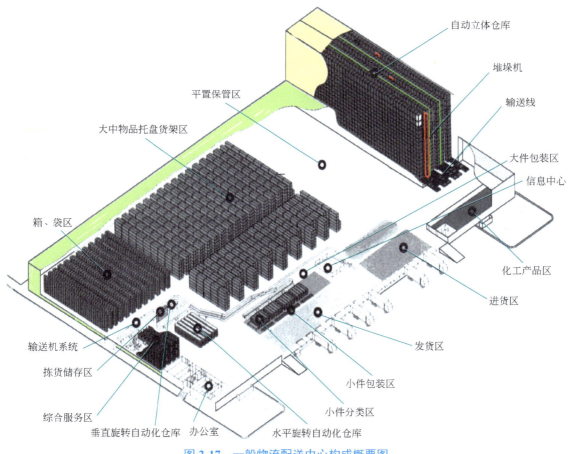

图 2-17　一般物流配送中心构成概要图

图 2-18 为现代物流配送中心基本构成。根据保管物的种类、数量、物品吞吐量等来选择适合的物流装备。现代物流配送中心除了拥有自动化设备之外，还具有现代化的控制和管理系统。

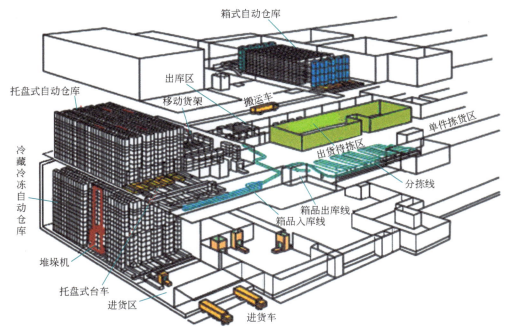

图 2-18　现代物流配送中心基本构成

2.3.2　现代物流配送中心管理系统

（1）一般现代物流配送中心管理系统

图 2-19 为一般现代物流配送中心管理系统。现代物流配送中心的主要物流活动是信息流和物流。信息流层次如下：

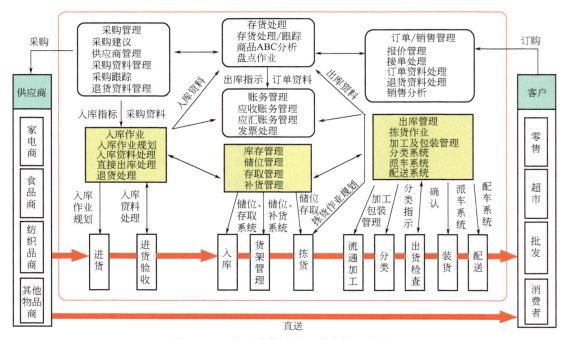

图 2-19　一般现代物流配送中心管理系统

a. 上层——战略层管理。
b. 中层——经营管理层管理。这又分为进货、存货、销售等3项信息管理。
c. 下层——物流作业层管理。这又分为入库管理、在库管理、出库管理等3项管理系统。

（2）一般现代物流配送中心的物流和信息流的结构图

图2-20为一般现代物流配送中心物流的结构图。物流过程是进货入库、保管、拣货、集货、暂存和出库发货等流程。图2-21为一般现代物流配送中心信息流结构图。

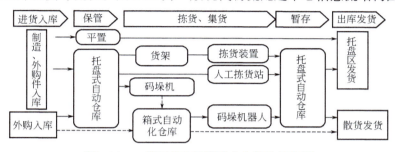

图2-20　一般现代物流配送中心物流结构图

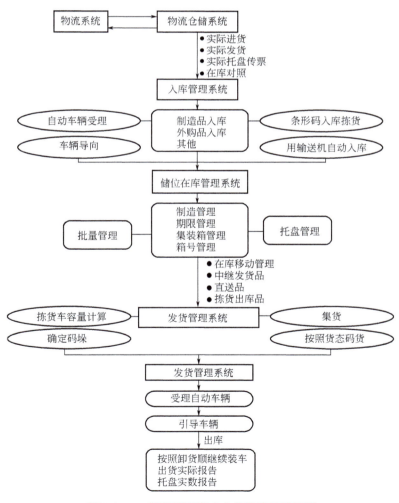

图2-21　一般物流配送中心信息流的结构图

（3）现代物流配送中心管理系统结构

图 2-22 为现代物流配送中心主要作业区及其作业内容，主要包括仓储区、运输区、综合办公区、附属功能区，即是物流配送中心涵盖的最主要的功能范围。自动仓库是物流配送中心的最主要储存装备。

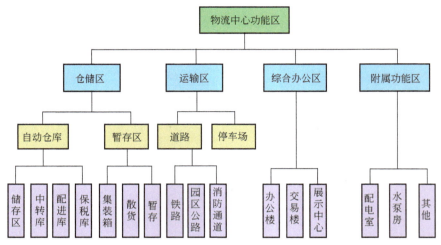

图 2-22　现代物流配送中心主要作业区及其内容

图 2-23 为现代物流配送中心计算机控制与管理的主要内容，对各项工作进行现代化统一管理，即是物料从卸货、入库开始到物料出库、配送之间的计算机全程监控管理。

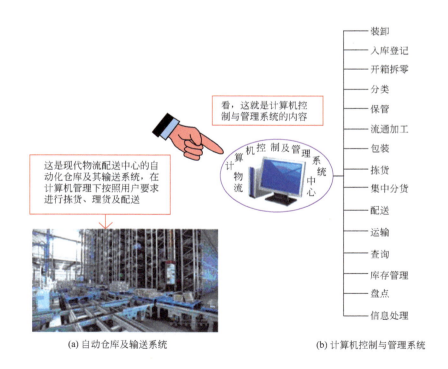

(a) 自动仓库及输送系统　　　　　　(b) 计算机控制与管理系统

图 2-23　现代物流配送中心内部计算机控制与管理内容

图 2-24 为 WMS 和 ERP、TMS 之间关系。图 2-25 为 ERP 和物流、信息流三者的关系，即只要有物料移动就有信息流产生。图 2-26 为 RFID 数字化仓储管理系统，即在仓储管理全程中利用了 RFID 射频监控技术，效率高、准确率高，降低了物流成本。图 2-27 为 RFID 物联网智能管理系统，图 2-28 为大型物流配送中心运输管理系统运行图，该系统实时监控物料的详细流动过程。

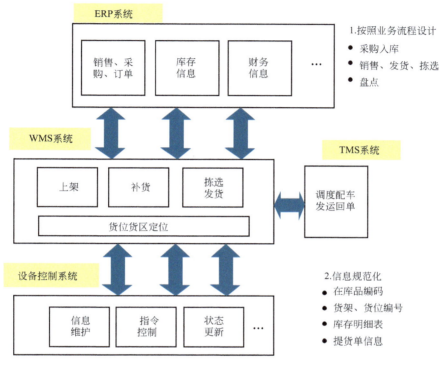

图 2-24　WMS 和 ERP、TMS 之间关系

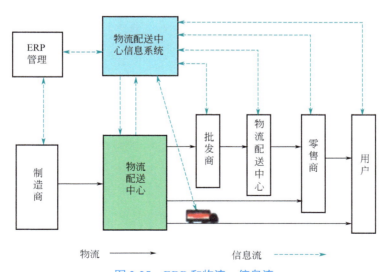

图 2-25　ERP 和物流、信息流

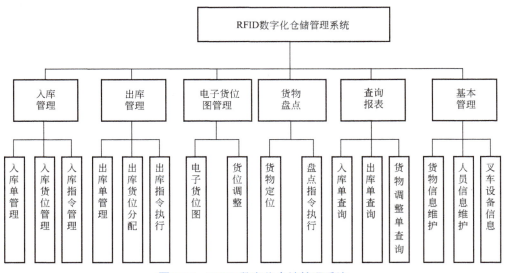

图 2-26　RFID 数字化仓储管理系统

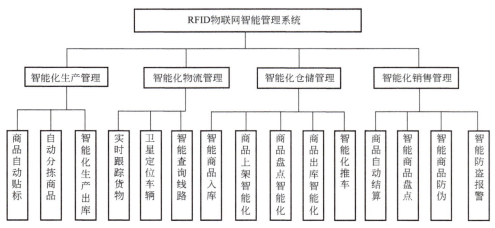

图 2-27　RFID 物联网智能管理系统

图 2-29 为现代物流配送中心的主要相关系统，即是物流配送中心的最主要构成部分。

图 2-30 为现代仓储管理系统（WMS）管理功能，该系统是对物料存放空间进行管理的软件。图 2-31 为现代仓储管理系统（WMS）的基本管理流程。图 2-32 为物流配送中心物品跟踪管理示意图，即商品在流动过程中通过监控系统，掌控其实时信息。

图 2-33 为收发货过程中的电子标签管理。图 2-34 为物流配送中心在线配送管理。该管理方式的优点是通过卫星定位系统，能够实时掌握物品配送过程中的信息，及时了解商品的配送情况。

图 2-35 为商流、信息流、资金流一体化。随着网络技术、电子商务、交通工具现代化的迅速发展，国际商务活动日益频繁，极大地促进了国际物流业务发展。图 2-36 为物联网与车载跟踪管理系统。图 2-37 为电子订单管理系统。

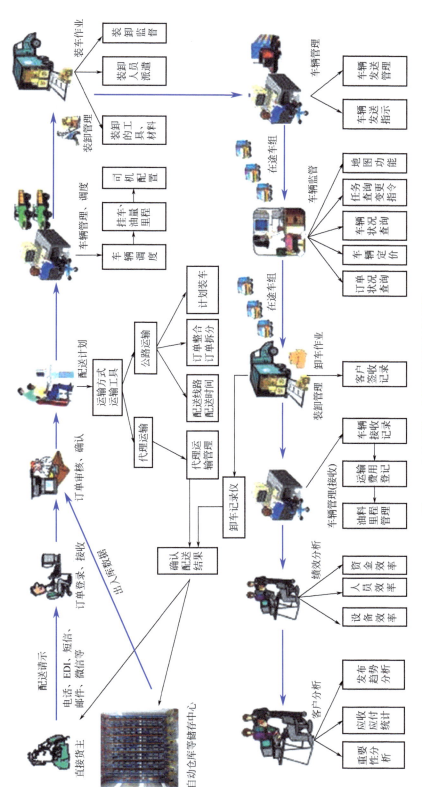

图 2-28 物流配送中心运输管理系统运行图

图 2-29　现代物流配送中心的主要相关系统

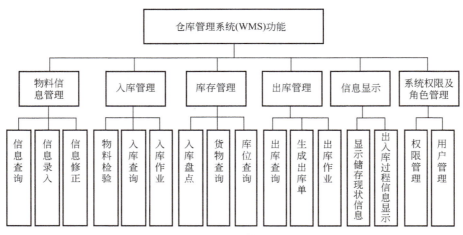

图 2-30　WMS 管理功能

图 2-31　WMS 基本管理流程

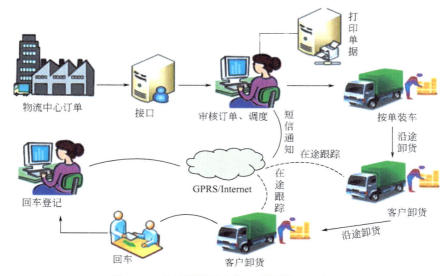

图 2-32 物流配送中心物品跟踪管理示意图

图 2-33 收发货过程中的电子标签管理

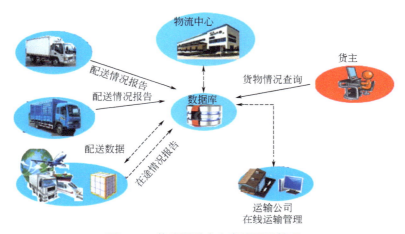

图 2-34 物流配送中心在线配送管理

现代化智能物流装备与技术

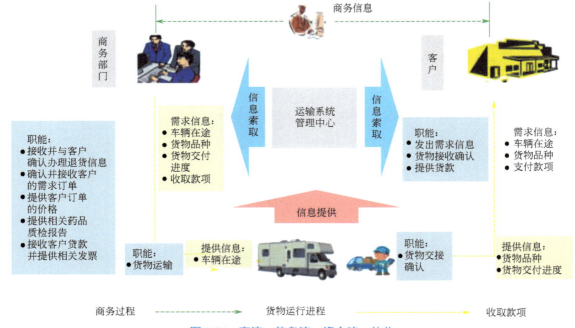

图 2-35　商流、信息流、资金流一体化

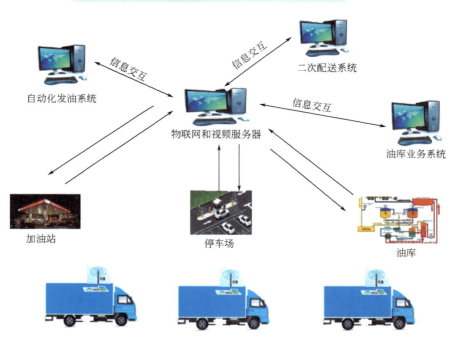

图 2-36　物联网与车载跟踪管理系统

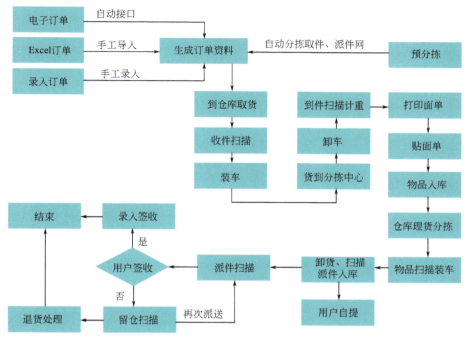

图 2-37 电子订单管理系统

2.4 物流配送中心一般业务流程

2.4.1 物流配送中心基本作业流程

图 2-38 为物流配送中心基本作业流程，主要包括进货、储存、发货、配送，此外还有盘点、补货等作业。其中搬运作业贯穿物流全过程。

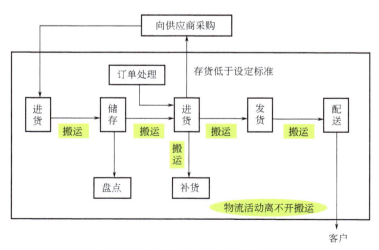

图 2-38 物流配送中心基本作业流程

2.4.2 物流配送中心内部作业流程

图 2-39 为物流配送中心内部作业流程，这些作业流程都是在现代物流管理系统的监控下有序完成的。图 2-40 为信息处理即信息流贯穿物流的全部作业流程。

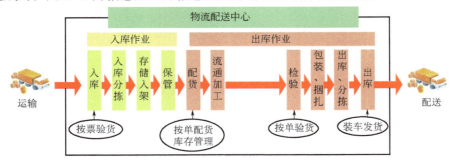

图 2-39　物流配送中心内部作业流程

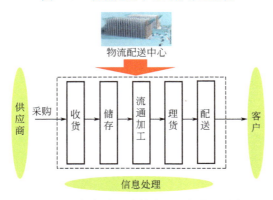

图 2-40　信息流贯穿物流的全部作业流程

图 2-41 为 RFID 识别技术在物流配送中的应用。即在进货、储存、拣货、发货、配货、配送等基本物流过程中应用 RFID 识别技术，效率高，降低物流成本，错误率几乎为零。

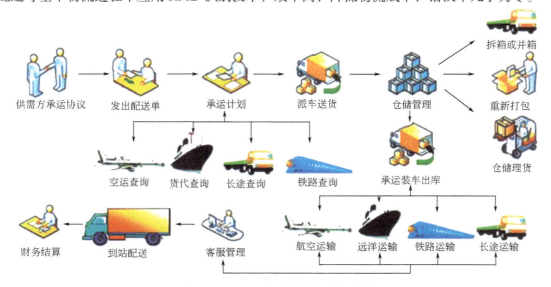

图 2-41　RFID 在物流配送中的应用

2.5 配送中心的种类及其主要功能

物流配送中心种类较多，但是归纳起来有三大类型。通过型、储存型和加工配送型等三大类物流配送中心及其特点如图2-42所示。图2-43为一般物流配送中心基本作业流程。

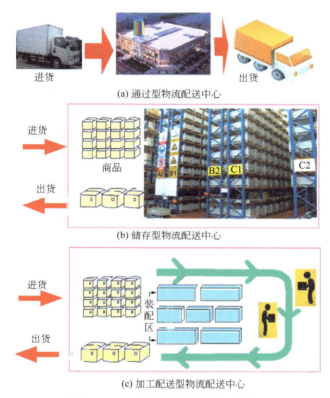

图 2-42 三大类型物流配送中心特点

图 2-43 一般物流配送中心基本作业流程

2.5.1 通过型物流配送中心

通过型物流配送中心也叫流通型物流配送中心。它是以暂存或随进随出方式进行配送的物流配送中心。典型作业方式是：大量货物整进并按一定批量零出，采用大型分货机，进货时直接进入分货机传送带，分送到各用户货位或直接分送到配送汽车上。图2-44为通过型物流配送中心作业流程。

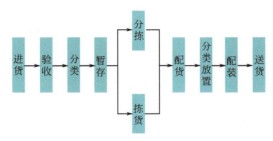

图 2-44　通过型物流配送中心作业流程

2.5.2 储存型物流配送中心

图2-45为储存型物流配送中心作业流程。它具有强大的储存功能。图2-46为储存型物流配送中心的基本功能。图2-47为储存型物流配送中心的自动仓库实例。

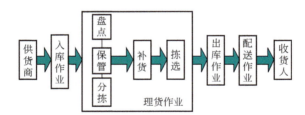

图 2-45　储存型物流配送中心作业流程

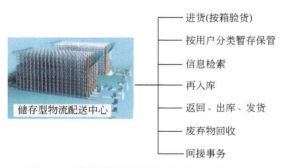

图 2-46　储存型物流配送中心基本功能

图 2-47　储存型物流配送中心自动仓库实例（南京音飞）

2.5.3 加工配送型物流配送中心

图2-48为加工配送型物流配送中心基本作业流程。主要加工活动有流通加工、组装为

成品、包装、计价、贴标、分装、改包装、集中下料、套裁、初级加工、组装、剪切、表层处理等。例如把入库的原材料加工为食品的物流配送中心、机电物流配送中心等，都属于这一种类的配送中心。图2-49为加工配送型物流配送中心的作业内容。

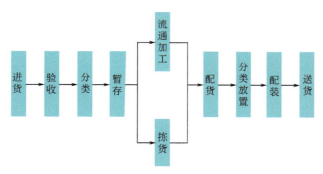

图 2-48　加工配送型物流配送中心基本作业流程

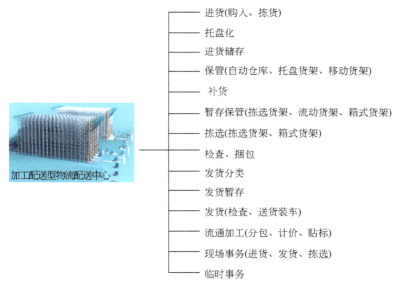

图 2-49　加工配送型物流配送中心作业内容

2.6　物流配送中心作业流程及其生产力评估

现代化物流配送中心的物流成本分析与业绩指标管理系统，不但具有财务会计系统功能，而且还有成本分析等功能，如订单延迟率、退货率、缺货率、拣误率和存货周期率等业绩指标管理。

物流配送中心的种类不同，其物流成本也不相同，但是物流成本的相同之处都是拣货、运输和配送等费用相对较高。图2-50为一般物流配送中心管理费用占比，由图可知仓储、运输及配送成本较高，应该努力降低储存、运输及分拣配送的费用。

43

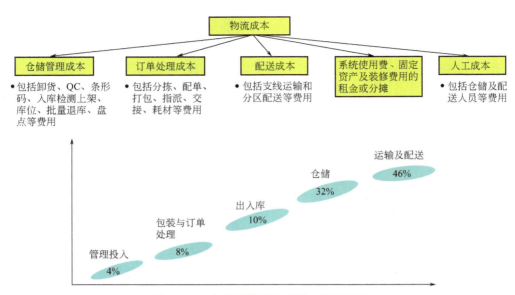

图 2-50　一般物流配送中心管理费用占比

2.6.1　进货作业

进货作业是指对物品实体的接收，即是对物品进行卸车、开箱、检查数量和质量，然后录入信息的过程。

依据订单信息制订进货作业计划时，必须掌握商品到达的时间、品类、数量及到货方式，并做出卸货、储位、人力、物力等方面的计划和安排。图 2-51 为物流中心的自动仓库和进货端（进货端靠近自动仓库）。图 2-52 为自动仓库实际入库作业。图 2-53 为进货作业流程，实线为实物的流动方向，虚线为信息流方向。图 2-54 为进货作业的评估内容。

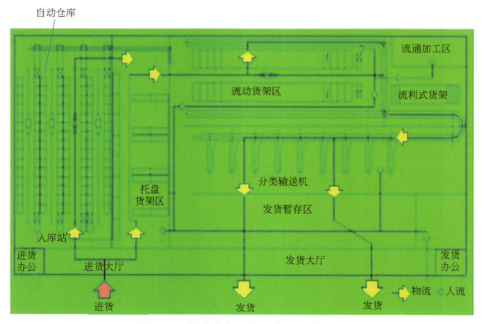

图 2-51　物流中心的自动仓库和进货端

图 2-52　自动仓库入库作业（南京音飞）

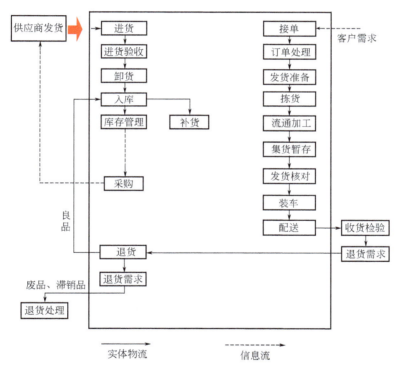

图 2-53　进货作业流程

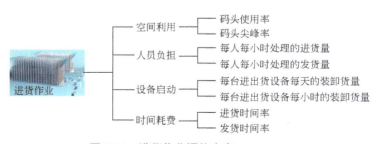

图 2-54　进货作业评估内容

2.6.2 储存作业

(1) 储存作业的评估内容

图 2-55 为储存作业的评估内容,根据图中评估内容逐一考评则可评判储存作业质量优劣程度。

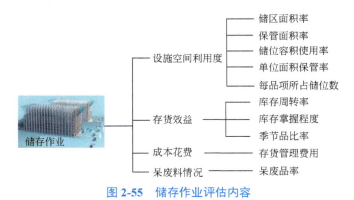

图 2-55 储存作业评估内容

(2) 储存保管经济指标

① 储区面积率:

$$储区面积率 = \frac{储区面积}{物流配送中心建筑面积} \tag{2-1}$$

储区面积率可用于比较空间利用率是否合理。

② 保管面积率:

$$保管面积率 = \frac{可保管面积}{储区面积} \tag{2-2}$$

保管面积率可用于判断储位通道规划是否合理。

③ 储位容积使用率:

$$储位容积使用率 = \frac{存货总体积}{储位总体积} \tag{2-3}$$

$$单位面积保管量 = \frac{平均库存量}{可保管面积} \tag{2-4}$$

利用这两个公式可以判断储位和货架的规划、布局是否合理,有效利用空间。

④ 平均每品项所占储位数:

$$平均每品项所占储位数 = \frac{货架储位数}{总品项数} \tag{2-5}$$

利用此公式可以计算每储位保管品项数,从而判断储位管理是否合理。

⑤ 库存周转率:

$$库存周转率 = \frac{发货量}{平均库存量} 或 \frac{营业额}{平均库存金额} \tag{2-6}$$

利用此公式可以检查物流公司运营成绩、现货库存是否合理。

⑥ 库存掌握程度:

$$库存掌握程度 = \frac{实际库存量}{标准库存量} \tag{2-7}$$

也表示库存率,可为存货管理者提供科学管理依据。

⑦ 呆废料率：

$$呆废料率 = \frac{呆废料件数}{平均库存量} 或 \frac{呆废料金额}{平均库存金额} \qquad (2-8)$$

利用此公式可以评价物品损耗对资金积压的影响程度。

（3）储存形式

储存形式有大批储存、小批储存、中批储存和零星储存四种形式。综上所述，根据储存需要及设备特性归纳如下：

- 少品种大批量采用地面堆积和自动仓库储存。
- 多品种少批量采用托盘货架储存。
- 大批量不可堆积物采用驶入式货架储存。
- 大批量小体积货物采用棚架或储物柜储存。
- 小批量货物采用棚架或储物柜储存。

（4）存货管理

为了作出最佳的存货决策，必须了解货物的需求状况、订购性质和限制因素。在市场导向的经营方式下，有三种需求状况：a. 对未来的需求是已知的固定需求状况；b. 风险情况，这是估计未来的需求情况；c. 不确定因素。

关于各段时间的库存量计算公式如下：

$$Q(t) = Q(0) - D\left(\frac{t}{T}\right)^{\frac{1}{n}} \qquad (2-9)$$

式中　T——需求决定时间；

t——T 时间内的任一时间段；

$Q(t)$——时间 t 时的库存量；

$Q(0)$——初期（$t=0$）的库存量；

D——T 期间内的需求量；

n——需求形态指数。

当 $n=\infty$ 时，需求为瞬时型，所有需求在初期发生；当 $t=1$ 时，需求为固型；当 $1<n<\infty$ 时，需求的大部分发生在初期；当 $n=0$ 时，需求在末期。

由此公式可对各时间段库存量作预先测算。这对整个存货管理有较大的好处。图 2-56 为影响存货的因素。

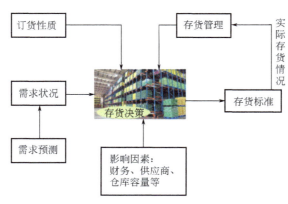

图 2-56　影响存货的因素

（5）经济订货量计算

在此订货系统中，订货量也叫作经济订货量（Economic Order Quantity，EOQ）。

图 2-57 为在库关系总费用和在库变化线。图 2-57（a）所示的在库关系总费用由在库维持费和订货费用组成。

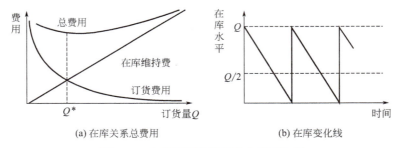

图 2-57　在库关系总费用和在库变化线

在库维持费曲线和订货费曲线的交点 Q^* 为经济订货量 EOQ。EOQ 的计算方法如下：

设 TC 为在库关系总费用；Q 为订货量，如图 2-57（b）所示，为保证需要量，必须保证 $Q/2$ 的库存量；D 为年需要量；i 为年间在库维持费率（占物品单位价值的百分数）；C 为物品单位价值；d 为每次订货费；Q^* 为 ECQ（经济订货量）；TC^* 为 Q^* 点时的最佳在库关系总费用。

则

$$TC \ll \frac{QCi}{2} \times \frac{Dd}{Q} \qquad (2\text{-}10)$$

为了求 TC 最小值的 Q^* 值，使

$$\frac{dTC}{dQ} \ll \frac{Ci}{2} \times \frac{Dd}{Q^2} \ll 0 \qquad (2\text{-}11)$$

则

$$Q^* \ll \sqrt{\frac{2Dd}{Ci}} \qquad (2\text{-}12)$$

经济订货量 Q^* 条件下的最小在库总费用 TC^* 为

$$TC^* \ll \sqrt{2DdCi} \qquad (2\text{-}13)$$

2.6.3　盘点作业

（1）盘点作业内容

在物流配送中心的工作过程中，货物不断地进库和出库。长期积累的结果就是理论库存与实际库存差异较大。有的货品长期存放，品质下降，不能满足用户需要。为有效掌握货品数量和质量，必须定期对库存进行清点，即盘点作业。图 2-58 为盘点作业评估内容。盘点的目的在于确定现存量，确认企业损益，核实物品管理成效。

图 2-58　盘点作业评估内容

（2）盘点作业流程

盘点作业流程如图 2-59 所示。对于物料流动速度不快的物流配送中心，可以半年至一年盘点一次。对于货物流动速度颇快的物流配送中心，既要防止长期不盘点造成的重大经济损失，又要防止盘点频繁造成同样的经济损失。按货物性质的 A、B、C 等级，A 类重要货品，每天或每周盘点一次；B 类货品每两三周盘点一次；C 类一般货品每月盘点一次。

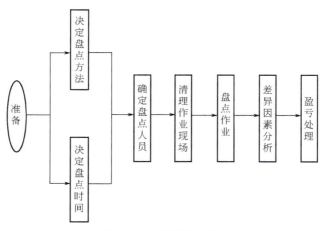

图 2-59　盘点作业流程

（3）盘点的盈亏处理

对呆废品、不良品应视为盘亏。货物在盘点时除了产生数量的盈亏外，有些货品在价格上也会发生增减情况。这种价格变化经主管部门批准后，利用盘点盈亏和价目增减表格更正过来。

（4）盘点结果

通过盘点落实货品出入库及保管情况。具体应落实的问题是：各品种的实际存量与账面存量相差多少？这些差造成的损失有多大？评判方式如下：

$$盘点数量误差 = 实际库存数 - 账面库存数 \tag{2-14}$$

$$盘点数量误差率 = \frac{盘点数量误差}{实际库存数} \tag{2-15}$$

$$盘点品项误差率 = \frac{盘点误差品项数}{盘点实际品项数} \tag{2-16}$$

$$平均每件盘差品金额 = \frac{盘点误差金额}{盘点误差量} \tag{2-17}$$

$$盘点次数比率 = \frac{盘点误差次数}{盘点执行次数} \tag{2-18}$$

$$平均每品项盘差次数率 = \frac{盘差次数}{盘差品项数} \tag{2-19}$$

2.6.4　订单处理

从接到用户订单开始一直到拣货为止的工作，称为订单处理。其中还包括有关用户和订单的资料确认、存货查询和单据处理等内容。

订单处理有人工和计算机两种形式。目前主要是用计算机进行处理。这不但速度快，效率高，而且成本低。图 2-60 为订单处理流程。图 2-61 为订单处理评估内容。

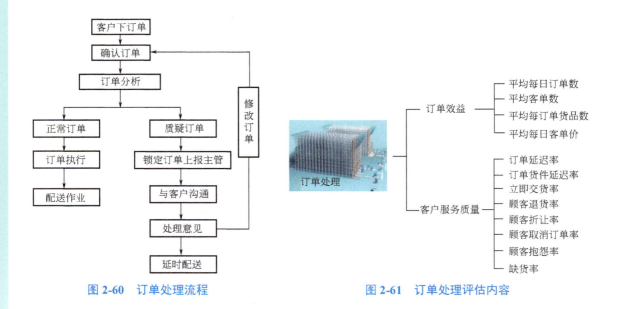

图 2-60　订单处理流程　　　　　　图 2-61　订单处理评估内容

2.6.5　最佳订货量计算

图 2-62 为最佳订货量计算。优点：既不因为库存过多而积压资金，又确保满足用户需要的最佳库存量。此外，还节约了出库面积。当库存量减少到最低库存量的订货点时，自动订货系统自动发出订货信息。

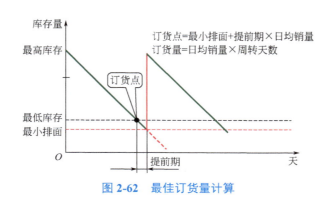

图 2-62　最佳订货量计算

2.6.6　物流配送中心按单生产流程

按单生产即是接收到用户订单后才组织生产的方式。图 2-63 为物流配送中心按单生产流程。优点：零库存、不用大型仓库、不压资金、物流成本低。

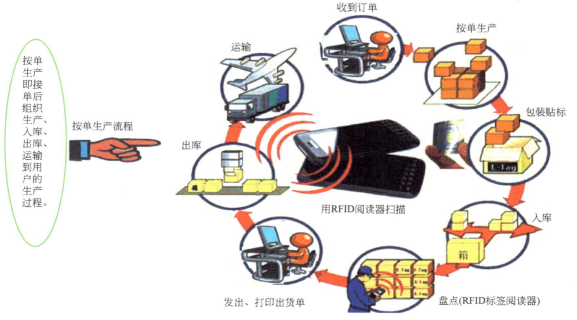

图 2-63　物流配送中心按单生产流程

2.6.7 拣货作业

2.6.7.1 拣货作业流程及评估内容

拣货单位分成托盘、箱和单品三种形式。如果订货的最小单位是箱,则拣货单位最少是以箱为单位。对于大体积、形状特殊的无法按托盘和箱来归类的商品,采用特殊拣货方法。

图 2-64 为物流配送中心一般拣货作业流程。图 2-65 为拣出物品流向示意图,即拣出物品随入/出库输送机进入拣货区和发货区的流向示意图。图 2-66 为拣货作业评估内容。

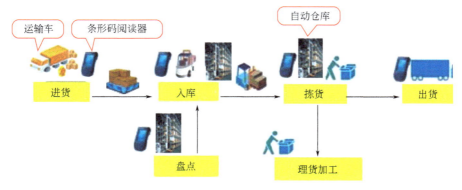

图 2-64　物流配送中心一般拣货作业流程

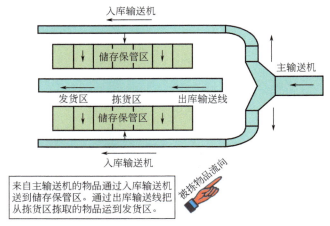

图 2-65　拣出物品流向示意图

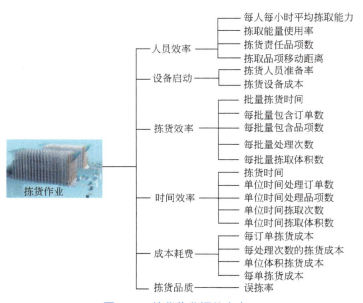

图 2-66　拣货作业评估内容

2.6.7.2　拣货作业绩效评估

（1）拣货人员效率

① 每人每小时平均拣取能力：

$$每人每小时拣取品项数 = \frac{拣货单笔数（一行为一笔）}{拣货人数 \times 每日拣货时间 \times 工作天数} \quad (2\text{-}20)$$

$$每人每小时拣货次数 = \frac{拣货单位累计总件数}{拣货人数 \times 每日拣货时间 \times 工作天数} \quad (2\text{-}21)$$

② 拣货能力：

$$拣货能力 = \frac{订单数量}{一日目标拣货订单数 \times 工作天数} \quad (2\text{-}22)$$

③拣货责任品项数：

$$拣货责任品项数 = \frac{总品项数}{拣货区域数} \quad (2\text{-}23)$$

此指标数值越大，表示每位拣货员负责品项越多，必然影响拣货效率。为提高效率，必须减少品项数。

④拣货品项移动距离：

$$拣货品项移动距离 = \frac{拣货行走距离}{订单总笔数} \quad (2\text{-}24)$$

这个指标用来衡量拣货设计是否符合动作效率、拣货区布置是否合理。指标太高，表示人员在拣货中耗费太多时间和体力，影响整体效率。

（2）拣货设备

拣货设备的优劣直接影响了拣货效率及效益。可用如下指标来研究拣选设备问题。

$$拣货员装备率 = \frac{拣货设备成本}{拣货人员数} \quad (2\text{-}25)$$

$$每人每小时拣货金额数 = \frac{出货品金额数}{拣货人数 \times 每日拣货时间 \times 工作天数} \quad (2\text{-}26)$$

$$拣货设备投入与产出 = \frac{出货品金额数}{拣货设备成本} \quad (2\text{-}27)$$

利用这三项指标可评估投资合理化程度和效率高低。装备率可反映设备投资合理化程度。投入与产出可反映已投设拣货效率高低。

（3）拣货策略

拣货策略对拣货效率影响较大，其评估公式如下：

$$每批量包含订单数 = \frac{订单数量}{拣货分批次数} \quad (2\text{-}28)$$

$$每批量包含品项数 = \frac{订单总笔数}{拣货分批次数} \quad (2\text{-}29)$$

$$每批量处理次数 = \frac{发货箱数}{拣货分批次数} \quad (2\text{-}30)$$

$$每批量拣货体积数 = \frac{发货品体积数}{拣货分批次数} \quad (2\text{-}31)$$

$$批量拣货时间 = \frac{拣货人数 \times 每日拣货时间 \times 工作天数}{拣货分批次数} \quad (2\text{-}32)$$

（4）拣货时间

拣货时间长短反映拣货能力大小。评估如下：

$$单位时间处理订单数 = \frac{订单数量}{每日拣货时间 \times 工作天数} \quad (2\text{-}33)$$

$$单位时间拣货品项数 = \frac{订单数量 \times 每件订单平均品项数}{每日拣货时间 \times 工作天数} \quad (2\text{-}34)$$

$$单位时间拣货体积数 = \frac{发货品的体积数}{每日拣货时间 \times 工作天数} \quad (2\text{-}35)$$

（5）拣货成本

拣货作业是物流配送中心的最重要工作之一。若拣货成本高，则必须努力降低成本。成本组成如下：

① 人工成本：直接或间接拣选工时成本。

② 拣选设备折旧成本：储存、搬运和计算机信息处理等设备折旧费。

③ 信息处理成本：耗材等费用。

要研究哪项成本，可采用如下公式评判：

$$每订单投入拣货成本 = \frac{拣货投入成本}{订单数量} \qquad (2-36)$$

$$每订单笔数投入拣货成本 = \frac{拣货投入成本}{订单总笔数} \qquad (2-37)$$

$$每拣货单位投入拣货成本 = \frac{拣货投入成本}{拣货单位总数} \qquad (2-38)$$

$$单位体积投入拣货成本 = \frac{拣货投入成本}{发货品体积数} \qquad (2-39)$$

一旦发现拣货成本太高时，应采取措施降低成本。

（6）拣货品质

$$拣误率 = \frac{错拣货物笔数}{订单总笔数} \qquad (2-40)$$

2.6.8 配送作业

物流费用包括包装费、搬运费、输配送费、保管费及其他费用，其中输配送费用比例最高，占35%～60%左右。为此，降低输配送费用对提高物流配送中心的效益有极大贡献。图2-67为影响输配送费用的因素。图2-68为配送作业评估内容。

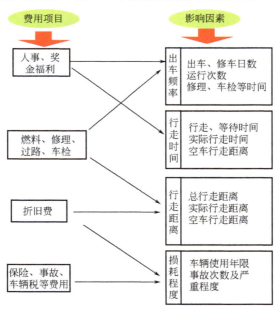

图2-67 影响输配送费用的因素

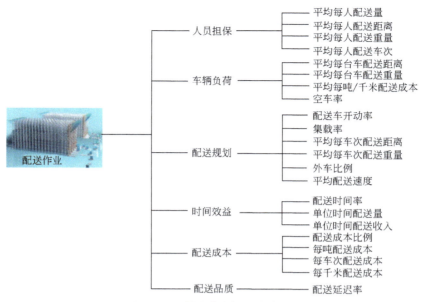

图 2-68 配送作业评估内容

2.6.9 采购作业

采购作业是指包括原材料等一切物料的采购、进货运输、仓储、库存管理、用料管理和供应管理等在内的活动，也称为原材料采购物流。图 2-69 为采购作业基本流程，图 2-70 为采购作业评估内容。

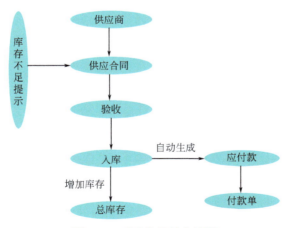

图 2-69 采购作业基本流程

图 2-70 采购作业评估内容

2.6.10 搬运作业

搬运作业是把不同形态的物料，在水平或垂直方向提升、放下、移动、运送或者重新摆放，从而使物料能顺利地到达储位或指定位置的活动。

搬运作业贯穿物流配送全过程，凡是物料移动必须伴随搬运作业，如图 2-71 所示。

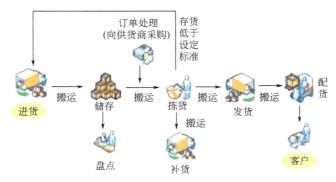

图 2-71　搬运作业贯穿物流配送全过程

（1）搬运设备数量计算

搬运机器台数计算如公式（2-41）所示。

$$搬运机器台数 = \frac{每天物品需要搬运的总时间}{每台机器每天工作时间 \times 利用系数} \quad (2-41)$$

式中，时间单位均为 h；利用系数是指一台机器每天使用时间的百分比。

（2）搬运系统能力计算

搬运系统能力计算如公式（2-42）所示。

$$搬运能力 = 物流速度 \times 运输长度 \quad (2-42)$$

式中　物流速度——单位时间搬运的物品量；

　　　运输长度——搬运距离。

总搬运能力计算如公式（2-43）所示。

$$总搬运能力 = \Sigma 搬运能力 \quad (2-43)$$

通道布置和大小对仓库效率的影响很大。影响通道位置和宽度的因素有通道形式，搬运设备的型号，尺寸和回转半径，回品尺寸，防火墙的位置，服务区和设备的位置，地板负载能力以及电梯位置等。

通道种类有货物放入或取出储区的工作通道、员工进出的人行通道、存货或检查用的服务通道、储藏室通道、电梯通道、公共设施或防火设备用的通道。

2.6.11 补货作业

补货作业是把保管区的货品搬运到拣货区的工作。图 2-72 为补货作业流程。

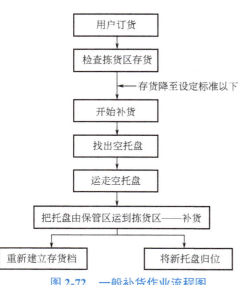

图 2-72　一般补货作业流程图

从补货单位来讲，补货作业分为：整箱补货、托盘补货。从补货时间来讲，补货作业分为：批次补货、定时补货、随机补货。

2.6.12 发货作业

把拣货完毕的物品经过发货检查之后，装入容器、做好标示，按照车辆趟次把商品运输到发货准备区等待装车发货，这一过程叫作发货作业，如图 2-73 所示。

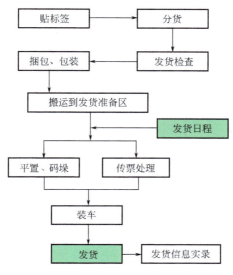

图 2-73 发货作业流程

第 3 章

物流配送中心设备选择及其平面布置设计

3.1 物流配送中心常用的物流机械

3.1.1 物流机械种类和功能

图 3-1 为物流配送中心的常用物流机械和功能。物流配送中心主要作业有保管、搬运、拣货集中、集装、分类、检测等。

保管用物流机械主要有自动化仓库、托盘式货架、流动式货架等。搬运机械有叉车、台车、输送机、自行式台车、AGV 自动搬运车等。拣货集中机械有拣货台车、拣货显示装置等。集装机械有托盘、料箱、集装箱等。分类机械有自动分类输送机等。检测机械有自动称重仪等。此外，条形码阅读装置虽然不叫物流机械，但是每一步物流作业几乎都要使用它读取商品信息。

图 3-2 为搬运机械种类及其功能。在选择物流机械时不仅考虑自动化仓库、辊子输送机、叉车等，还要考虑到搬运、提升、分类、集货、保管、识别等机械以及自动控制技术和计算机系统。

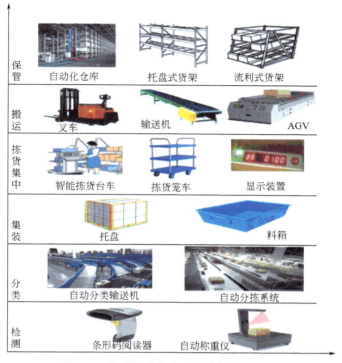

图 3-1 物流配送中心的物流机械和功能

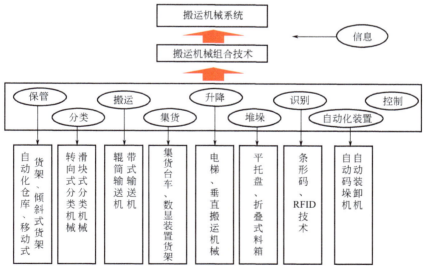

图 3-2 搬运机械种类及其功能

3.1.2 物流机械的选择

（1）P-Q 曲线分析

选择物流机械的依据：①物料形状、大小；②进货形态、出货单位；③出货品种、出货量等物量特性等。

按货态选择物流机械时，并非所有物品都能装入标准纸箱中，如大尺寸大质量物品。对于异形物品不宜选择自动化仓库保管和自动搬运设备搬运。对于散装蔬菜、水果等物品不宜采用机械化搬运，标准包装的加工食品、饮料等最适于机械化作业。

选择物流机械必须适合货态的进/出货形态，如托盘拣货托盘出货、箱品拣货散品出货。此外，选择物流机械还与订货批量及进出货批量有关系。

物流机械选择还与出货量、品目数、在库数、订货特性、物量波动等因素有关。图 3-3 为 P-Q 分析图，P 为物料品目数，Q 为出货量。对于品目数和出货量都少的物品不宜选择大型搬运机械。但是，对于品目少而出货量大的物品可选择机械化托盘出货方法。

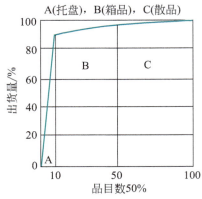
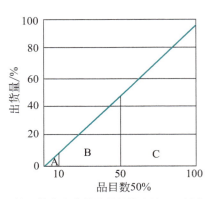

注：1.10%的品目占90%的出货选择A，散品C的品目在50%以上，但是出货量不到5%，不宜机械化，选择条形码阅读装置、人工拣选为宜。
2.托盘单元进出货效率高，可选择平置堆放或自动仓库储存。

注：散货出货量及品目数高达50%以上，可选择自动分拣或手工拣货。
托盘出货量在10%以下，可选择平置保管，箱品出货量大，选择自动仓库、密集储存自动仓库、自动分拣技术。

图 3-3 P-Q 曲线分析

（2）I-Q 曲线和物流机械

图 3-4 为 I-Q 曲线和物流机械对应关系。在选择物流机械时，I-Q 曲线起到巨大作用。在选择物流机械时，必须考虑到机械的拣货速度、成本费用及发货频率等其他条件。物流机械选定的基准是：

① 通过 I-Q 曲线大体选定物流机械，然后根据拣货速度和成本等其他条件，最后再选择出合理的物流机械。

② 少品种、大批量商品，一般选择专用容器或托盘装载，保管在托盘式货架、自动化仓库、密集储存库中，也可把托盘单元保存在平置区。

③ 中等品种、中批量商品，由于其发货量较小，由托盘单位改为料箱单位，直接保管在料箱式自动化仓库、箱式流动货架、密集储存库中。

④ 种类多、发货量少的商品，则把它从料箱中取出移入流动货架或旋转货架中，以待拣货。发货量很小的物品可存放在阁楼式货架中。

图 3-4 中上方 P、C、B 分别表示托盘、料箱和散货。A 类代表数量大种类少，C 类品代表数量少种类多，B 类品居中。根据实际经验，把 I-Q 曲线，A、B、C 分类和物流机械之间的基本对应关系统一在一张图上，在规划设计物流系统时便于合理选择物流机械系统。如图 3-4 所示，当保管种类少数量大的 A 类物品时，基本对应的物流机械有平置库、

移动式货架、流利式货架，此外还可选择自动化仓库和货架旋转自动库等。

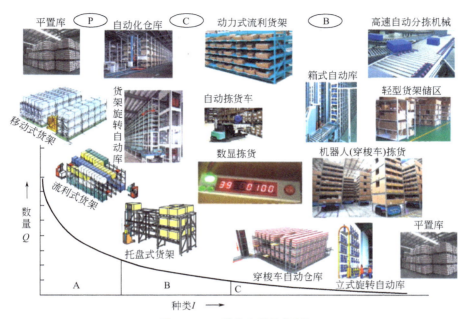

图 3-4　I-Q 曲线和物流机械

3.1.3　保管机械和选择方法

图 3-5 为保管机械种类和选择方法。根据进出货单位和商品特性可以选择相应的保管方

出入货单位	商品特性	保管
托盘 → 托盘	少品种大批量出货	平置 托盘式货架 移动货架 托盘式自动仓库 密集储存货架
托盘 → 箱品	少品种小批量出货	托盘式货架 移动货架 托盘式自动仓库
箱品 → 箱品	少品种小批量出货	流利式货架 箱式自动仓库
箱品 → 单品	多品种小批量出货	流利式货架 中量型货架

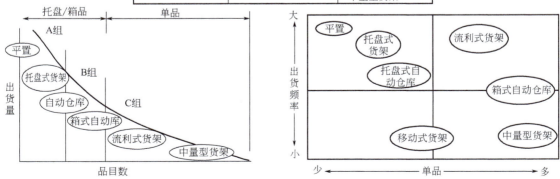

图 3-5　保管机械及选择方法

法。按照出货量、品目数、管理品目数和出货频率来选择保管机械。如果投入人力较多，可选择平置库、托盘货架。其缺点是需要大的保管面积。自动化仓库没有拣货通道，保管效率高，出货能力取决于堆垛机的能力，往复一次约需要60s，不太适合于高频率的出入库要求。

小量出货的流动式货架用于出货频率高的物流作业，中量型货架用于出货频率低的物流作业。流动式货架具有倾斜导轨，可以及时补货。

3.1.4 拣货机械和选择方法

图3-6为拣货机械和选择方法。横坐标代表品目数，纵坐标代表出货频率。根据出货频率和品目数选择对应的拣货方法。拣货方法有摘果法和播种法。

摘果拣货法有数字拣货、手推拣货车拣货、条形码阅读装置拣货（利用条形码阅读装置扫描商品代码进行拣货）等方法。

播种拣货法有分类输送机、拣货台车、数字分类拣货系统、条形码阅读装置拣货等方法。摘果法是按照每一用户订单进行拣货的。播种法是把全部订单的相同物品一次性全部挑选出来之后，再按照每一个用户进行第二次拣货的方法。

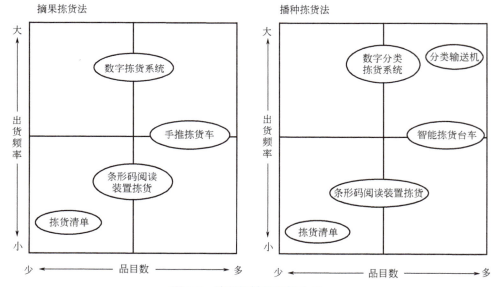

图3-6 拣货机械及选择方法

3.1.5 手工和机械的物流作业流程比较

图3-7为手工和机械的物流作业流程比较。自动化物流配送中心的商品通过输送机自动搬运，通过堆垛机自动存入指定货位，拣货时由堆垛机从自动化仓库中自动取出商品放在拣货台，取出规定数量的商品之后再回到自动化仓库中。拣出商品通过自动分类输送机输出并由手工放入笼车。手工物流作业流程是卸货、暂存后通过叉车把商品搬入货架进行储存，用叉车拣货手工分类。在物流过程中有时候手工作业较为方便。

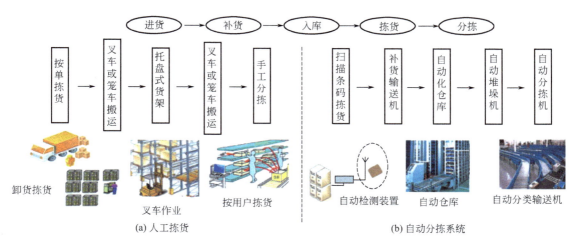

图 3-7 手工和机械的作业流程比较

3.1.6 物流配送中心通道宽度及拣货路线

3.1.6.1 设计通道宽度

根据不同作业区域、人员或车辆行走速度、单位时间通行人数、搬运物品体积等因素来设计物流配送中心通道宽度。表 3-1 为厂房通道宽度参考值。

例如：人员行走通道，设人员通过速度 v，单位时间通过人数 n，两人前后最短距离 d，平均每人身宽 w，则每人在通道上所占空间为 $d×w$，为此通道宽度 W 公式如下：

$$W = dw\frac{n}{v} \quad (3\text{-}1)$$

设两人行走时的前后最短距离为 d=1.5m，平均人身宽度 w=0.75m，一般人行走速度 v=53m/min，每分钟通过 105 人，把这些数据代入上述公式，即：

$$\begin{aligned}W &= dw\frac{n}{v}\\ &= 1.5\text{m} \times 0.75\text{m}/\text{人} \times \frac{105\text{人}/\min}{53\text{m}/\min}\\ &= 2.2\text{m}\end{aligned}$$

表 3-1 厂房通道宽度参考表

通道种类或用途	宽 度
中枢主通道	3.5～6m
辅助通道	3m
人行通道	0.75～1m
小型台车（人员可于周围走动）	车宽加 0.5～0.7m
手动叉车	1.5～2.5m（视载重而定）
堆垛机（直线单行道）	1.5～2m（1100×1100 托盘）

续表

通道种类或用途	宽　度
堆垛机（直角转弯）	2～2.5m（1100×1100托盘）
堆垛机（直角堆叠）	3.5～4m（1100×1100托盘）
伸臂式（Reach）堆垛机 跨立式（Straddle）堆垛机 转柱式（Swing-mast）堆垛机	2～3m
转叉窄道式（Turret）堆垛机	1.6～2m

3.1.6.2　拣货路线

（1）流利式货架拣货路线

图 3-8 为流利式货架拣货路线。此方式用于进出货量小、体积不大或外形不规则货品的拣货作业。因为进货→保管→拣货→发货都是单向物流动线，可配合入/出库的输送机作业，让流利式货架来实现储存和拣货的动管功能，可达到先入先出的管理目的。在进货区把物品直接从车上卸到入库输送机上，入库输送机自动把物品送到储存和拣货区，拣货效率较高。

（2）多列流利式货架平行拣货路线

图 3-9 为多列流利式货架拣货路线。对于规模较大的物流配送中心可采用多列流利式货架平行作业。之后，再用合流输送机把来自各线的物品集中起来。

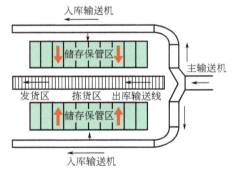

图 3-8　流利式货架拣货路线

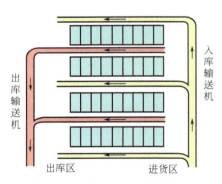

图 3-9　多列流利式货架拣货路线

（3）单面开放式货架的拣货路线

图 3-10 为单面开放式货架的拣货路线。用单面开放式货架拣货，入库和出库在同一侧。可共用一条入库输送机进行补货和拣货作业，节省空间。但必须错开入库和出库时间，以免造成作业混乱。

（4）储存区与拣货区分开的零星拣货路线

这是储存区与拣货区为不同货架的拣货方式，图 3-11 为储存区和拣货区分开的零星拣货路线。

如果作业是多品种小批量的单品发货方式，则可在拣货区出库输送机两侧增设无动力拣货输送机，如图 3-12 所示。其优点是拣货员拣取物品时利用拣货输送机一边推着空储运箱一边按拣货单依箭头方向在流动货架前边走边拣货。当拣货完毕便把储运箱移到动力输送机上。这种方式工作方便、效率较高。

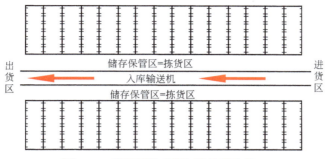

图 3-10　单面开放式货架的拣货路线

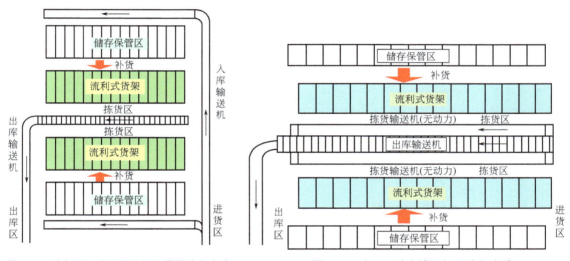

图 3-11　储存区和拣货区分开的零星拣货方式　　　图 3-12　有/无动力输送机的拣货方式

（5）少批量分段拣货和多品种少批量U形拣货补货路线

① 少批量分段拣货方式是接力棒式拣货方法。当拣货品项过多时，流动货架的拣货路线很长，则可用接力棒式的分段拣货路线，缩短拣货行走距离和时间。图 3-13 为分段拣货补货路线。

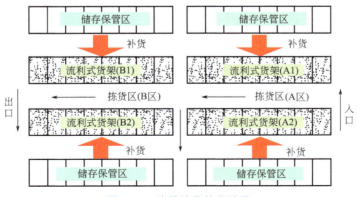

图 3-13　分段拣货补货路线

② 图 3-14 为 U 形多品种少批量拣货补货路线。此法用于拣货人员不足或者拣货时还要兼顾输送机两侧货架的情况。

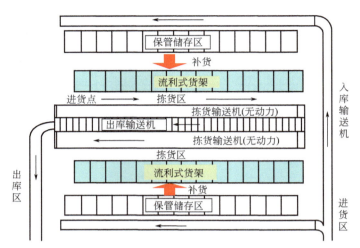

图 3-14　U 形多品种少批量拣货补货路线

3.2　物流配送中心区域设计

根据进货区和发货区的相对位置关系有 I 形、L 形、U 形等基本形式。

3.2.1　进货车数量计算

（1）进货时间

每天按 2h 计算。

（2）进货车台数

根据物流配送中心的规模，表 3-2 为进货车台数和卸货时间。设进货峰值系数为 1.5，则要求在 2h 内必须进/卸货完毕的所需各种车辆数 n 为：

$$n = \frac{(20\min \times N_1 + 10\min \times N_3 + 60\min \times N_2 + 30\min \times N_4 + 20\min \times N_5) \times 1.5}{60\min \times 2}$$ （辆）

表 3-2　进货车台数和卸货时间

项目	进货车台数			卸货时间		
	11t 车	4t 车	2t 车	11t 车	4t 车	2t 车
托盘进货	N_1	N_2		20min	10min	—
散装进货	N_3	N_4	N_5	60min	30min	20min

3.2.2　进货大厅的计算

设每个车位宽度为 4m，进货大厅共需要 n 个车位，则进货大厅长度为 $L=4n$（m）。设进货大厅宽度为 3.5m，则进货大厅总面积 $M=3.5L(m^2)$，如图 3-15 所示。

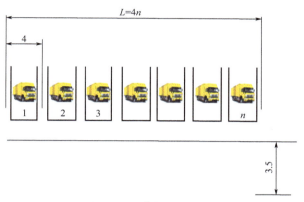

图 3-15　进货大厅设计

3.2.3　保管区计算

（1）自动仓库面积计算

如图 3-16 所示，3.75m 是两排货架宽度与巷道宽度之和。设托盘尺寸为 $1.1m×1.1m$，货架有 N 排、n 列和 H 层，则总货位 Q：

$$Q=NnH$$

自动仓库的面积 M：

$$M=(10+1.35n)×(3.75N)/2 \quad (m^2)$$

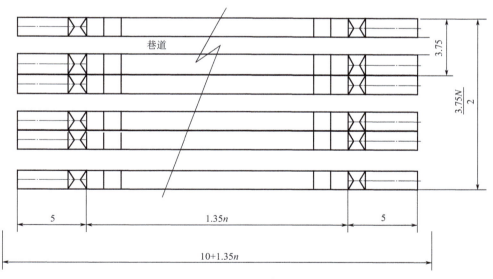

图 3-16　自动仓库规划设计

（2）托盘流利式货架库面积计算

设每个货格可放两个托盘（2 个货位），必要的尺寸如图 3-17 所示，货位长度为 1.5m。n 列、2 排、3 层，总货位数 N：

流利式货架库面积：

$$N = n \times 2 \times 3 \times 2$$

$$A = 12 \times (1.5n+5) \quad (m^2)$$

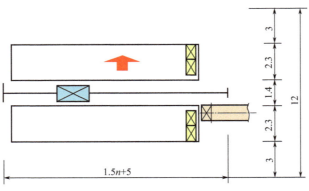

图 3-17　托盘流动货架库面积计算

(3) 托盘货架库面积计算

图 3-18 为托盘货架库规划设计。货格（开间）长度为 2.7m，有 n 列、4 排，每个开间有 6 个托盘，则总货位数 Q：

$$Q = 6 \times 4 \times n = 24n$$

托盘货架库总面积 M：

$$M = 13.8 \times (2.7n+3) \quad (m^2)$$

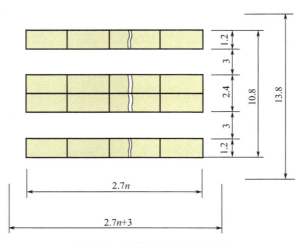

图 3-18　托盘货架库规划设计

(4) 箱式流利式货架库面积计算

图 3-19 为箱式流利式货架库设计，设有 2 排、n 列、n_1 开间，每个开间中有若干个箱品，则总箱品数 Q：

$$Q = 2 \times n \times n_1$$

流动货架区面积 A：

$$A = 9.5 \times (1.5n+2) \quad (m^2)$$

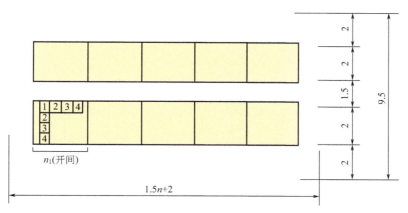

图 3-19 箱式流利式货架库规划设计

（5）箱式货架库规划设计

图 3-20 所示，设每个货格长度为 1.8m、n 列、5 层、4 排，若一个货格为一个货位，则总货位数 Q：

$$Q = n \times 5 \times 4 = 20n$$

按照实际经验，在规划设计箱式货架实地占地面积时在长度方向增加 2m，宽度方向增加 0.6m。箱式货架区面积 M：

$$M = 6 \times (1.8n + 2)(m^2)$$

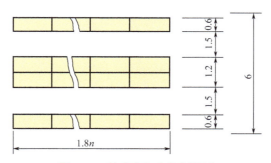

图 3-20 箱式货架库规划设计

3.2.4 分拣区面积计算

分拣区如图 3-21 所示，要求分类参数如下：
① 每日分类箱数：n 个；
② 分类数：N 条分类输送线（每条输送线隔 2m）；
③ 分类时间：7h；
④ 单位时间分拣数：$\dfrac{1.5n}{7}$（个/h，1.5 为峰值系数）；
⑤ 分类能力：5000～7000 箱/h；
⑥ 必要面积 $M = (L+2) \times (6 \sim 10)$ （m^2）。

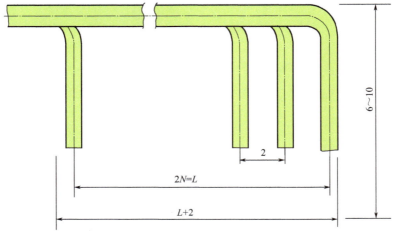

图 3-21　分拣区

3.2.5　流通加工区（增值作业区）面积设计

流通加工区也叫增值作业区。每人作业面积如图 3-22 所示。设作业人员 N 人，流通加工区的必要面积 m：

$$m=3.5\times 3\times N=10.5N \quad (\text{m}^2)$$

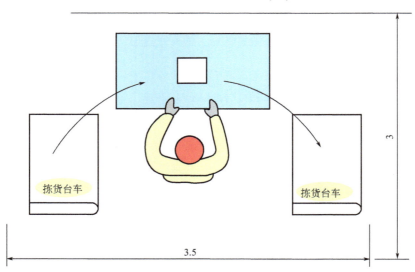

图 3-22　流通加工区面积计算

3.2.6　升降机前暂存区面积计算

在升降机前面有一个货物暂存区，其基本尺寸如图 3-23 所示。根据升降机底面积、搭载台车或托盘数来计算其面积 m。

$$m=11\times 10=110(\text{m}^2)$$

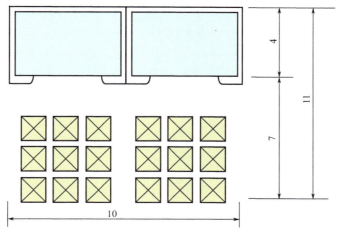

图 3-23　暂存区面积计算

3.2.7　发货存储区面积计算

发货存储区的常用标准尺寸如图 3-24 所示。发货方向数（发货线）为 n_1，发货线间距为 1.2m，面积利用率为 0.7。发货存储区面积 m 为：

$$m = 12 \times (1.2n_1 + 3)/0.7 \quad (m^2)$$

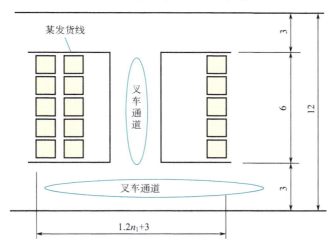

图 3-24　发货存储区面积计算

3.2.8　发货大厅面积计算

图 3-25 所示为发货大厅示意图，假设：
① 每天发货车辆台数：N 辆；
② 高峰时间的发货车辆台数为 N_p；
③ 每台车装载时间：30min；
④ 1 个车位宽度：4m。

发货大厅面积：

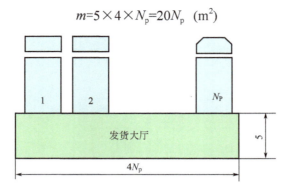

$$m = 5 \times 4 \times N_p = 20 N_p \ (m^2)$$

图 3-25　发货大厅面积计算

3.2.9　区域平面布置

（1）区域平面布置的基本类型

为了使物料流通畅通无阻，物流路线有如图 3-26 所示的 I、L、U 三种类型。

图 3-26　区域平面布置的基本类型

（2）可用地和有效使用地面积

图 3-27 为可用地和有效使用地面积图。由图可知，可用地面 $G=5400m^2$，考虑到周边车辆通道最小需要 25m 以及各种车位等因素之后，有效使用总面积为 $A=30 \times 70=2100$（m^2）。要在这有限面积内新建一个物流配送中心其设计步骤如下。

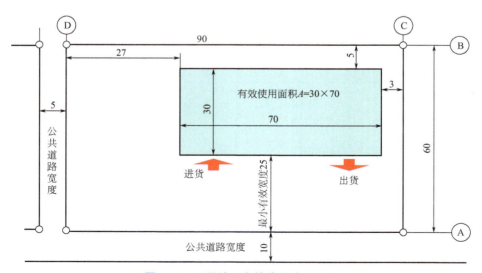

图 3-27　可用地和有效使用地面积图

（3）区域平面布置设计

区域平面布置就是把各区域面积按比例填入新建物流中心规划图中。首先确定进货和发货大厅。假设货物进出路线按U形平面布置，把进货大厅和发货大厅填入有效使用面积中，图 3-28 为 U 形平面布置。

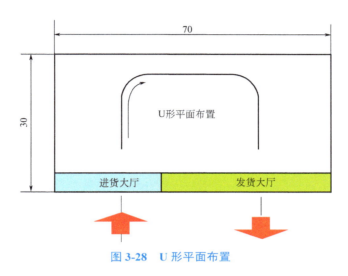

图 3-28　U 形平面布置

① 依照 U 形动线，把面积大而长宽比不变的自动仓库、分类输送机、发货暂存区等区域填入建筑框图，如图 3-29 所示。

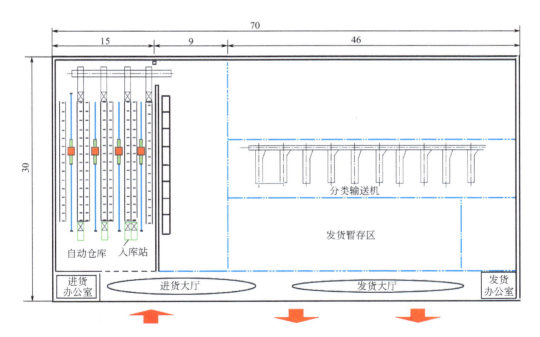

图 3-29　自动仓库和分类输送机布置

② 依照动线，把面积大而长宽比可变的活动区域（托盘货架区、流动货架区等）填入图中，如图 3-30 所示。

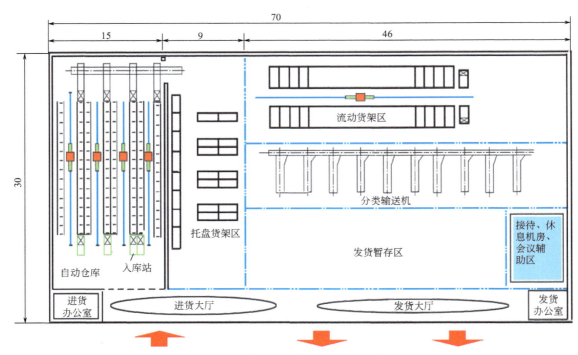

图 3-30　托盘货架、箱式流动货架等布置

③ 小面积活动区的布置（进货暂存区、流通加工区等）如图 3-31 所示。

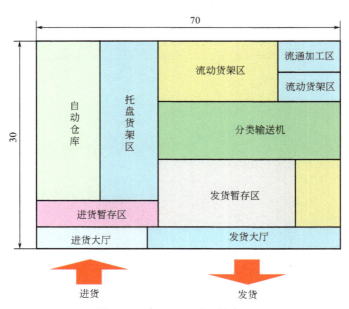

图 3-31　小面积活动区的布置

④ 占地面积较小且长宽比可变的设备布置。当自动仓库和分类输送机布置之后，则可布置托盘货架区、流动货架区、流通加工区内箱货架等面积较小且长宽比可变的设备，如图 3-32 所示。

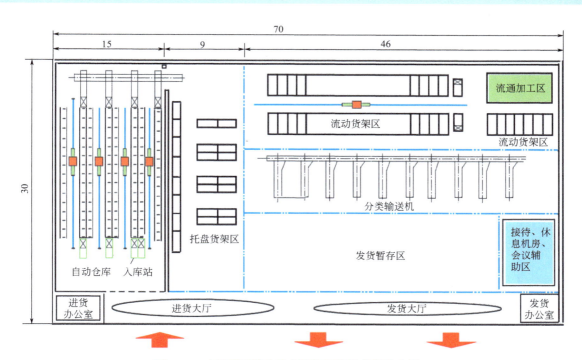

图 3-32　占地面积较小且长宽比可变化的设备布置

⑤ 托盘搬运输送机和料箱搬运输送机的布置，如图 3-33 所示。

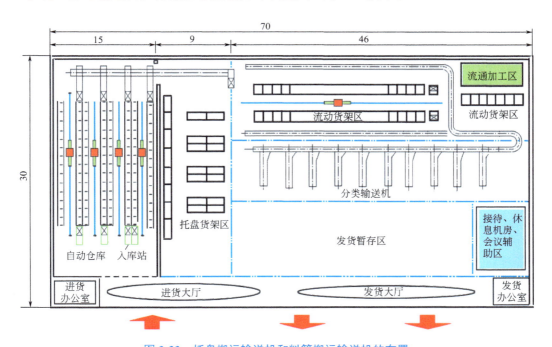

图 3-33　托盘搬运输送机和料箱搬运输送机的布置

⑥ 动线标志检查。动线就是商品、资材（货品箱、托盘、料箱等）废弃物和人员的移动路线。要求全体动线具有完整性和合理性。在整个物流配送中心范围内人、物、资材等

不能发生阻断、迂回、绕远和相互干扰等现象。图 3-34 为物流中心动线图，图中实线箭头代表物流路线，虚线箭头代表人流路线。这些路线没有回流交叉等现象。

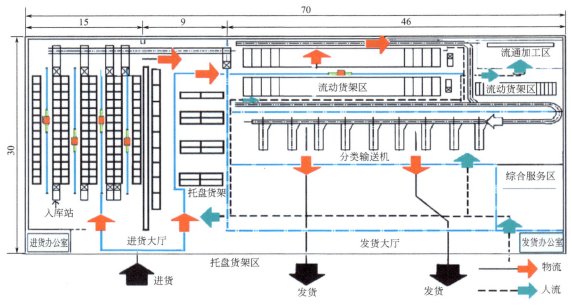

图 3-34　物流中心动线图

3.2.10　地面载荷计算

叉车和无人台车是物流配送中心的重要运输工具，为使其顺利行车，要求地面平直，精度在 2000mm 范围内高低误差为 ±20mm，即 1/100 精度。此外，还要求地面有足够的承载能力，即承受车轮的压力。叉车轮压计算公式如下：

$$P_w = \frac{叉车自重 + 载荷}{4} \times 安全系数$$

设一般叉车自重 1.63t，载重为 1t，安全系数为 1.4，则

$$P_w = \frac{(1.63+1) \times 10^4}{4} \times 1.4 = 9205(N)$$

一般取轮压为 10000N 或 12000N。

3.3　智能物流配送中心布局简例

3.3.1　一般物流配送中心布局及其管理

一般物流配送中心基本布局如图 3-35 所示。实线箭头表示物流方向，虚线箭头代表信息流，点划线箭头表示商流。图 3-36 为物流配送中心物品流动示意图。

第3章 物流配送中心设备选择及其平面布置设计

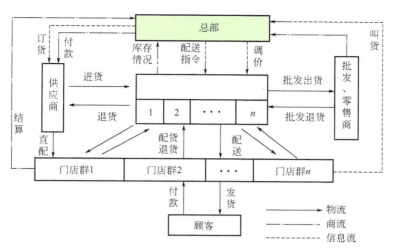

图 3-35 一般物流配送中心基本布局

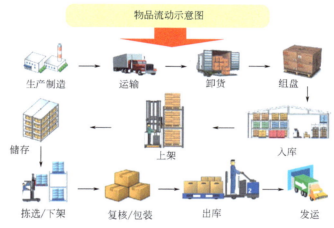

图 3-36 物流配送中心物品流动示意图

图 3-37 为智能化仓储管理系统及其管理内容。图 3-38 为库内分区管理内容，即包括仓库管理、区域管理和库位管理三大部分。

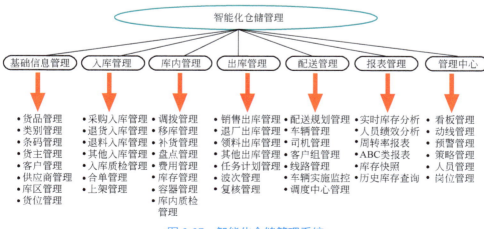

图 3-37 智能化仓储管理系统

现代化智能物流装备与技术

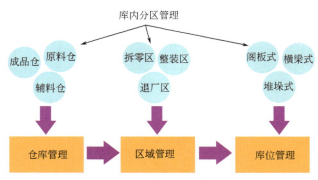

图 3-38　库内分区管理

智能化仓储必须实现条码化、无纸化、可视化和智能化等"四化"。图 3-39 为智能仓储条码化内容。图 3-40 为智能手机（PDA）的无纸化作业，即只用智能手机就可以实时物流全过程的操作。

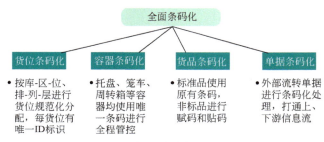

图 3-39　智能仓储条码化内容

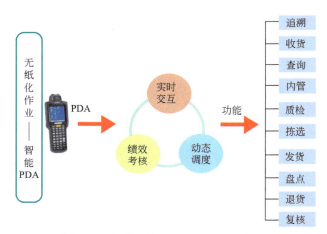

图 3-40　智能手机（PDA）无纸化作业

图 3-41 为自动化智能设备的无缝对接，通过智能现代化手段把这些智能化设备有机联系起来。

图 3-42 为智能物流动线管理。动线管理用于拣货及盘点作业，没有路径重复及巷道交叉，规避作业风险。图 3-43 为 ERP/WMS/TMS 一体化。图 3-44 为管理费用计算，图 3-45 为 WMS 与 TMS 在线互动。

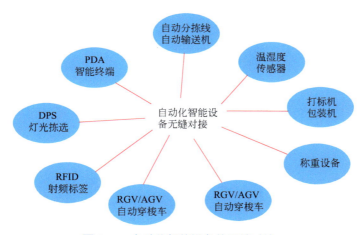

图 3-41　自动化智能设备的无缝对接

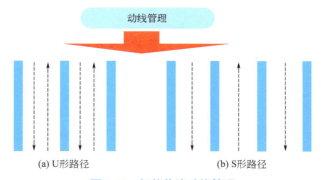

图 3-42　智能物流动线管理

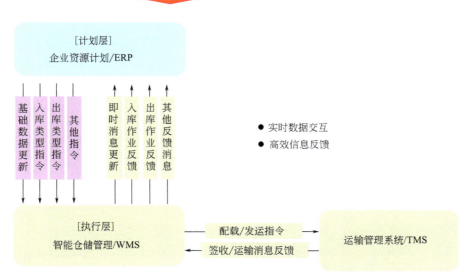

图 3-43　ERP/WMS/TMS 一体化

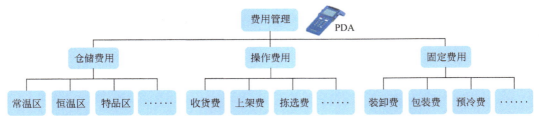

图 3-44 管理费用计算

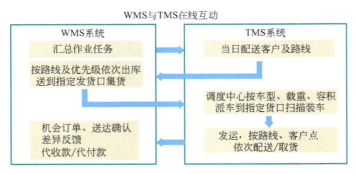

图 3-45 WMS 与 TMS 在线互动

3.3.2　卷烟物流配送中心仓储分拣总体布局简例

图 3-46 为某卷烟物流配送中心仓储分拣总体布局。此物流配送中心由发车区、件烟入库区、拆垛出库区、自动化仓库、分拣缓存区、条烟打包区、空箱缓存区、发货备货区、异形烟打码区和联运储存区等构成。

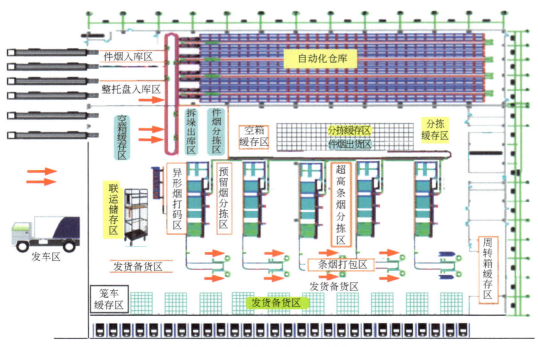

图 3-46 智能仓储分拣系统布局

卷烟物流配送中的主要工艺流程为：收货—扫码—码盘整理—入库—仓储管理—出库—出库扫盘—分拣—补货（件烟补货）—分拣—打码—包装—整理—暂存—出货。

图 3-47 为烟草智能物流配送中心信息系统构架。物流配送中心的物流系统分为决策层、管理层、业务层和控制执行层。

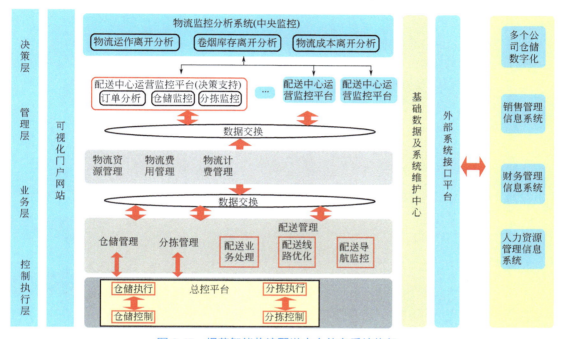

图 3-47　烟草智能物流配送中心信息系统构架

3.3.3　物联网智能物流系统简例

第 1 章已经讲到，物联网智能物流系统包括仓储配送系统、运输系统、销售系统、财务管理系统、统计查询和集成系统等内容。金文公司智能物流系统基本结构如图 3-48 所示。

图 3-48　金文公司智能物流系统基本结构图

图 1-28 为 RFID 在入库流程中的应用。在车库门安装有读写器门禁,可以记录入库商品信息,并把信息传入 WMS 系统中与入库单信息进行对比。

图 1-29 为 RFID 在入库上架作业中的应用。作业人员按照计算机优化路径,车载读写器自动读取商品及货架的电子标签。

图 1-30 为 RFID 在商品移位作业中的应用。作业员在计算机指引下高效率地进行移位作业。

图 1-31 为 RFID 在理货、拣货、盘点作业中的应用。

图 1-32 为 RFID 在出库作业中的应用。车载读写器自动读取商品及货架的标签信息并与出库单信息进行比较。图 3-49 为 RFID 在智能自动仓库出库流程中的应用。

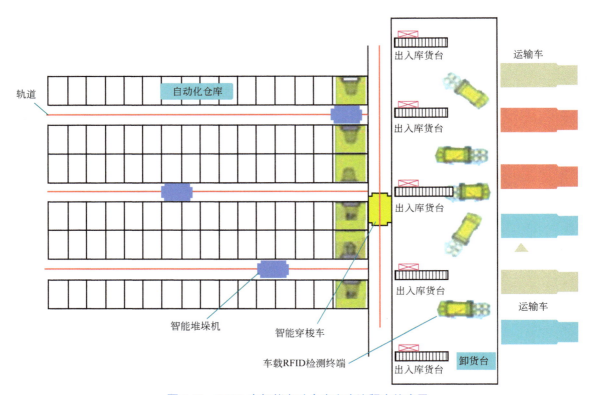

图 3-49　RFID 在智能自动仓库出库流程中的应用

3.3.4　医药物流配送中心规划设计简例

在规划设计物流配送中心时,首先要明确新建物流配送中心的性质、类型、目的、规模,并进行调查研究和基础资料分析,即进行定量化分析和定性分析。定量化分析包括品项及数量分析、物品物性分析、市场变化预测分析、储运单位及数量分析、ABC 分析。定性分析包括作业时序分析、人力需求分析、作业流程分析、作业功能需求分析和事务流程分析等。图 3-50 为某公司初步规划的医药物流配送中心作业流程及其区域布置图。图中,P、C、B 指货态,P 为托盘,C 为箱品,B 为单品。

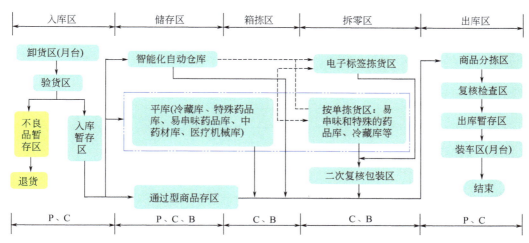

图 3-50　医药物流配送中心作业流程及其区域布置示意图

图 3-51 为医药托盘式自动仓库，出入库频率较高。

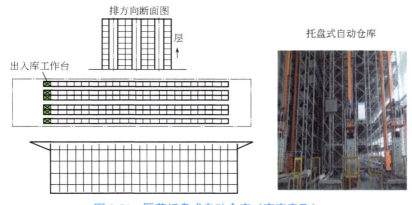

图 3-51　医药托盘式自动仓库（南京音飞）

图 3-52 为医药业用的转轨式自动仓库。在出入库频率要求不高的情况下，可选用转轨式自动仓库。即多个巷道共用一个堆垛机进行出入库作业。堆垛机通过转轨车可以自动在各个巷道之间进行切换，实现物流的出入库作业。

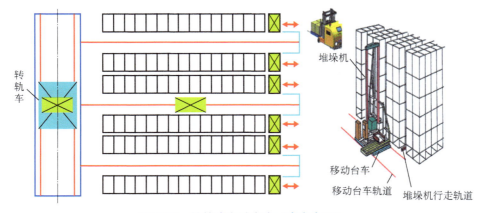

图 3-52　转轨式自动仓库（南京音飞）

图 3-53 为医药业用的曲线导轨式自动仓库。这是多个巷道共用一台堆垛机进行出入库作业的仓库，主要用于出入库频率较低的情况。为了使堆垛机在曲线导轨上顺利运行，$a \leqslant 2R$。R 为曲线导轨半径，a 为堆垛机前后轮之间距离。

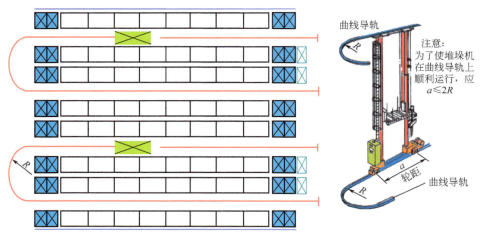

图 3-53　曲线导轨式自动仓库（南京音飞）

图 3-54 为某制药厂的自动化物流管理中心平面布置图。日入库量最大为 11925 箱，最小 5364 箱。日出库量最大 8349 箱，最小 413 箱。托盘单元 $W \times L \times H = 1400mm \times 1100mm \times 1400mm$。托盘尺寸 $W \times L \times H = 1400mm \times 1100mm \times 150mm$。单元货格有效容积 $W \times L \times H = 1400mm \times 1100mm \times 1650mm$。

自动仓库的主要参数：库房占地面积，$92m \times 42m = 3990m^2$；自动仓库规模，排×层×列 $= 10 \times 9 \times 50 = 4500$，即 4500 个货位。

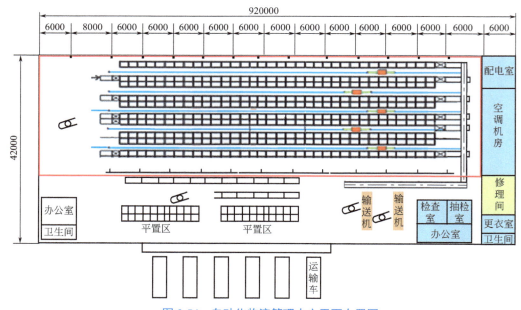

图 3-54　自动化物流管理中心平面布置图

3.3.5 智能物流配送中心分拣技术简例

图 3-55 为智能物流配送中心平带式分拣线。智能物流运输分拣线用于不同物流货物的包装品，如食品包装的装箱、捆扎、码垛等一系列的自动化包装系统。

图 3-55 智能物流配送中心平带式分拣线

自动化物流分拣线的分拣作业一般集中在库内完成，这是为了配送货物而进行的拣取、分货、配货等理货工作，是物流配送中心的核心工序。合理的拣选方法、合适的拣选设备、自动化分拣作业系统的合理规划等对配送中心运作效率具有决定性的影响。图 3-56 为智能物流配送中心的自动仓库直接按托盘单元拣货。

图 3-56 按托盘单元拣货（南京音飞）

智能物流按单分拣的作业原理又叫摘果法拣货。在物流按单分拣作业中，每一张订单信息就是一次拣货信息，拣选人员或拣选工具巡回于各个储存点，按单如数拣取物品，直到将全单货品配齐为止。所以这种方式又叫摘果法拣货。

智能物流批量分拣作业，即先对客户订单中的共同物品进行统计整理，形成整合后的拣取信息，并由分货人员或分货工具根据拣取信息从储存点集中取出各个用户共同的某种货品，然后巡回于各用户的货位之间，按每个用户的需求量分放后，再集中取出共同需要的第二种货品，再进行分放。如此反复进行，直至用户需要的所有货品都分放完毕，即完成各个用户的配货工作。这种作业方式类似于播种，所以又称为播种式拣货。

图 3-57 为智能物流批量分拣系统。

图 3-57　智能物流批量分拣系统

图 3-58 为智能物流分拣线。图 3-59 为智能物流配送中心自动分拣集货作业，即按用户分类把物品集中在一起，择机发货。

图 3-58　智能物流分拣线

图 3-59　智能物流配送中心自动分拣集货作业

图 3-60 为智能化物流配送中心仿真效果图，即全自动化的物流配送中心。

图 3-60　智能化物流配送中心

图 3-61 为大型冷冻食品物流配送中心，该中心主要由各种自动仓库、输送机系统、自动分拣系统及运输车等构成。冷链物流泛指冷藏、冷冻类产品在生产、储藏、运输、销售，到消费前的各个环节中始终处于规定的低温环境下，以保证食品质量、减少食品损耗的一项系统工程。它是以冷冻工艺学为基础、以制冷技术为手段的低温物流过程。

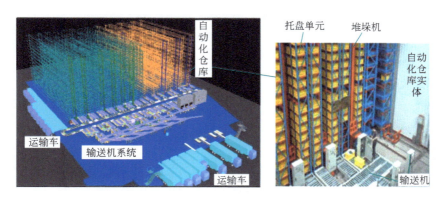

图 3-61 大型冷冻食品物流配送中心（南京音飞）

图 3-62 为大型冷冻食品物流配送中心分拣系统。

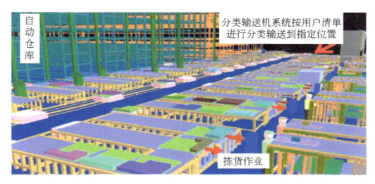

图 3-62 大型冷冻食品物流配送中心分拣系统

图 3-63 为自动仓库计算机拣货作业。自动仓库的堆垛机通过计算机拣货指令自动把

图 3-63 自动仓库计算机拣货作业（南京音飞）

物品搬运出来放置在工作台上。图 3-64 为大型物流配送中心分拣输送系统，从自动仓库出来的大量物品经过分拣输送系统自动识别之后又源源不断地流向计算机指定的物品暂存处。图 3-65 为储存型物流配送中心自动仓库。图 3-66 为某物流配送中心。

图 3-64　大型物流配送中心分拣输送系统

图 3-65　储存型物流配送中心自动仓库（南京音飞）

图 3-66　物流配送中心（南京音飞）

电子商务物流配送体系，其主要功能包含电子商务平台派单、订单匹配查询、货物送达现场反馈、货物信息采集、现场单据打印、移动地理信息等。

从电子商务平台收到用户订单开始，组织备货、下派任务、配送员提货、货物运输，直到货物送到用户手中，整个环节全部纳入电子商务平台的管理当中。图3-67为电商高速智能自动分拣系统，该系统规模大、效率高、分拣精准。

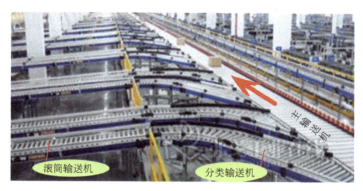

图3-67　电商高速智能自动分拣系统

第 4 章

自动化仓库设计

4.1 自动化仓库概述

4.1.1 自动化仓库定义、应用、特点及其智能化

（1）定义

自动化仓库又称高层货架仓库、自动存取系统（Automatic Storage/Retrieval System，AS/RS）。即利用自动化存储设备和计算机管理系统，实现立体仓库的高层合理化、存取自动化以及操作简便化。

（2）应用

自动化仓库广泛用于医药、汽车、电子、机械、烟草、医药配送、机场货运、地铁、服装、化工以及军工等行业。

自动化仓库是物流配送中心的主要组成部分，如图 4-1 所示。物流配送中心由自动化仓库、水平旋转式自动仓库、输送系统等构成。

（3）特点

图 4-2 为托盘式自动化仓库的基本特点。

（4）智能化自动仓库

图 4-3 为智能化自动仓库效果图。

第 4 章 自动化仓库设计

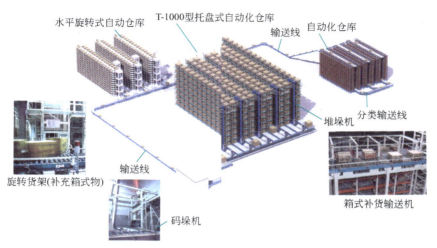

图 4-1 自动化仓库是物流配送中心的主要组成部分

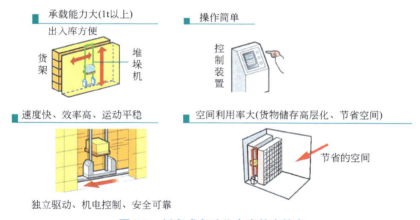

图 4-2 托盘式自动化仓库基本特点

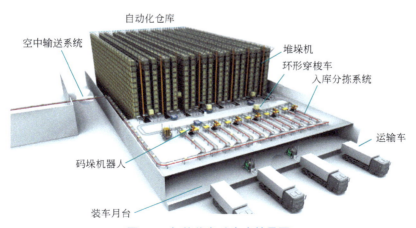

图 4-3 智能化自动仓库效果图

4.1.2 自动化仓库基本构成

自动化仓库主要由货架、巷道式堆垛起重机（堆垛机）、入（出）库工作站台、调度控制系统、管理系统以及土建公用设施等部分组成。

图 4-4 为托盘式自动化仓库基本构成。其最主要构件是货架、堆垛机、天地轨、出入库工作台、托盘单元、载货台等。图 4-5 为托盘式自动化仓库实体。图 4-6 为托盘式自动化仓库基本构件名称。

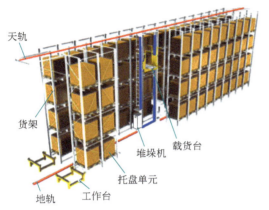

图 4-4 托盘式自动化仓库基本构成

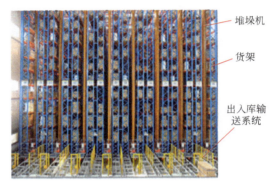

图 4-5 托盘式自动化仓库实体（南京音飞）

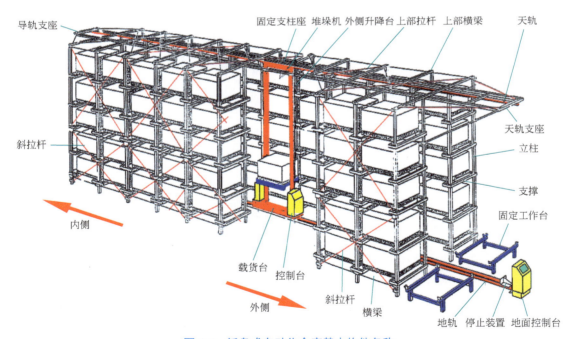

图 4-6 托盘式自动化仓库基本构件名称

图 4-7 为托盘式自动化仓库及其托盘单元。由图可知，托盘单元的尺寸范围将直接影响到自动化仓库货位（或货格）大小和两排货架的总宽度 W。

图 4-8 为大型托盘式自动化仓库实体，出入库采用双轨直线式穿梭车搬运托盘单元。

图 4-9 为调试中的托盘式自动化仓库。图 4-10 为电缆辊托盘式自动化仓库一角。图 4-11 为工作台的种类及布置方法，根据物料出入库量的实际需要选择相应的工作台。

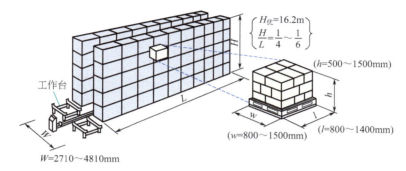

图 4-7　托盘式自动化仓库及其托盘单元

图 4-8　大型托盘式自动化仓库实体

图 4-9　调试中的托盘式自动化仓库（南京音飞）

图 4-10　电缆辊托盘式自动化仓库一角（南京音飞）

现代化智能物流装备与技术

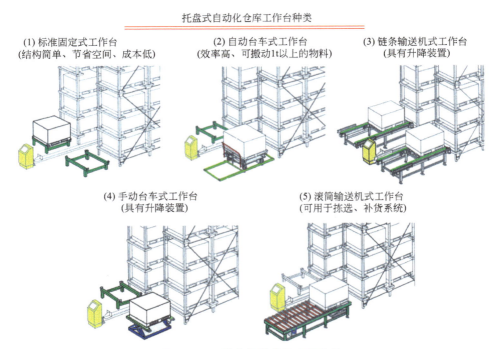

图 4-11　工作台的种类及布置方法

4.1.3　自动化仓库基本功能

图 4-12 为一般自动化仓库主要功能。图中箭头及图标指示出了信息流、物流以及物流功能。图 4-13 为一般自动化仓库进货流程。图 4-14 为自动化仓库 WMS 管理部分内容。

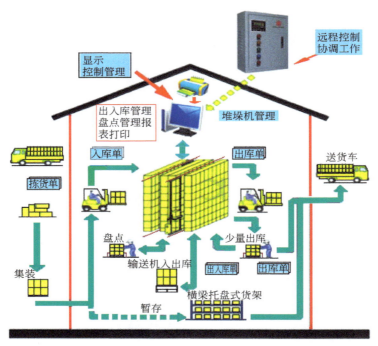

图 4-12　自动化仓库主要功能

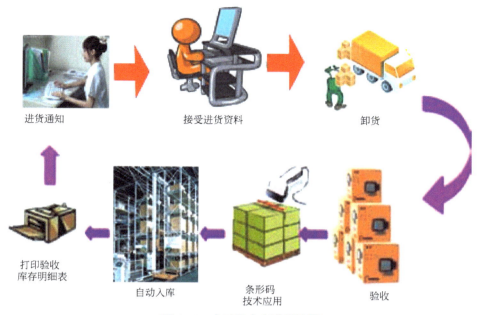

图 4-13 自动化仓库进货流程

图 4-14 自动化仓库 WMS 管理部分内容

4.1.4 库内物流线

托盘单元在自动化仓库内部的流动线路如图 4-15 所示,流动线有 U 形、I 形、L 形和双 U 形。

（1）I形

I形线路用于大规模生产，是从一端入库，另一端出库的作业。这在大规模生产工厂中的分离式自动化仓库中应用较广，生产效率较高。

（2）U形

其入库作业都在同一侧进行，应用较广。U形物流线路最实惠，在管理和经济方面都有优点。特别是出入库场合、时间受到限制时，这是最有效的形式。相反，当要求入库和出库作业要同时进行时，U形线路将造成拥挤和混乱，所以不能采用这种U形线路。

（3）L形和双U形

L形和双U形线路是根据作业地点的条件和生产工程的特殊性来决定是否选用的。

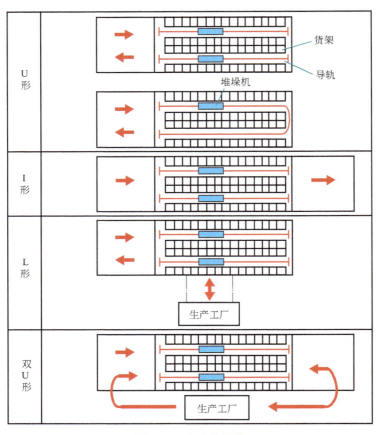

图 4-15 库内物流线

4.2 自动化仓库分类

4.2.1 按货架结构分类

（1）整体式

图 4-16 为整体式自动化仓库，又称为库架合一式自动化仓库。

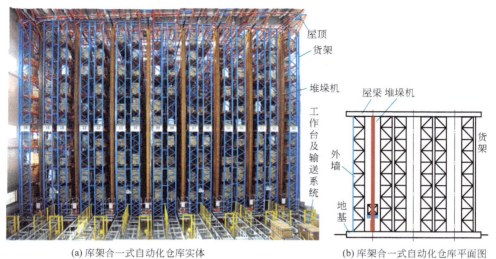

(a) 库架合一式自动化仓库实体　　(b) 库架合一式自动化仓库平面图

图 4-16　整体式自动化仓库（南京音飞）

（2）分离式

图 4-17 为分离式自动化仓库，即自动化仓库独立在建筑物内，自动化仓库与建筑物相互独立。

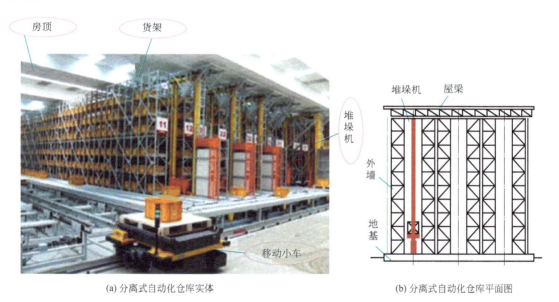

(a) 分离式自动化仓库实体　　(b) 分离式自动化仓库平面图

图 4-17　分离式自动化仓库

4.2.2　按使用环境分类

图 4-18 为按使用环境分类的自动化仓库种类。图 4-19 为乳制品冷库和制冷系统，对冷库要求高，必须保证室内一定的温度、湿度。图 4-20 为重型纸辊自动化仓库。

图 4-21 为特长托盘单元自动化仓库，主要用于储存细长物料，如铝型材等。图 4-22 为悬臂货架式铝型材自动化仓库。

图 4-18　按使用环境分类的自动化仓库

图 4-19　乳制品冷库和制冷系统

图 4-20　重型纸辊自动化仓库（南京音飞）

图 4-21　特长托盘单元自动化仓库（太原高科）

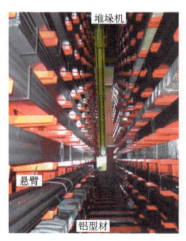

图 4-22　悬臂货架式铝型材自动化仓库

4.2.3 按导轨配置分类

常用的自动化仓库导轨有直线式、U形和横移式三种，图4-23为自动化仓库导轨种类。

① 直线导轨又有单轨和双轨之分。图4-24为直线导轨自动化仓库。

② 横移式导轨自动化仓库是通过横移接轨方式把多条平行导轨连接起来的仓库，用于出入库频率不高的场合，可节约堆垛机投资。图4-25为横移式导轨自动化仓库。

③ U形导轨堆垛机行走路线为直线和弧线，同样用于出入库频率不高的场合，节约堆垛机投资。图4-26为U形导轨自动化仓库原理。图4-27为U形导轨自动化仓库实体。图4-28为U形导轨局部放大图。

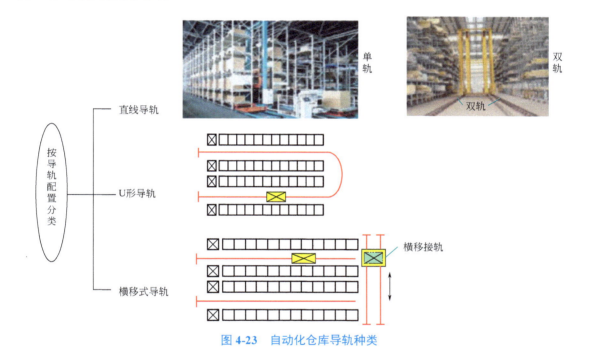

图4-23 自动化仓库导轨种类

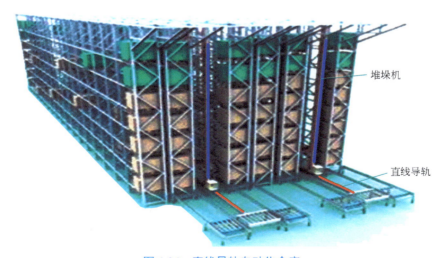

图4-24 直线导轨自动化仓库

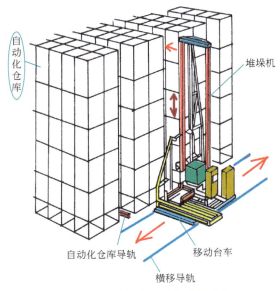

图 4-25 横移式导轨自动化仓库

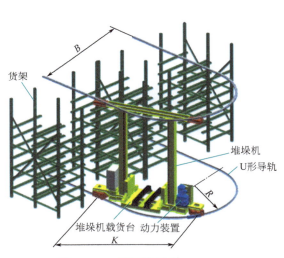

图 4-26 U 形导轨原理

图 4-27 U 形导轨自动化仓库实体（南京音飞）

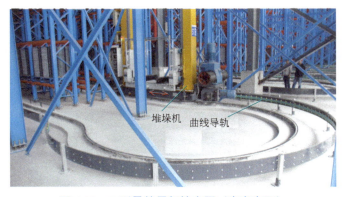

图 4-28 U 形导轨局部放大图（南京音飞）

4.2.4 按货格深度方向存储托盘单元数量分类

如图4-29所示,按托盘式自动化仓库货格深度方向储存托盘单元数量分类,有单货位、双货位和多货位的区别。

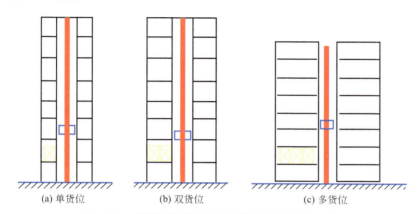

图4-29 按货格深度方向存储托盘单元数量分类

4.2.5 按用途分类

按照用途分类,有原材料自动化仓库、零部件自动化仓库、工序间自动化仓库、成品自动化仓库和流通型自动化仓库。

4.2.6 按出/入库工作台布置方式分类

(1) 单侧出/入库方式

图4-30为出/入库工作台设在堆垛机行走路线的一端。图4-31为工作台单侧出/入库方式效果图。

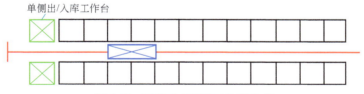

图4-30 工作台单侧出/入库方式

图4-31 工作台单侧出/入库方式效果图(太原高科)

（2）两端出/入库方式

出/入库工作台分别设在堆垛机行走方向的两侧，如图4-32所示。

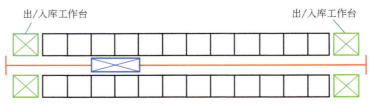

图4-32　工作台两端出/入库方式

（3）中间出/入库方式

出/入库工作台设置在堆垛机行走路线的中间位置，如图4-33所示。

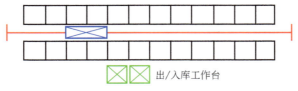

图4-33　工作台在中间位置

4.2.7　按出/入库工作台配置高度分类

① 同层出/入库工作台方式：出/入库工作台设置在同一楼层上，如图4-34所示。

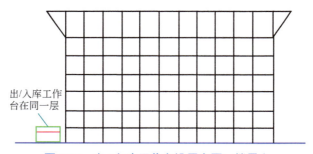

图4-34　出/入库工作台设置在同一楼层上

② 异层出/入库工作台方式：把出/入库工作台设在不同的楼层中，如图4-35所示。

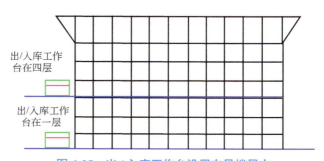

图4-35　出/入库工作台设置在异楼层中

4.3 自动化仓库的最佳参数选择

4.3.1 自动化仓库最佳高度选择

一般情况下自动化仓库货架的最佳高度在 15～21m 之间为宜。前苏联专家的研究成果表明，折旧费用随货架高度 H 如表 4-1 所示。

表 4-1 折旧费用随货架高度 H 的变化

H/m	6	8.4	10.8	12.6	14.4	16.2
折旧费用 /%	100	96	92	73	64	58

4.3.2 自动化仓库最佳长度

货架的最大长度取决于一台堆垛机在一条通道中所服务的货位数。为保持

$$\frac{H}{L} \approx \frac{v_y}{v_x}$$

均衡，使堆垛机的载货台垂直和水平移动平稳，推荐采用货架高度 H 和长度 L 比值为：

$$\frac{H}{L} = \frac{1}{4} \sim \frac{1}{6}$$

一般情况，货架的最佳长度 L 在 80～120m 之间为宜。

图 4-36 为货架最佳参数关系曲线，即货架的折旧费用 R、高度 H、长度 L 与物品储存期 t 的依赖关系曲线。

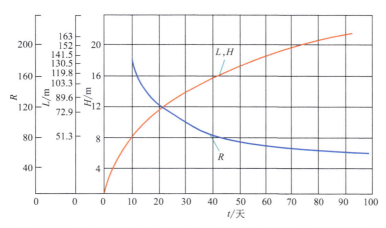

图 4-36 货架折旧费用 R、高度 H、长度 L 与储存期 t 的关系曲线

4.3.3 自动化仓库系统尺寸

（1）货位和托盘单元之间的标准间隙尺寸

为了实现自动化仓库标准化，货位中的托盘单元与货位的前后、左右、上下都有一定的

标准间隙。图 4-37 为货位与托盘单元的尺寸关系。表 4-2 为其相关尺寸名称。

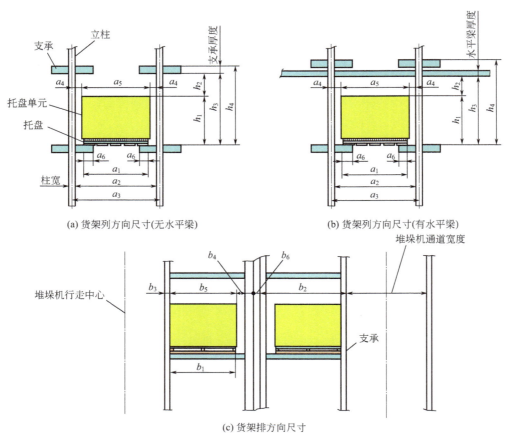

图 4-37 货位与托盘单元的尺寸关系（南京音飞）

表 4-2 与货位相关的名称

项　目	记　号	项　目	记　号
托盘长度	a_1	前面间隙	b_3
有效列尺寸	a_2	后面间隙	b_4
列尺寸	a_3	货态尺寸（排方向）	b_5
侧面间隙	a_4	柱间距	b_6
货态尺寸（列方向）	a_5	货态高度	h_1
支承托盘的长度	a_6	上部间隙	h_2
托盘宽度	b_1	有效层高度	h_3
排尺寸	b_2	层高度	h_4

（2）确定货格尺寸

货格尺寸 = 托盘单元尺寸 + 间隙尺寸

各间隙尺寸的选取原则如下：

① 侧面间隙。侧面间隙 $2a_4=a_2-a_1$，一般取 50～100mm。对牛腿式货架，要求 $a_6 \geqslant a_4$。

② 上部间隙。上部间隙 h_2 应保证货叉叉取货物过程中微起升时不与上部构件发生干涉。一般 $h_2 \geqslant$ 货叉厚度 + 货叉下浮动行程 + 各种误差。

③ 宽度方向间隙。货物单元前面间隙的选择应根据实际情况确定，对牛腿式货架，应使其尽量小，对横梁式货架，则应使货物不致因各种误差而掉下横梁，后面间隙的误差应以货叉作业时不与后面拉杆发生干涉为准。

通过托盘单元尺寸和托盘单元与货格之间的间隙，可以计算出货格 $d_3 \times h_4$ 尺寸。如果已知列数和层数，则可计算出货架长度 L 和高度 H。

（3）货物与货架的尺寸

图 4-38 为货物与货架的尺寸关系图，表 4-3 为货架与货物的尺寸关系表。货架与货物尺寸一般是在堆垛机行走方向上单侧取 50～75mm 左右，在深度方向上取 50mm 左右。

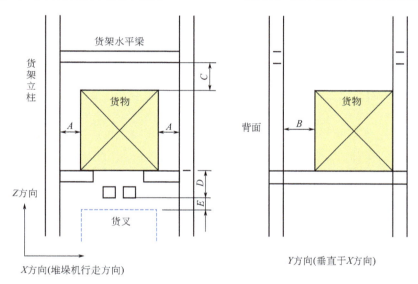

图 4-38　货物与货架的尺寸关系

表 4-3　货架与货物间的尺寸关系

	货架高度	10m 以下	15m 以下	30m 以下
X	A/mm	60	65	75
Y	B/mm	50		
Z	C/mm	100		
	D/mm	100（货重 1t、货物深度 1100mm）		
	E/mm	60		

货架高度方向尺寸必须根据货叉厚度、货叉变形量和动作尺寸来确定。此外，还要加上货架水平梁位置尺寸。当自动化仓库设计有自动喷水装置时，还应该加上配水管尺寸。

关于货物倾倒尺寸，一般情况还是通过实验来取得实用数值，这样比较安全实用。图 4-39 为输送机上的货物倾倒尺寸试验曲线。

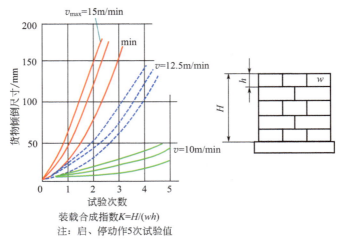

图 4-39 输送机上的货物倾倒尺寸试验曲线

（4）自动化仓库尺寸的简易计算法

可以利用如下简易方法来初步计算自动化仓库的规模大小。设托盘单元 w=1000kg。

① 自动化仓库全长 L=(装载单元宽度+175)×列数+(3400～4300)。
② 自动化仓库全宽 $W=3\omega$+(350～500)。式中 ω=货物宽度。
③ 自动化仓库全高 H。当货物高度 h=1100 时，如表 4-4 所示。

表 4-4 货架层数与高度对应关系

层数 N	货架高度 H/mm
2	3200
3	4500～4650
4	5920～5935
5	7220～7450

（5）计算货态尺寸和实际货态尺寸

货态即托盘单元的外形。计算货态尺寸是通过包装箱和包装袋的标准尺寸计算出来的托盘单元货态尺寸，如图 4-40（a）所示。

实际货态尺寸即把物品堆放在托盘上的托盘单元外形尺寸。在实际生产中，在托盘上堆放物品时受到物品公差、码垛间隙等各种因素的影响，使实际货态尺寸与计算货态尺寸有一定误差，如图 4-40（b）所示。其影响因素是：包装箱或包装袋的尺寸误差；码垛时，箱与箱、袋与袋之间的间隙；码垛时，箱与袋之间的膨胀量；堆放时产生的物品间的偏移量。

当实际码垛货态尺寸超过规定的尺寸范围时，在出入库过程中容易脱落、倾倒，造成事故。为保证实际货态尺寸在规定范围之内，必须进行货态尺寸检验。图 4-41 为物体尺寸在线检测系统。

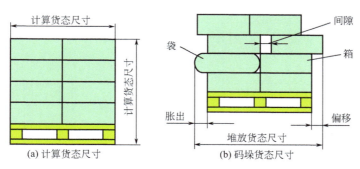

(a) 计算货态尺寸　　　　(b) 码垛货态尺寸

图 4-40　托盘单元货态尺寸

图 4-41　物体尺寸在线检测系统

4.3.4　自动化仓库主要尺寸标注

（1）整体式自动化仓库货架尺寸

图 4-42 为整体式自动化仓库货架尺寸。

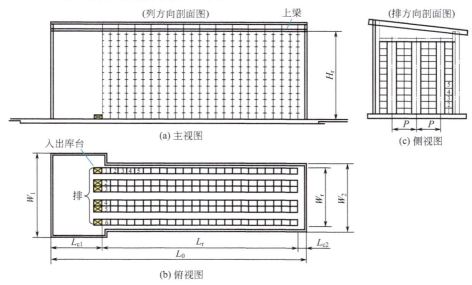

图 4-42　整体式自动化仓库货架尺寸

注：图中的数字1，2，3…仅供参考

L_0—仓库列方向墙的中心间距；L_r—货架列方向的立柱中心间的最大尺寸；L_{c1}—仓库出入库侧的墙中心到货架端立柱中心尺寸；L_{c2}—仓库出入库侧的反侧墙中心到反侧货架端立柱中心尺寸；H_r—货架地面到上梁下方的尺寸；W_r—货架排方向外侧立柱中心间最大尺寸；W_1—仓库出入库侧排方向墙中心距；W_2—仓库出库侧反侧排方向墙中心距；P—堆垛机巷道中心距

（2）分离式自动化仓库货架尺寸

图 4-43 为分离式自动化仓库货架尺寸。

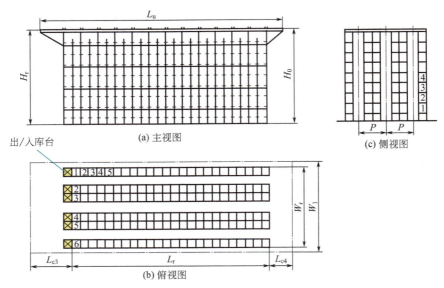

图 4-43　分离式自动化仓库货架尺寸

注：图中的数字 1，2，3…仅供参考

L_r—货架列方向立柱中心距；L_u—货架列方向的全长；L_{c3}—从出入库侧货架端到墙距离；L_{c4}—出入库侧的对面的货架端到墙的距离；W_r—货架排方向外侧的立柱中心距；W_1—货架排方向工作区或安全网等的外侧尺寸；H_0—货架地面到上部梁的顶面的尺寸；H_r—货架地面到上部梁的下面的尺寸；P—堆垛机轨道中心距

图 4-44 为自动化仓库最佳参数选择。在一般条件下，取最佳经济高度 $H=16.2\mathrm{m}$，高长比 $H/L=1/6\sim1/4$。仓库总货位数 $Q=$ 排 × 列 × 层。

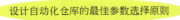

设计自动化仓库的最佳参数选择原则

(1) 自动化仓库经济高度 $H=16.2\mathrm{m}$；
(2) $H/L=1/6\sim1/4$

例：设总货位 $Q=10080$（一个货位放一个托盘单元），
　　计算自动化仓库的排、列、层。
解：$Q=$ 排×列×层 $=14\times60\times12$
即：14 排（7 巷道、7 台堆垛机）、60 列、12 层。

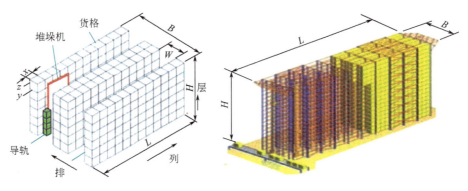

(a) 货架的排、列、层关系　　　　(b) 自动化仓库仿真图

图 4-44　自动化仓库最佳参数选择

W—巷道宽度

4.4 自动化仓库的出/入库能力计算

4.4.1 堆垛机工作循环时间

堆垛机的工作循环时间有平均单循环时间和平均复合循环时间。

（1）平均单循环时间

堆垛机从出/入库工作台到达所有货位的出/入库时间的总和除以总货位得到的值称作平均单循环时间。如图4-45为单循环图。平均单循环时间计算如下：

$$T_s = \frac{\sum_{j=1}^{m}\sum_{k=1}^{n} t_{jk} \times 2}{m \times n} + 2t_f + t_i \quad (4-1)$$

式中　T_s——平均单循环时间，s；
　　　j——货架列数，$1 \sim m$；
　　　k——货架层数，$1 \sim n$；
　　　t_{jk}——堆垛机单边运动到某货位的时间，s；
　　　t_f——货叉取货时间，即在出/入库工作台或在货位处物品移动的时间，s；
　　　t_i——停机时间，s。

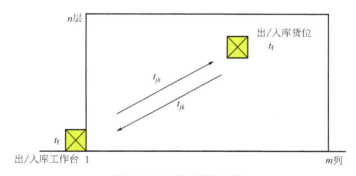

图4-45　平均单循环时间

（2）平均复合循环时间

平均复合循环时间计算如下：

$$T_D = \frac{\sum_{j=1}^{m}\sum_{k=1}^{n} t_{jk} \times 2}{m \times n} + t_t + t_s + 4t_f + t_i \quad (4-2)$$

式中　T_D——平均复合循环时间，s；
　　　t_t——货位之间平均移动时间，出/入库的货位是随机决定的，即一定次的货位间移动的平均时间，s；
　　　t_s——出/入库工作台之间的移动时间，即入库工作台和出库工作台在不同位置时的移动时间，s。

图4-46为出/入库为一个工作台的平均复合循环时间。

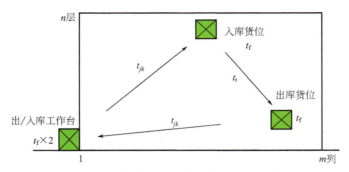

图 4-46　出／入库为一个工作台的平均复合循环时间

图 4-47 为两个出／入库工作台分开设置的平均复合循环时间。

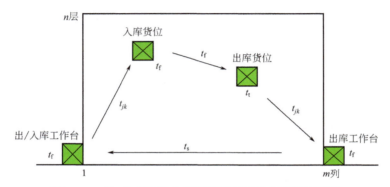

图 4-47　出／入库工作台分开设置的平均复合循环时间

图 4-48 为出／入库工作台在不同楼层上的平均复合循环时间。

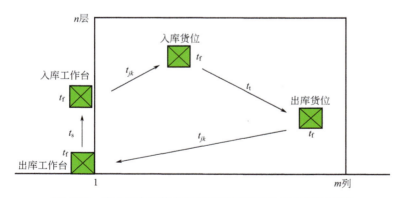

图 4-48　出／入库工作台在不同楼层的平均复合循环时间

4.4.2　自动化仓库基本出／入库能力

自动化仓库的基本出／入库能力也是堆垛机的基本入库或出库能力，即每小时入库或出库的托盘单元数量。

(1) 平均单循环时间的基本出/入库能力

$$N_s = 3600/T_s \quad (4\text{-}3)$$

式中 N_s——每小时入库或者出库的托盘单元数量，个；
　　　T_s——平均单循环时间，s。

(2) 平均复合循环时间的基本出/入库能力

$$N_D = 3600/T_D \times 2 \quad (4\text{-}4)$$

式中 N_D——每小时入库或者出库的托盘单元数，个；
　　　T_D——平均复合循环时间，s。

4.4.3 物品的出入库周期

堆垛机作业周期如图 4-49 所示，有单循环与复合循环。
堆垛机存取物品周期概算法如下：
① 计算位于自动化仓库的平均位置的托盘的单循环时间。
② 计算位于自动化仓库的 1/2 高度和 1/2 长度位置的托盘的单循环时间。

一旦计算出堆垛机的工作循环时间之后，按照自动化仓库的设计原则便可计算出它的基本出入库能力。计算公式如下：

$$\eta = 3600/T_0 \quad (4\text{-}5)$$

式中 η——每小时托盘的出入库数量，个；
　　　T_0——基本运动时间（周期），s。

例循环时间 $T_0 = 180\text{s}$，则

$$\eta = 3600/180 = 20$$

就是说自动化仓库每小时的出入库能力为 20 个托盘装载单元。根据 1 台运输车辆的装载能力可计算出每小时所需运输车辆的台数。此外，还可计算出堆垛机的台数，从而能够计算出自动化仓库的规模大小。

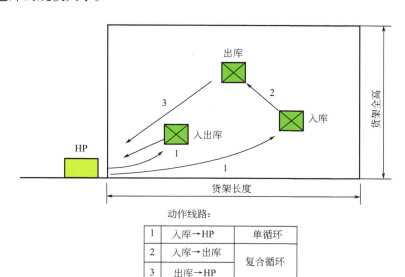

图 4-49　堆垛机作业周期
HP—工作台

4.5 自动化仓库标准化

4.5.1 托盘式自动化仓库标准化

把托盘式自动化仓库标准化、规格化，用户可以快速计算出自动化仓库系统的基本外形尺寸。一般的常用的托盘式自动化仓库系统的标准高度有 6m、9m、12m、15m、21m。托盘规格（800～1500mm）×（800～1500mm）。

图 4-50 为 T-1000 型自动化仓库标准图。这是 6 层 11 列 2 排，共 132 个货位的标准自动化仓库。用户按照需要在此基础上可增加层数、列数和排数，达到需要的货位数。

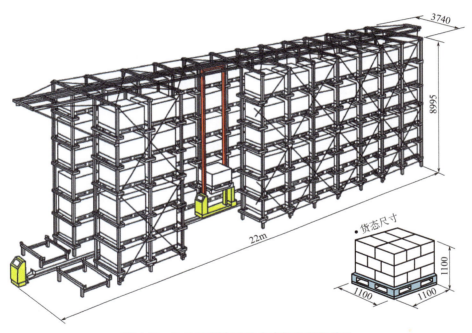

图 4-50　T-1000 型自动化仓库标准货架单元

图 4-51 为托盘式货架标准尺寸，表 4-5 为标准货架规格尺寸。用户可根据此表选择相应的标准货架规格尺寸。图 4-52 为 T-1000 型货架与建筑物的最小距离。只有保证这些基本数据才能方便维修和安全生产。

表 4-5　标准货架尺寸

项目		型号（高度）				
		6m	9m	12m	15m	
货态	w/mm	1100	1100	1100	1100	
	d/mm	1100	1100	1100	1100	
	h/mm	850	1100	1200	1300	

续表

项目		型号（高度）			
		6m	9m	12m	15m
排		2	2	2	2
层		5	6	8	9
列		10	13	16	20
货位数		100	150	256	360
货架尺寸	W/mm	3740	3740	3740	3740
	L/mm	18378	22228	26528	31728
	H/mm	6220	8995	12682	15082

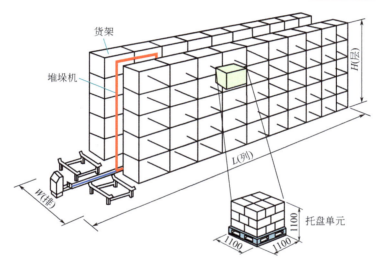

图 4-51　托盘式货架标准货架规格尺寸示意图

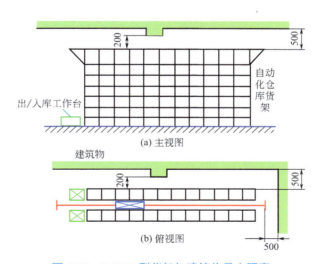

图 4-52　T-1000 型货架与建筑物最小距离

4.5.2 托盘式自动化仓库的基本规划设计步骤

自动化仓库的基本设计步骤如图 4-53 所示，按其步骤说明如下。

（1）初步确定外形尺寸、质量

自动化仓库外形尺寸如图 4-54 所示。

图 4-53 自动化仓库基本设计步骤

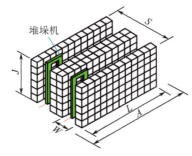

图 4-54 自动化仓库外形尺寸

A—系统长度；S—系统宽度；L—货架长度；
J—货架高度；W—巷道宽度

托盘单元的外形尺寸如图 4-55 所示。图中 L、H、W 的长度单位是 mm。托盘单元质量的单位是 kg。

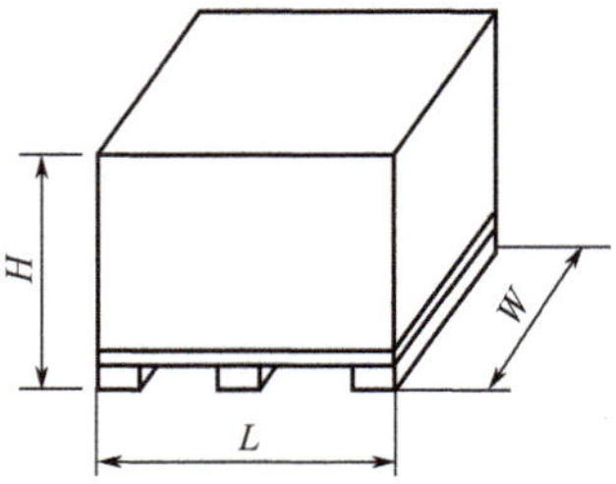

（2）确定最大库存量

确定自动化仓库托盘单元的最大库存量（考虑年增长率）E。

（3）计算自动化仓库每小时最大出入库量

因为每小时最大进出库托盘数和自动堆垛机的台数有直接关系。这将直接影响到自动化仓库的投资大小。为了减少投资费用，可以把峰值进出货量平均到仓库作业时间内。自动化仓库每小时最大出入库量 F= 托盘数／工作时间。

图 4-55 托盘单元外形尺寸

（4）确定堆垛机台数和货架行数

首先必须知道堆垛机的标准出入库能力。即每小时的入库或出库的次数。即：

$$N=3600/T$$

式中　N——标准出入库能力，次；

　　　T——标准动作时间，s。

标准动作时间是指堆垛机在进行入库或出库时所需要的时间（s）。图 4-56 为堆垛机入库单循环运动路线图。入库存货标准动作时间为工作台→收货→货架中心→存货→返回工作台过程所需时间（s）。取货出库标准动作时间为工作台→货架中心→取货→工作台→卸货过程所需时间（s）。

图 4-57 为堆垛机复合循环运动路线。入库存货及取货出库标准动作时间为工作台→收货→货架中心→存货→卸货→3L/4，3H/4 处→取货→工作台→卸货过程所需时间（s）。

上述 3 种情况所指的货架中心，当货架的货格数为偶数格时，为

$$\left(\frac{x\text{方向货格数}}{2}+1,\ \frac{y\text{方向货格数}}{2}+1\right)$$

标准动作时间和堆垛机的行走、升降、叉取等 3 种速度及距离有关。

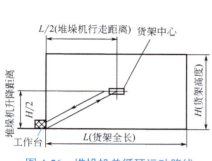
图 4-56 堆垛机单循环运动路线

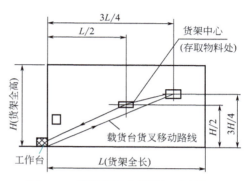
图 4-57 堆垛机复合循环运动路线

① 收货存货时间 = 叉取距离÷叉取速度×2+[(高位－低位)÷升降速度]。

② 走到货架中心的时间：堆垛机货台可以同时用行走和升降两种速度运动，最后到达的时间即是所求时间。

根据 $N=3600/T$，则：

$$G=F/N$$

$$Z=2G$$

式中　F——自动化仓库每小时需要最大进出库托盘单元数；
　　　G——堆垛机台数，即巷道数；
　　　Z——自动化仓库内货架排数；
　　　N——标准出入库能力。

（5）确定货格高度

图 4-58 为货格高度的确定图。货架总高度 J 计算公式如下：

$$J=(C+K)M$$

式中　C——托盘装载单元高度，mm；
　　　K——堆垛机叉车操作所需距离，即相邻两托盘单元的垂直距离，$K=150\sim230$mm；
　　　M——在垂直方向的货格数。

（6）确定自动化仓库系统高度

图 4-59 为自动化仓库系统高度标准。货架系统高度 P 计算公式：

$$P=J+T_u+T_d$$

式中　J——货架高度，mm；
　　　T_u——托盘单元顶面到屋顶下面的距离，$T_u=600$mm；
　　　T_d——堆垛机叉车操作空间，$T_d=750$mm。

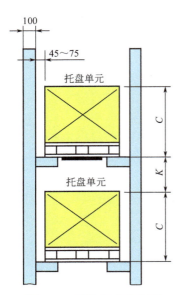

图 4-58 货格高度确定图

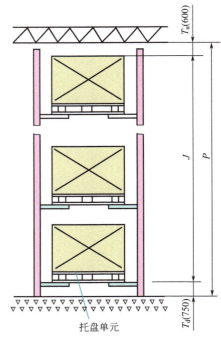

图 4-59 自动化仓库系统高度标准

（7）确定一排货架长度 L

图 4-60 为一排货架长度 L。

$$L=RS$$
$$R=B+100+(75×2)$$
$$S=E/(2GM)$$
$$Z=2G（货架排数）$$

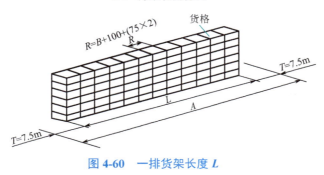

图 4-60 一排货架长度 L

式中　L——一排货架长度；
　　　R——货格宽度；
　　　B——托盘宽度；
　　　S——每排的货格数；
　　　E——总托盘数。

（8）确定自动化仓库系统总长度 A

$$A=L+T+U$$

式中　L——货架长度；
　　　T——堆垛机走出货架两端的必要距离（含出入库台架部分），$T=7.5m$；
　　　U——特殊设备所占长度，如堆垛机活动空间、周边设备所占空间等。

（9）确定自动化仓库系统宽度

图4-61为自动化仓库系统的宽度V确定。

$$V=WX=3.74X$$

式中　W——巷道单元宽度，一般$W=3.74m$；
　　　X——巷道数。

如前所述，一般情况下自动化仓库的最佳经济高度约为16.2m，货架高度与长度之比是$H/L=1/4\sim1/6$。利用此关系检查所设计的自动化仓库尺寸是否符合上述基本原则。

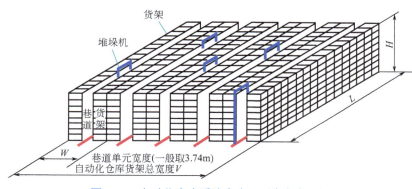

图4-61　自动化仓库系统宽度V（南京音飞）

（10）货架尺寸计算

1）已知条件

① 货位数$Q=2000$；

② 每天全库最大出入库能力$n=100$次/h；

③ 可用建筑物空间：图4-62为自动化仓库在建筑物空间中的尺寸关系，建筑物尺寸长×宽×高$=70m\times20m\times15m$，建物梁下高度$H_L=15m$。

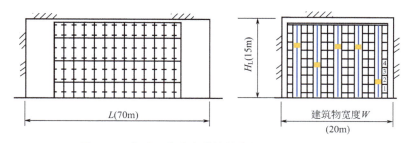

图4-62　自动化仓库在建筑物空间中的尺寸关系

2）计算

① 计算堆垛机台数N。已知一般堆垛机效率$n_1=25\sim30$次/(h·台)。

$$N = \frac{n}{n_1} = \frac{100}{25} = 4(台)$$

堆垛机4台的自动化仓库具有8排货架。但是，考虑到自动化仓库两端堆垛机必要的移动空间，改为5台堆垛机、10排货架为宜。

② 货架计算。

a. 已知：梁下高度 H_L=15m；货架全高 H=H_L−300=15000mm−300mm=14700mm；货架总高度 H_1=H−100=14700mm−100mm=14600mm；最下层高度 kh_1=800mm；FC_1=400mm；FC_2=200mm。

b. 各层货架高度计算：

$h_1(h_3, h_5)$=1500+FC_1=1500mm+400mm=1900mm；

$h_2(h_4, h_6, h_7, h_8)$=1500+FC_2=1500mm+200mm=1700mm。

第1层顶面高度 =800mm；

第2层顶面高度 =800+h_1=800mm+1900mm=2700mm；

第3层顶面高度 =2700+h_2= 2700mm+1700mm=4400mm；

第4层顶面高度 =4400+h_1=4400mm+1900mm=6300mm；

第5层顶面高度 =6300+h_2=6300mm+1700mm=8000mm；

第6层顶面高度 =8000+h_1=8000mm+ 1900mm=9900mm；

第7层顶面高度 =9900+h_2=9900mm+1700mm=11600mm；

第8层顶面高度 =11600+h_1+ 托盘装载单元高度

=11600mm+1900mm+1500mm=15000mm

∵ 梁下高度 H_L（15m）<第8层顶面高度 + 托盘单元高度，第8层顶面不可能装载托盘单元。

∴ 托盘货架高度设计为7层。

c. 货架列数 K 计算：

$$K = \frac{货位}{层数 \times 排数} = \frac{2000}{7 \times 10} = 28.6$$

取整数，K=29列。

则自动仓库容量 = 排 × 列 × 层 =10×29×7=2030（货位）

d. 货架长度：R_L=29列 ×(1100mm+200mm+100mm)=40600mm。

e. 堆垛机行走有效长度：L=R_L+3300=40600mm+3300mm=43900mm；取 L=44000mm。

f. 货架厚度：W=$2B_C$+$2P_L$+A_W=2×75mm+2×1100mm+1300mm=3650mm。

g. 通道节距：K_1=W+200=3850mm，取 K_1=3900mm。

h. 货架总宽度：R_W=K_1× 巷道数 =3900mm×5=19500mm。

结论：建筑物尺寸（长×宽×高）为 70m×20m×15m。货架尺寸（长×宽×高）为 44m×19.5m×11.6m。图4-63为长×宽×高=44m×19.5m×11.6m的自动化仓库示意图。

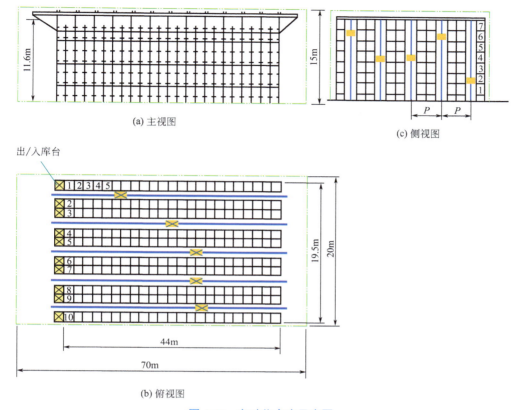

图 4-63 自动化仓库示意图

4.5.3 托盘式自动化仓库主要工艺设备组成

图 4-64 为托盘式自动化仓库的主要工艺设备。

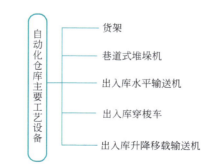

图 4-64 托盘式自动化仓库的主要工艺设备

4.5.4 自动化仓库工艺流程

图 4-65 为自动化仓库一般工艺流程。

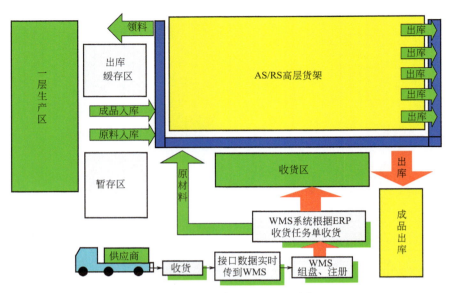

图 4-65 自动化仓库一般工艺流程

4.5.5 物流工艺布局

（1）U 形布置

U 形布置物流路线合理，多用于工业制造行业，如汽车零部件库和家电企业零部件库。图 4-66 为自动化仓库 U 形布置。

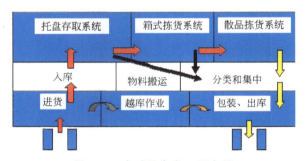

图 4-66 自动化仓库 U 形布置

（2）直线式布置

直线式布置适合越库作业，便于解决高峰时同时进出货库作业，适合产品单一的成品库，如电子产品、香烟和医药行业的成品库。图 4-67 为自动化仓库直线式布置。

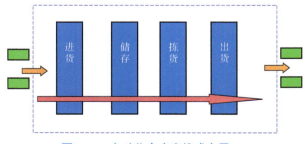

图 4-67 自动化仓库直线式布置

(3) 自动化仓库典型布局

图 4-68 为托盘式自动化仓库典型布局。图 4-69 为托盘式自动化仓库实体。

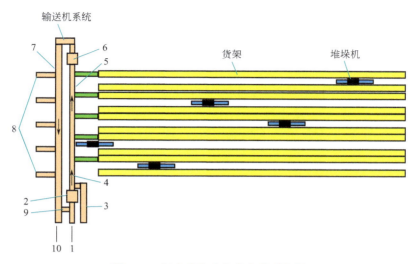

图 4-68 托盘式自动化仓库典型布局

1—入库输送设备；2—入库端激光扫描站；3—退货输送机；4—低频货输送机；5—高频货输送机；6—出库端激光扫描站；7—主输送线；8—拣选出货口；9—重入库输送带；10—整托盘（箱）出货口

图 4-69 托盘式自动化仓库实体（南京音飞）

4.5.6 托盘式自动化仓库柱距计算

在设计柱距时要保证通道宽度和储存设备的间隔要求。图 4-70 为托盘式自动化仓库的柱距设计。

$$W=(C_1+2\times C_2+C_3)\times N \quad (4\text{-}6)$$

式中　W——柱距；

C_1——托盘（货架）背面间隔；

C_2——托盘(货架)深度;
C_3——堆垛机通道宽度;
N——双排货架节距数。

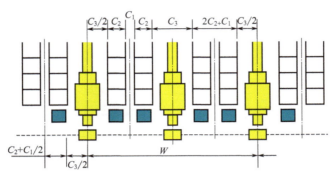

图 4-70 托盘式自动化仓库柱距设计(南京音飞)

4.6 T-1000 型自动化仓库货架设计参考

4.6.1 货态要求

(1)外形

图 4-71 为货态(包括托盘)尺寸。

(2)适合 T-1000 型自动化仓库的货态尺寸和负载

表 4-6 为适用于 T-1000 型自动化仓库的货态尺寸。

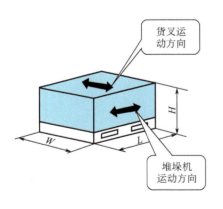

- 宽度 W:800~1500mm
- 长度 L:800~1500mm
- 高度 H:500~1500mm
- 质量:最大质量不超过1000kg

图 4-71 货态尺寸

表 4-6 货态尺寸表

宽度 W/mm	长度 L/mm	宽度 W/mm	长度 L/mm
800	1100	1200	800
	1200		1000
900	1100		1100
1000	1200		1400
	1300		1000
	800	1300	1100
	900		1500
1100	1100	1400	1100
	1200		1200
	1300	1440	1130
	1400	1500	1300
1130	1440		

（3）标准尺寸的设置

要求装载单元符合标准宽度和高度的规定。

① 伸出（膨胀）：这是实际堆放货态尺寸与计算货态尺寸之差。实际货态尺寸是托盘尺寸与伸出尺寸之和。实际尺寸必须符合标准规定。图 4-72 和图 4-73 为实际码垛尺寸，两者必须在标准装载尺寸范围内。

② 弯曲：T-1000 型托盘的最大允许弯曲为 10mm。如果超过 10mm，由于货物重量会加速托盘弯曲，可能造成物流事故。托盘弯曲后的托盘单元高度必须在规定范围之内。图 4-74 为托盘弯曲示意图。

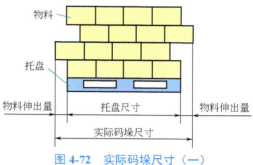

图 4-72 实际码垛尺寸（一）

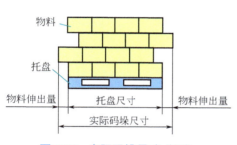

图 4-73 实际码垛尺寸（二）

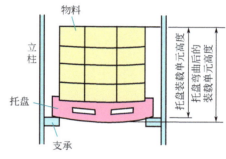

图 4-74 托盘弯曲图

4.6.2 货架

图 4-75 为 T-1000 型标准自动化仓库的货架略图。设计托盘式自动化仓库时，如果托盘单元为 1100×1100×1100，则可直接按照实际"排×列×层"计算储存容量（总托盘数）。

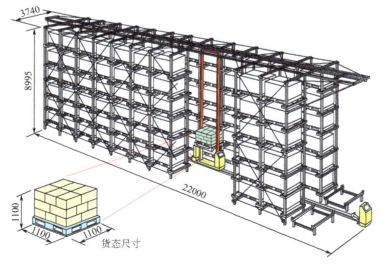

图 4-75 T-1000 型标准自动化仓库的货架略图

4.6.3 货架层高度尺寸的计算方法

（1）货架层尺寸的确定

根据所处位置不同，货架层分为底层、标准层、横梁层和顶层，其高度可分别表示为 P_0、P_1、P_2、P_3，其计算方法见图 4-76。

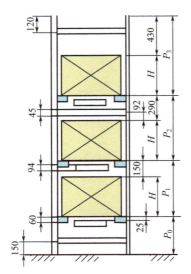

顶层高度：$P_3=H+430$
横梁层：$P_2=H+290$
标准层：$P_1=H+150$
底层：$P_0=450$
H 为托盘单元高度

图 4-76　自动化仓库货架层高度计算

（2）货架总高度的确定

T-1000 型自动化仓库在货架中增加了水平横梁、水平加强筋和垂直加强筋，所以整个结构非常牢固。货架的总高度随着层数和横梁数的不同而不同，确定方法见表 4-7。

货架在高度方向上每隔 3m 设置一根水平横梁，横梁的位置如图 4-77 及图 4-78 所示。

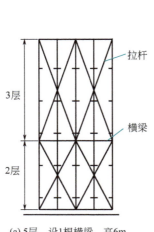
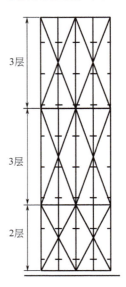

(a) 5层，设1根横梁，高6m　　　(b) 8层，设2根横梁，高9m

图 4-77　横梁位置设置（一）

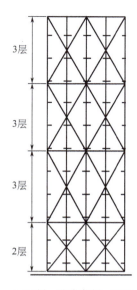
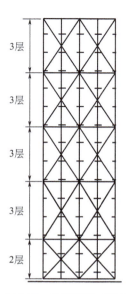

(a) 11层，设3根横梁，高12m　　　　(b) 14层，设4根横梁，高15m

图 4-78　横梁位置设置（二）

表 4-7　货架高度和货架层的关系

项目	货架的层数与高度														
			H=6m					H=9m				H=12m			
	2	3	4	5	6	7	8	9	10	11	12	13	14	15
货架高（包括托盘）	500		3740	4390	5040	5830	6480	7130	7920	8570	9220	10010	10660	11310
	550	3050	3890	4590	5290	6130	6830	7530	8370	9070	9770	10610	11310	12010
	600	3150	4040	4790	5540	6430	7180	7930	8820	9570	10320	11210	11960	12710
	650	3250	4190	4990	5790	6730	7530	8330	9270	10070	10870	11810	12610	13410
	700	3350	4340	5190	6040	7030	7880	8730	9720	10570	11420	12410	13260	14110
	750	3450	4490	5390	6290	7330	8230	9130	10170	11070	11970	13010	13910	14810
	800	3720	4670	5620	6710	7660	8160	9700	10650	11600	12690	13640	14590	
	850	3870	4870	5870	7010	8010	9010	10150	11150	12150	13290	14290		
	900	4020	5070	6120	7310	8360	9410	10600	11650	12700	13890	14940		
	950	4170	5270	6370	7610	8710	9810	11050	12150	13250	14490			
	1000	3030	4320	5470	6620	7910	9060	10210	11500	12650	13800			
	1050	3130	4470	5670	6870	8210	9410	10750	11950	13290	14490			
	1100	3230	4620	5870	7120	8510	9760	11150	12400	13790				
	1150	3330	4770	6070	7370	8810	10110	11550	12850	14290				
	1200	3430	4920	6270	7760	9110	10600	11950	13440	14790				
	1250	3530	5070	6470	8010	9410	10950	12350	13890					
	1300	3770	5220	6670	8260	9710	11300	12750	14340					
	1350	3870	5370	6870	8510	10010	11650	13150	14790					
	1400	3970	5520	7070	8760	10310	12000	13690						
	1450	4070	5670	7410	9010	10750	12350	14090						
	1500	4170	5820	7610	9260	11050	12700	14490						

注：H=15m

(3) 货架宽度的确定

货架宽度的确定方法如图 4-79 和表 4-8 所示，其中 W 为货物的宽度。

注意： ① 堆垛机过道的最小宽度如表 4-9 所示。

② 当货架外侧安装防护网时，必须在货架宽度的两侧各再加 50mm。

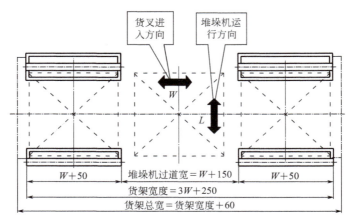

图 4-79　货架宽度确定方法

表 4-8　货架宽度

货物宽 W/mm	堆垛机过道宽 $W_c=W+150$	货架面板宽 $W_p=W+50$	货架宽（外形）$W_r=W_c+2W_p$	货架总宽（包括加强筋）
800	950	850	2650	2710
900	1050	950	2950	3010
1000	1150	1050	3250	3310
1100	1250	1150	3550	3610
1130	1280	1180	3640	3700
1200	1350	1250	3850	3910
1300	1450	1350	4150	4210
1400	1550	1450	4450	4510
1440	1590	1490	4570	4630
1500	1650	1550	4750	4810

表 4-9　堆垛机过道最小宽度

货架高	堆垛机过道的最小宽度/mm
6 m 或 9 m	950
12 m	1000
15 m	1100

(4) 货架跨度的确定

货架跨度的确定方法如图 4-80 和表 4-10 所示，其中 L 为货物的宽度。

表 4-10　货架跨度计算表

货架总高 H_t/m	≤6	6～9	9～12	12～15
立柱厚度 D/mm	60	75	100	100
货架和货物之间的间隙 S/mm	50	50	50	50
货架跨度 $P_\mathrm{r}=L+D+2S$	$L+160$	$L+175$	$L+200$	$L+200$
最大层数（货物为1000kg）	7	11	15	15

（5）货架的总长的确定

货架各部分尺寸的表示如图 4-81 所示，其计算方法如表 4-11 和表 4-12 所示。

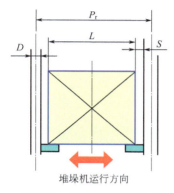

图 4-80　货架跨度确定方法

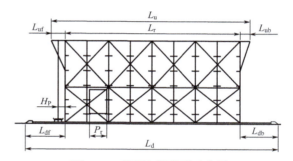

图 4-81　货架各部分尺寸表示

货架总长 $L_\mathrm{r}=P_\mathrm{r}M$，$M$ 为货架列数。

货架上轨道长度 $L_\mathrm{u}=L_\mathrm{uf}+L_\mathrm{r}+L_\mathrm{ub}$；货架下轨道长度 $L_\mathrm{d}=L_\mathrm{df}+L_\mathrm{r}+L_\mathrm{db}$。

表 4-11　货架各部分尺寸表（一）

货物长度 L/mm	H_t/mm	$H=6\mathrm{m}$ 或 $9\mathrm{m}$		$H=12\mathrm{m}$ 或 $15\mathrm{m}$	
		L_uf/mm	L_ub/mm	L_uf/mm	L_ub/mm
800～900	600	1700	$1100-P_\mathrm{r}/2$	1800	$1200-P_\mathrm{r}/2$
900～1100	700	1900	$1200-P_\mathrm{r}/2$	2000	$1300-P_\mathrm{r}/2$
1100～1300	800	2100	$1300-P_\mathrm{r}/2$	2200	$1400-P_\mathrm{r}/2$
1300～1500	900	2300	$1400-P_\mathrm{r}/2$	2400	$1500-P_\mathrm{r}/2$

表 4-12　货架各部分尺寸表（二）

L（货物长度）	H_P	$H=6\mathrm{m}$ 或 $9\mathrm{m}$		$H=12\mathrm{m}$ 或 $15\mathrm{m}$	
		L_df	L_db	L_df	L_db
800～900	600	2400	$1800-P_\mathrm{r}/2$	2500	$1900-P_\mathrm{r}/2$
900～1100	700	2600	$1900-P_\mathrm{r}/2$	2700	$2000-P_\mathrm{r}/2$
1100～1300	800	2800	$2000-P_\mathrm{r}/2$	2900	$2100-P_\mathrm{r}/2$
1300～1500	900	3000	$2100-P_\mathrm{r}/2$	3100	$2200-P_\mathrm{r}/2$

4.6.4 自动化立体仓库货架与建筑物距离

货架和建筑物之间的最小距离如图 4-82 所示。当设置防护网时,货架周边和建筑物至少应有 700mm 的距离。

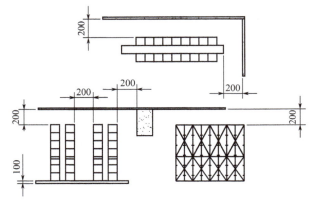

图 4-82 仓库货架和建筑物之间的最小距离

4.7 料箱式自动化仓库

常用的料箱式自动化仓库 T-50,最适合电子零件、精密件、各种维修零件、医药品以及其他所有小物品的储存管理。其最大行走速度可达 240m/min。

4.7.1 料箱式自动化仓库及其货架标注模式

料箱式自动化仓库常用箱品的最大质量为 50kg,堆垛机的重量较轻,行走速度较快,一般为 200m/min,效率高,噪声小,应用广。图 4-83 为 T-50 型料箱式自动化仓库结构及各部分名称。图 4-84 为大型料箱式自动化仓库实体。

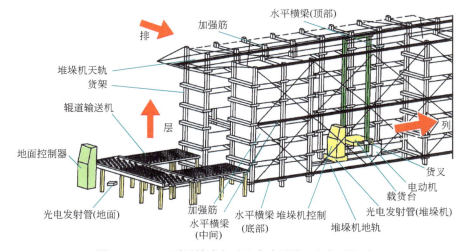

图 4-83 T-50 型料箱式自动化仓库结构和各部分名称

图 4-84　大型料箱式自动化仓库实体（南京音飞）

4.7.2　根据标准模型选择 T-50 型料箱式自动化仓库

图 4-85 为 T-50 型料箱式自动化仓库的标准货架模式。其基本容量为：排×列×层＝2×21×18＝756 货位。

图 4-86 为 T-50 型料箱式自动化仓库工作台选择，料箱式自动化仓库工作台有固定式和输送机式两种。这两种形式的料箱式自动化仓库货架长度计算公式为 $L=(W+75)×$ 列数 $+26$。

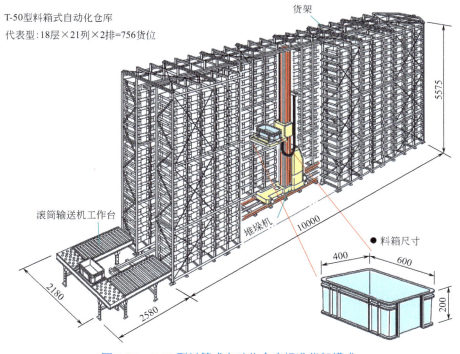

图 4-85　T-50 型料箱式自动化仓库标准货架模式

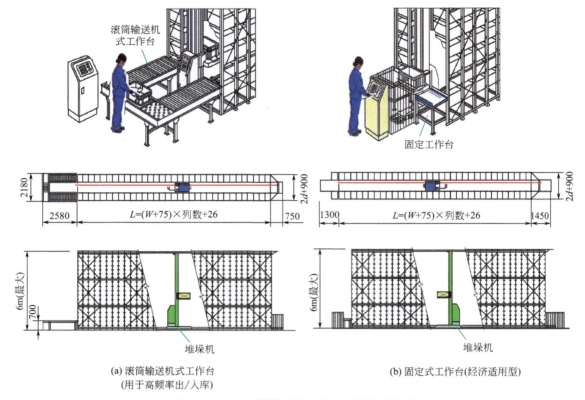

图 4-86 T-50 型料箱式自动化仓库工作台选择

图 4-87 为 T-50 型标准料箱式自动化仓库与料箱，图 4-88 为 T-50 型料箱式自动化仓库货架高度及其基本参数对照。可以根据实际需要选择自动化仓库的大小。根据料箱高度及仓库层数可决定其高度 H 值。例如，设料箱高度为 300mm，14 层仓库，其对应的货架高度 H=5775mm。图中还注明了货架长度计算公式、仓库与建筑物的标准距离、标准料箱尺寸、自动化仓库技术参数等，具有重要参考价值。

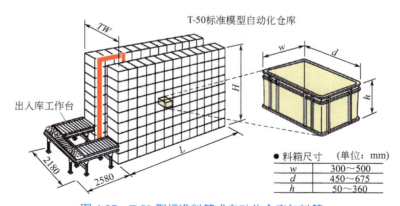

图 4-87 T-50 型标准料箱式自动化仓库与料箱

表 4-13 为料箱式自动化仓库常用堆垛机技术参数性能表。常用的有铝立柱堆垛机、单立柱堆垛机和双立柱堆垛机，根据需要按照参数选择。图 4-89 为单立柱堆垛机。

第4章 自动化仓库设计

货架高度H 单位：mm

料箱高\层数	10	12	14	16	18	20	22	24
50～100	2375	2775	3125	3475	3825	4175	4525	4875
120	2605	2995	3385	3775	4165	4555	4945	5385
140	2785	3215	3645	4075	4505	4935	5415	5845
160	2965	3435	3905	4375	4845	5365	5835	
180	3145	3655	4165	4675	5235	5745		
200	3325	3875	4425	4975	5575			
220	3505	4095	4685	5325	5915			
240	3685	4315	4945	5625				
260	3865	4535	5255	5925				
280	4045	4755	5515					
300	4225	4975	5775					
320	4425	5265						
340	4625	5505						
360	4825	5745						

● 料箱承载能力(含料箱)
最大50kg
最小30kg

● 货架长度
$L=(W+75)\times$列数$+26$

● 货架宽度TW 单位：mm

料箱深度d	货架宽度TW
450～475	1850
500	1900
525	1950
550	2000
575	2050
600	2100
625	2150
650	2200
675	2250

● 基本参数

容许载荷/kg		最大50
速度	行走/(m/min)	最高200
	升降/(m/min)	最高100
	货叉/(m/min)	最高40
速度控制	行走 升降 货叉	变频器
给电方法		绝缘导线
信号传输		光传输
使用电源		AC 三相 200V
涂装色	货架	白色 (Z325)
	堆垛机台车机上、地下控制柜	白色 (Z325)
	升降台	橙色 (Z394)
	立柱	氧化铝膜处理

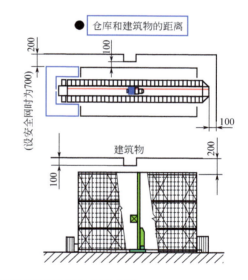

● 仓库和建筑物的距离

图 4-88 T-50 型料箱式自动化仓库货架高度及基本参数对照

表 4-13 料箱式自动化仓库常用堆垛机技术参数性能表

技术参数	铝立柱有轨巷道堆垛机	单立柱有轨巷道堆垛机	双立柱有轨巷道堆垛机
最大高度	12m	18m	24m
最大荷载	50kg	100kg	200kg（可非标扩展）
自动伸缩货叉——单深	标准	标准	标准
自动伸缩货叉——双深/三深	可选	可选	可选
单工位	标准	标准	标准
双工位	可选	可选	可选
搭载输送机/穿梭车	可选	可选	可选

续表

技术参数	铝立柱有轨巷道堆垛机	单立柱有轨巷道堆垛机	双立柱有轨巷道堆垛机
最大水平运行速度	240m/min	240m/min	240m/min
最大水平运行加速度	1.0m/s²	1.0m/s²	1.0m/s²
水平运行定位精度	±5mm	±5mm	±5mm
最大垂直提升速度	80m/min	80m/min	80m/min
最大垂直提升加速度	0.8m/s²	0.8m/s²	0.8m/s²
垂直提升定位精度	±5mm	±5mm	±5mm
最大货叉运行速度	40m/min	40m/min	40m/min
最大货叉运行加速度	0.5m/s²	0.5m/s²	0.5m/s²
货叉运行定位精度	±3mm	±3mm	±3mm
地轨	铝轨	铝轨、热轧轻轨或重轨	热轧轻轨、重轨或方钢
天轨	方管	方管	
载具类型	塑料箱、纸箱	塑料箱、纸箱	塑料箱、纸箱
操作方式	手动、半自动、自动	手动、半自动、自动	手动、半自动、自动
供电方式	滑触线移动供电	滑触线移动供电	滑触线移动供电
控制方式	变频控制或伺服控制	变频控制或伺服控制	变频控制或伺服控制
定位方式	绝对认址	绝对认址	绝对认址
通信方式	光通信或无线通信	光通信或无线通信	光通信或无线通信

图 4-89 单立柱堆垛机（南京音飞）

4.7.3 T-50 型料箱式自动化仓库技术参数

表 4-14 为标准的 T-50 型料箱式自动化仓库技术参数，该表可为设计料箱式自动化仓库

提供重要的参考数据。

表 4-14 料箱式自动化仓库技术参数

项 目			说 明		
容器	尺寸	长 /mm	450～675		
		宽 /mm	330[①]～500		
		高 /mm	50～360		
	承重 /kg		≤50		
	形状		料箱		
货架尺寸	长 /m		≤42		
	宽 /mm		1850～2250		
	高 /mm		≤6000		
堆垛机	高 /mm		≤5929		
	长 /mm		1600		
	轮间距 /mm		1500		
	宽 /mm		700		
	载货台最低位置 /mm		350		
	载货台升起高度 /mm		≤5200		
	地面控制面板尺寸 /mm		500×300×1250		
堆垛机运动说明	运动过程		速度 /（m/min）	电动机功率	速度控制
	行走		≤200	2.2kW	转换器
	升降		≤100	2.2kW	转换器
	伸叉		≤40	90W	转换器
	电源		三相交流电 200V/50Hz，220V/60Hz		
	供电方式		集电轨		
寻址方式	行走		编码器		
	升降		编码器		
	伸叉		编码器		
堆垛机质量			≤387kg/6m（通常 20.25kg/m）		

① 当料箱宽度小于 300mm 时，须征求专家的意见。

4.7.4 辊子输送机及其参数

图 4-90 为 T-50 型料箱自动化仓库辊子输送机平面尺寸。图 4-91 为料箱式自动化仓库拣货作业及料箱移动方向。表 4-15 为料箱式自动化仓库常用几种输送设备规格尺寸参数。

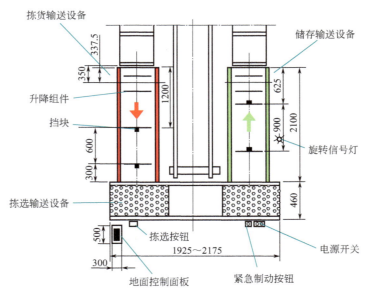

图 4-90 T-50 型料箱自动化仓库辊子输送机平面尺寸

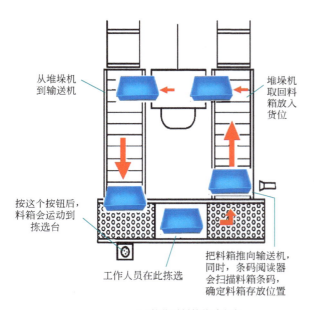

(a) 拣货时料箱移动方向

(b) 箱式自动化仓库拣货作业

图 4-91 料箱式自动化仓库拣货作业及料箱移动方向

表 4-15 料箱式自动化仓库常用输送设备参数

项 目	取出输送设备		储存输送设备		拣选输送设备	
	$d \leqslant 550mm$	$d > 550mm$	$d \leqslant 550mm$	$d > 550mm$	$d \leqslant 550mm$	$d > 550mm$
输送机宽度 /mm	560	690	560	690	460	
输送机长度 /mm	2100		2100		1925	2175
辊子间距 /mm	75		75		75	

续表

项　目	取出输送设备		储存输送设备		拣选输送设备	
	$d\leqslant 550mm$	$d>550mm$	$d\leqslant 550mm$	$d>550mm$	$d\leqslant 550mm$	$d>550mm$
辊子直径 /mm	50.8		50.8		50.8	
辊子表面高 /mm	700		700		700	
输送速度 /(m/min)	20		20		—	
电动机功率 /kW	0.2		0.2		—	

4.7.5　料箱规格尺寸选择

图 4-92 为料箱尺寸范围及货叉方向。为了标准化和简化尺寸系列，料箱的尺寸规格必须是：

长度 d：长度的末位数字必须为 25 或 0。
宽度 w：宽度的末位数字必须是 5 或 0。
高度 h：高度的末位数字必须为 5 或 0。

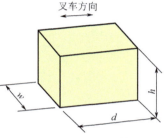

料箱尺寸范围	
名称	范围/mm
w（宽）	330～500
d（长）	450～675
h（高）	50～360

图 4-92　料箱尺寸范围及货叉方向

4.7.6　T-50 型标准料箱式自动化仓库货架尺寸计算

（1）货架的层间距计算

① 层高小于 6m。层间距的确定方法如图 4-93 所示，其中 h 为料箱高度。其尺寸数据有重要参考价值。

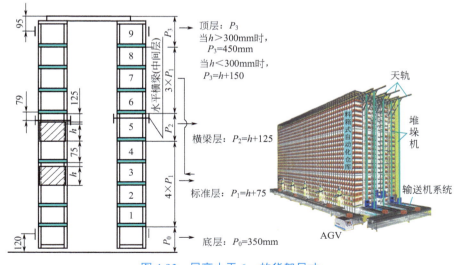

图 4-93　层高小于 6m 的货架尺寸

② 层高在 6～10m。层间距的确定方法如图 4-94 所示，其中 h 为料箱高度。其尺寸数据有重要价值。

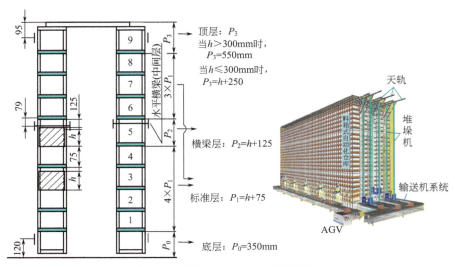

图 4-94　层高在 6～10m 的货架尺寸

（2）货架的总高与横梁位置及数量

水平横梁的位置与货架的总体高度有关。图 4-95 为货架的总高与横梁位置及数量，图中 n 为总层数，并附有货架高度 H 的计算公式。表 4-16 为货架层数、高度与料箱尺寸的关系。

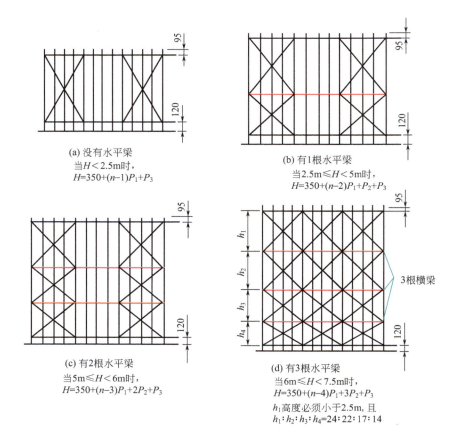

(a) 没有水平梁
当 $H<2.5$m 时，
$H=350+(n-1)P_1+P_3$

(b) 有1根水平梁
当 2.5m$\leqslant H<5$m 时，
$H=350+(n-2)P_1+P_2+P_3$

(c) 有2根水平梁
当 5m$\leqslant H<6$m 时，
$H=350+(n-3)P_1+2P_2+P_3$

(d) 有3根水平梁
当 6m$\leqslant H<7.5$m 时，
$H=350+(n-4)P_1+3P_2+P_3$
h_1 高度必须小于 2.5m，且
$h_1:h_2:h_3:h_4=24:22:17:14$

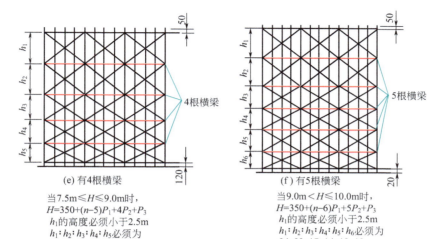

(e) 有4根横梁
当7.5m≤H≤9.0m时，
$H=350+(n-5)P_1+4P_2+P_3$
h_1的高度必须小于2.5m
$h_1:h_2:h_3:h_4:h_5$必须为
24:22:17:14:12

(f) 有5根横梁
当9.0m＜H≤10.0m时，
$H=350+(n-6)P_1+5P_2+P_3$
h_1的高度必须小于2.5m
$h_1:h_2:h_3:h_4:h_5:h_6$必须为
24:22:17:14:12:10

图 4-95 货架总高度与横梁位置和数量

表 4-16 货架层数、高度与料箱尺寸的关系

货架总层数	2500＜货架总高＜5000			5000≤货架总高≤6000			
	料箱高度	货架层数		料箱高度	货架层数		
		下	上		下	中	上
8	165～490	3	5				
9	135～425	4	5				
10	115～375	4	6				
11	95～335	5	6	340～420	3	4	4
12	80～330	5	7	300～380	3	4	5
13	65～270	6	7	275～345	3	4	6
14	55～240	6	8	245～315	3	5	6
15	55～220	7	8	225～285	4	5	6
16	55～200	7	9	205～265	4	5	7
17	55～180	8	9	185～240	4	6	7
18	55～165	8	10	170～225	5	6	7
19	55～155	9	10	160～205	5	6	8
20	55～140	9	11	145～190	5	7	8
21	55～130	10	11	135～180	6	7	8
22	55～120	10	12	125～165	6	7	9
23	55～110	11	12	115～155	6	8	9
24	55～105	11	13	110～145	7	8	9
25	55～105			100～135	7	8	10

4.7.7 计算货格宽度和货架总长度

（1）货架总长≤6m情况

如图4-96所示，货格宽度方向平行于堆垛机运动方向，货格宽度计算方法为：

$$货格宽度 = W + 75$$

为了防止料箱从货架上跌落，对于料箱尺寸必须是：

$$W_2 - (W - 110) > 49 \text{ 或 } W - W_2 < 61$$

考虑到料箱的制造公差，在实际选择时，$W - W_2$ 必须 ≤ 56。

货架总长计算方法如图4-97所示。

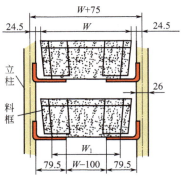

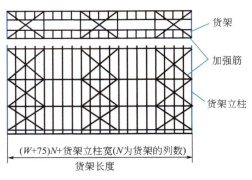

图4-96 货格宽度与货架总长的关系（$L \leq 6m$）

图4-97 货架总长度（$L \leq 6m$）

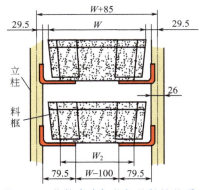

图4-98 货格宽度与货架总长的关系（$6m < L \leq 10m$）

（2）6m＜货架总长≤10m情况

如图4-98所示，货格宽度方向平行于堆垛机运动方向，货格宽度计算方法如下：

$$货格宽度 = W + 85$$

为了防止料箱从货架上跌落，对于料箱尺寸必须是：

$$W_2 - (W - 100) > 49 \text{ 或 } W - W_2 < 51$$

考虑到料箱的制造公差，在实际选择时，$W - W_2$ 必须 ≤ 46。

货架总长计算方法如图4-99所示。

（3）货架宽度计算

由表4-17和图4-100可知货架宽度的确定方法。根据料箱长度尺寸在表中可查取对应的货架宽度尺寸 D、W、TW。

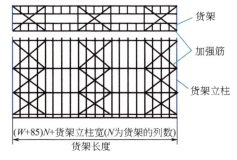

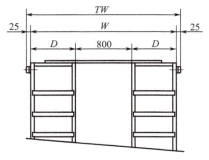

图4-99 货架总长度（$6m < L \leq 10m$）

图4-100 货架宽度尺寸表示法

表 4-17 货架宽度计算表　　　　　　　　　　　　　　　　单位：mm

序号	料箱长度	D	W	TW
1	≤475	500	1800	1850
2	476～500	525	1850	1900
3	501～525	550	1900	1950
4	526～550	575	1950	2000
5	551～575	600	2000	2050
6	576～600	625	2050	2100
7	601～625	650	2100	2150
8	626～650	675	2150	2200
9	651～675	700	2200	2250

（4）货架高度计算

表 4-18 为 T-50 型料箱式自动化仓库货架高度表。根据料箱高度及货架层数，查阅表可知货架总高度。例已知料箱高度 260mm、16 层，则货架总高度为 5925mm。

表 4-18 货架高度表　　　　　　　　　　　　　　　　单位：mm

层 高	8	9	10	11	12	13	14	15	16	17	18	19	20	21	22	23	24	25
100			2375	2600	2775	2950	3125	3300	3475	3650	3825	4000	4175	4350	4525	4700	4875	5100
105			2420	2650	2830	3010	3190	3370	3550	3730	3910	4090	4270	4450	4630	4810	4990	5220
110			2465	2700	2885	3070	3255	3440	3625	3810	3995	4180	4365	4550	4735	4920	5155	5340
115			2560	2750	2940	3130	3320	3510	3700	3890	4080	4270	4460	4650	4840	5080	5270	5460
120			2605	2800	2995	3190	3385	3580	3775	3970	4165	4360	4555	4750	4945	5190	5385	5580
125			2650	2850	3050	3250	3450	3650	3850	4050	4250	4450	4650	4850	5100	5300	5500	5700
130			2695	2900	3105	3310	3515	3720	3925	4130	4335	4540	4745	4950	5205	5410	5615	5820
135		2530	2740	2950	3160	3370	3580	3790	4000	4210	4420	4630	4840	5100	5310	5520	5730	5940
140		2570	2785	3000	3215	3430	3645	3860	4075	4290	4505	4720	4935	5200	5415	5630	5845	
145		2610	2830	3050	3270	3490	3710	3930	4150	4370	4590	4810	5080	5300	5520	5740	5960	
150		2650	2875	3100	3325	3550	3775	4000	4225	4450	4675	4900	5175	5400	5625	5850		
155		2690	2920	3150	3380	3610	3840	4070	4300	4530	4760	4990	5270	5500	5730	5960		
160		2730	2965	3200	3435	3670	3905	4140	4375	4610	4845	5130	5365	5600	5835			
165	2530	2770	3010	3250	3490	3730	3970	4210	4450	4690	4930	5220	5460	5700	5940			
170	2565	2810	3055	3300	3545	3790	4035	4280	4525	4770	5065	5310	5555	5800				
175	2600	2850	3100	3350	3600	3850	4100	4350	4600	4850	5150	5400	5650	5900				

续表

层高	8	9	10	11	12	13	14	15	16	17	18	19	20	21	22	23	24	25
180	2635	2890	3145	3400	3655	3910	4165	4420	4675	4930	5235	5490	5745	6000				
185	2670	2930	3190	3450	3710	3970	4230	4490	4750	5060	5320	5580	5840					
190	2705	2970	3235	3500	3765	4030	4295	4560	4825	5140	5405	5670	5935					
195	2740	3010	3280	3550	3820	4090	4360	4630	4900	5220	5490	5760						
200	2775	3050	3325	3600	3875	4150	4425	4700	4975	5300	5575	5850						
205	2810	3090	3370	3650	3930	4210	4490	4770	5100	5380	5660	5940						
210	2845	3130	3415	3700	3985	4270	4555	4840	5175	5460	5745							
215	2880	3170	3460	3750	4040	4330	4620	4910	5250	5540	5830							
220	2915	3210	3505	3800	4095	4390	4685	4980	5325	5620	5915							
225	2950	3250	3550	3850	4150	4450	4750	5100	5400	5700	6000							
230	2985	3290	3595	3900	4205	4510	4815	5170	5475	5780								
235	3020	3330	3640	3950	4260	4570	4880	5240	5550	5860								
240	3055	3370	3685	4000	4315	4630	4945	5310	5625	5940								
245	3090	3410	3730	4050	4370	4690	5060	5380	5700									
250	3125	3450	3775	4100	4425	4750	5125	5450	5775									
255	3160	3490	3820	4150	4480	4810	5190	5520	5850									
260	3195	3530	3865	4200	4535	4870	5255	5590	5925									
265	3230	3570	3910	4250	4590	4930	5320	5660	6000									
270	3265	3610	3955	4300	4645	4990	5385	5730										
275	3300	3650	4000	4350	4700	5100	5450	5800										
280	3335	3690	4045	4400	4755	5160	5515	5870										
285	3370	3730	4090	4450	4810	5220	5580	5940										
290	3405	3770	4135	4500	4865	5280	5645											
295	3440	3810	4180	4550	4920	5340	5710											
300	3475	3850	4225	4600	4975	5400	5775											
305	3515	3895	4275	4655	5085	5465	5845											
310	3555	3940	4325	4710	5145	5530	5915											
315	3595	3985	4375	4765	5205	5595	5985											
320	3635	4030	4425	4820	5265	5660												
325	3675	4075	4475	4875	5325	5725												
330	3715	4120	4525	4930	5385	5790												

续表

层高	8	9	10	11	12	13	14	15	16	17	18	19	20	21	22	23	24	25
335	3755	4165	4575	4985	5445	5855												
340	3795	4210	4625	5090	5505	5920												
345	3835	4255	4675	5145	5565	5985												
350	3875	4300	4725	5200	5625													
355	3915	4345	4775	5255	5685													
360	3955	4390	4825	5310	5745													

4.7.8 仓库货架和建筑物之间的最小距离

为了保证安全和节约投资，必须保证货架与建筑物之间的最小距离，如图 4-101 所示。堆垛机轨道的伸出量由堆垛机运行方向决定。

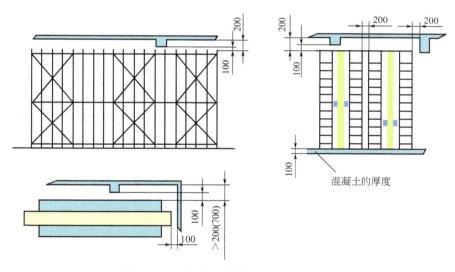

图 4-101 货架与建筑物之间的最小距离

4.7.9 料箱式自动化仓库作业循环时间

按照堆垛机运行距离和运行时间的关系曲线图，可计算出平均单一作业循环时间。

（1）堆垛机运行距离和时间关系曲线图

图 4-102 为堆垛机运行距离与时间的关系曲线。此图的水平轴表示距离，垂直轴表示所需时间。

例如：堆垛机行走距离（单程）为 8.5m，由此图可知所需时间为 6.4s，货叉伸缩时间为 5.5s，运行行程为 680mm。

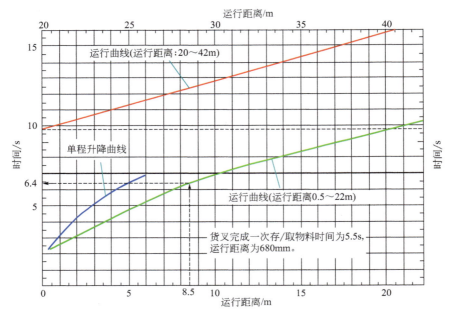

图 4-102　堆垛机运行距离与时间的关系曲线

(2) 基本动作时间

自动化仓库设计手册中规定，基本动作时间是堆垛机在进行入库（或出库）一个动作所需要的时间（s）。

入库时间：从货台取货到货架中央存货再回货台需要的时间（s）。

出库时间：从货台到货架中央取货再回货台出库需要的时间（s）。

货架中央：堆垛机移动方向的 1/2 货位数和 1/2 层的货位数，货位数和层数为偶数时，则分别加 1。

(3) 平均单一作业循环时间

计算平均单一作业循环时间的步骤如下：

① 计算工作台和货架中心之间的距离。

② 计算堆垛机行走时间和升降时间。

③ 由以下公式计算出平均单一作业循环时间：

平均单一作业循环时间 = 运行时间和升降时间中较大者 ×2+5.5×2。

例如：有一仓库货架有 13 层，30 列，料箱尺寸为 600mm×400mm×300mm，如图 4-103 所示。

设货架的中心在第 7 层：

$$h' = 350 + 375 \times 5 + 425 = 2650 \text{（mm）}$$
$$h = h' - 700 = 1950 \text{（mm）}$$

如果货架的中心在第 16 列，则：

$$L' = 15 \times 475 + 475/2 = 7362.5 \text{（mm）}$$
$$L = L' + 350 = 7713 \text{（mm）}$$

从曲线图上可查出升降时间为 4.2s，运行时间为 6.1s，升降时间比运行时间短。

平均单一作业循环时间 =6.1×2+5.5×2 =23.2（s）

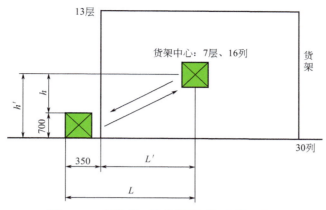

图 4-103　平均单一作业循环时间计算法举例

4.8　旋转货架式自动化仓库

4.8.1　旋转货架式自动化仓库及其特点

多层水平旋转自动化仓库出库频率高、处理物料品种多、速度快。其最适合保管和处理大量的多品种少批量的物品。自动出入库装置把物品送至拣货员身边，实现"人等货"的拣货模式，可节省许多时间。

(1) 自动化旋转货架的控制和管理

采用计算机对自动化旋转货架进行控制和管理。根据不同的自动化旋转货架，采取不同的控制方式。

① 单机控制，即用单台 PLC 对旋转货架、出入库输送机进行单机控制；

② 联机控制，即对旋转仓库的各台机械实现联机控制，自动化旋转货架的控制系统可以采用集中控制、分离式控制和分布式控制方法。

(2) 旋转货架的特别功能

旋转货架一般有水平旋转和垂直旋转两种形式。水平旋转货架又分一台电动机驱动和多台电动机驱动两种形式。采用一台电动机驱动方式的货架是把上下各层货物连在一起，实现水平方向旋转的自动旋转货架。还有一种水平方向旋转的自动旋转货架的各层均有一台电动机，可实现各层独立转动。

水平旋转货架式自动化仓库把"保管""检索""搬运"三种功能融为一体。"保管"，是指根据保管物的形态和数量进行尺寸的选择，是高效率的保管方式。"检索"，即输入出库品的相关信息，所需物品就会自动运转到拣货口。"搬运"，即各层独立水平旋转货架均具有搬送功能，实现"人等货"的拣货模式。

(3) 特点

在旋转货架式自动化仓库中，根据指令承载料箱的托盘（移动式货位）固连在链轮链条机构的链条上，托盘随链条移动到指定位置，以待拣货出库。旋转货架式自动化仓库种类较多。

这种操作简单、存取作业迅速的旋转货架式自动化仓库特点为：

① 省人力，增加空间。
② 由标准化的组件构成，可适用于各种空间配置。
③ 存取出入口固定，货品不易丢失。
④ 计算机快速检索和寻找储位，拣货快捷。
⑤ 取料口高度符合人机学，宜作业员长时间工作。
⑥ 储存物可以是纸箱、包、小件物品。
⑦ 需要电源，且维修费高。

4.8.2 旋转货架式自动化仓库种类

（1）水平旋转货架式自动化仓库

图 4-104 为水平旋转货架式自动化仓库及其构件名称，各层可以独立旋转，如箭头所示旋转方向。图 4-105 为水平旋转货架式自动化仓库实体。图 4-106 为水平旋转货架旋转基本原理及相关尺寸名称。图 4-107 为水平旋转货架特征，即各层独立按照需要方向转动。

图 4-104 水平旋转货架式自动化仓库及其构件名称

图 4-105 水平旋转货架式自动化仓库实体

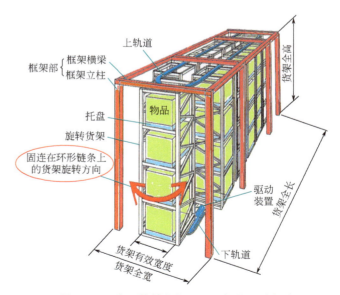

图 4-106 水平旋转货架原理及相关尺寸名称

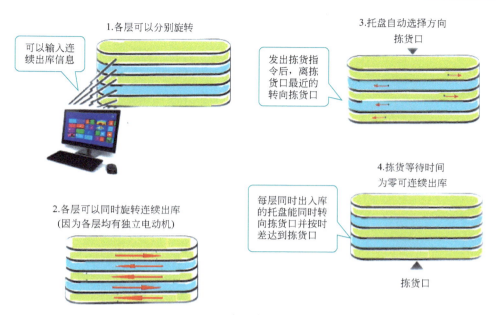

图 4-107 水平旋转货架特征

图 4-108 为高层水平旋转货架式自动化仓库，容量大、拣货效率高。图 4-109 为大型旋转货架式自动化仓库。高层水平旋转货架最大特征是各层都能独立同时按不同方向旋转。图 4-110 为水平旋转货架式自动化仓库特征。

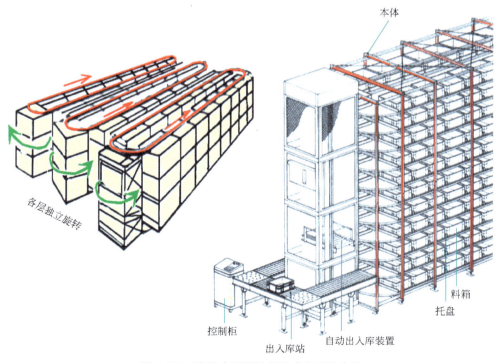

图 4-108 高层水平旋转货架式自动化仓库

现代化智能物流装备与技术

图 4-109　大型旋转货架式自动化仓库

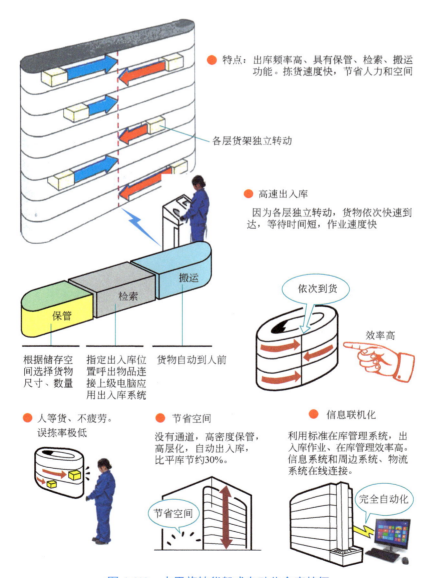

图 4-110　水平旋转货架式自动化仓库特征

（2）垂直旋转货架式自动化仓库

垂直旋转货架式自动化仓库的原理与水平旋转货架式大致相同，只是旋转方向垂直于水平面，充分利用了上部空间。图 4-111 为垂直旋转货架式自动化仓库主要部分名称。

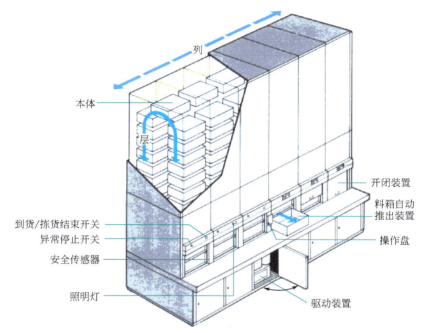

图 4-111　垂直旋转货架式自动化仓库主要部分名称

4.8.3　旋转货架式自动化仓库及轻负荷容器式自动化仓库性能比较

表 4-19 为旋转货架式自动化仓库与轻负荷容器式自动化仓库特性比较表。这对选择自动化仓库类型有较大帮助。

表 4-19　旋转货架式自动化仓库与轻负荷容器式自动化仓库特性比较表

项目	水平旋转货架式	垂直旋转货架式	垂直旋转组合式货架	轻负荷容器式
空间利用	普通 → 高	高	高	高
设备占用面积	中 → 大	小	小	中 → 大
存储密度	中	高	高	很高
倍深度存储	不可	不可	不可	可
随机存储	可	可	可	可
计算机控制	可	可	可	可
随机存取性	容易	困难	困难	很困难
多层同时移动	不可	不可	可	不可
多层存取	可	可	可	可

续表

项目	水平旋转货架式	垂直旋转货架式	垂直旋转组合式货架	轻负荷容器式
移动速度/(m/min)	5～30	5～10	5～10	—
安装容易性	容易	容易	容易	困难
扩充性	普通	普通	容易	困难
货品安全性	中	中→高	高	高
单位存储成本	低	中	中	高

4.8.4　旋转货架种类及技术参数

表 4-20 为旋转货架种类及参数。

表 4-20　旋转货架种类及参数

性能＼形式	H	S	V	M	P
旋转形式					
适合长度/m	10～30	10～20	—	3～10	10～20
层	2～40	1	10～30	1	2～4
货架高/m	≤15	2～3.5	2～6	3～5	3～9
每个箱子质量/kg	3～130	200～450	100～400	30～100	200～1000
转速/(m/min)	≤30	≤20	≤6	≤6	≤12
自动抽出机构	可	不可	不可	不可	可
复数拣货位	可	不可	可	可	可

H—水平式；S—层式；V—垂直式；M—多轴式；P—托盘式

4.8.5　标准旋转货架式自动化仓库

图 4-112 为标准旋转货架式自动化仓库的基本形式。一种是节约空间型，另一种是大容量高速出入库型。根据实际情况可以在此基础上增加或减少货位来满足实际需要。

（1）水平旋转货架式自动化仓库要求的货物规格代号

图 4-113 为水平旋转货架式自动化仓库要求的货物规格代号。根据实际需要，查此图可知与行政仓库对应的物品规格尺寸，简化了许多设计时间。

1.节约空间型

主要包括工作站、输送机、自动出入库装置。

标准容量：层×列= 8×60=480(货位)

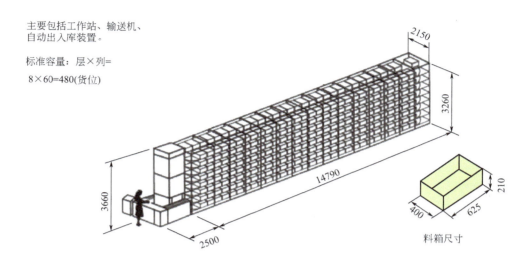

2.大容量高速出入库型

主要包括工作站、输送机、自动出入库装置2套。

容量：层×列= 14×104=1456(货位)

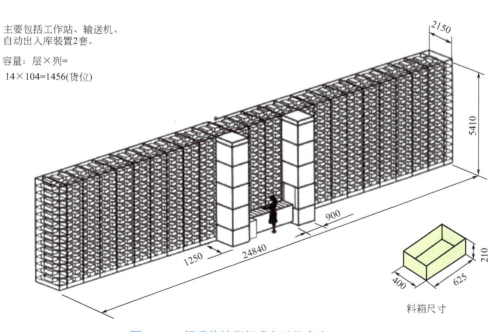

图 4-112 标准旋转货架式自动化仓库

水平旋转货架式自动化仓库

货物尺寸

料箱号	W/m	D/m
0	300	450
1		450
2	350	525
3		500
4	400	600
5		625
6		675
7		525
8	450	600
9		675

本体高度/层数

代号	本体高度/mm	货物高度/mm	层数
A		100~110	11
B		100~160	10
C	3260	100~210	9
D		100~260	8
E		100~310	7
F		100~110	16
G		100~160	13
H	4460	100~210	11
J		100~360	10
L		100~110	9
M		100~110	20
N		100~160	16
Q	5410	100~210	14
R		100~260	12
T		100~310	11
U		100~110	24
W	6460	100~160	20
X		100~210	17
Y		100~260	15
Z		100~310	13

本体长度/料箱数

代号	料箱号	料箱数/层	本体长度/mm	体种宽/mm
J		80	14880	
Q	0	108	19835	1800
W		136	24790	
Z		164	29750	
G		66	14485	
L	1	90	19490	1800
R		114	24490	
X		138	29490	
G		66	14635	
L	2	90	19640	1950
R		114	24640	
X		138	29645	
F		60	14540	
K	3	82	19565	1900
O		104	24590	
U		136	29620	
F		60	14740	
K	4	82	19765	2100
O		104	24790	
U		126	29820	
F		60	14790	
K	5	82	19815	2150
O		104	24840	
U		126	29870	
F		60	14890	
K	6	82	19915	2250
O		104	24940	
U		126	29910	
E		54	14545	
I	7	74	19605	1950
M		94	24665	
R		114	29725	
E		54	14695	
I	8	74	19755	2100
M		94	24815	
R		114	29875	
E		54	14845	
I	9	74	19906	2250
M		94	24965	
R		114	30026	

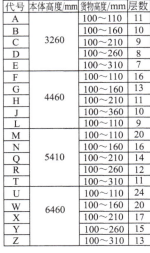

保管量计算方法:
保管量(料箱总数) = 一层料箱数 × 层数

装置及代号

■ 输送带的货物代码

6 2 Z □ S

货物尺寸

代号	W/m	D/m
0	300	450
1		450
2	350	525
3		500
4	400	600
5		625
6		675
7		525
8	450	600
9		675

型号

代号	型号
C	C型工作站
I	I型工作站

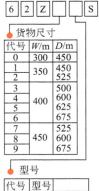

■ 自动出入库装置(A/R)要求的货物代码

R A 1 □ □ □

货物尺寸

代号	W/m	D/m
0	300	450
1		450
2	350	525
3		500
4	400	600
5		625
6		675
7		525
8	450	600
9		675

本体高度/层数

代号	本体高度/mm	料箱高度/mm	层数
A		110	11
B		160	9
C	3260	210	8
D		260	7
E		310	6
F		110	16
G		160	13
H	4460	210	11
J		260	10
L		310	9
M		110	20
N		160	16
Q	5410	210	14
R		260	12
T		310	11
U		110	24
W	6460	160	20
X		210	17
Y		260	15
Z		310	13

型号

代号	场所	用途	搬运方向
A	直线部	出库专用	左
B			右
E		入库专用	左
F			右
V	曲线部	出入库专用	左出右入库
W			右出左入库

图 4-113 水平旋转货架式自动化仓库要求的货物规格代号

（2）水平旋转货架式自动化仓库硬件系统及其在线控制

图 4-114 为水平旋转货架式自动化仓库硬件系统及其在线控制。图中右侧为标准硬件系统构成及其技术参数，左侧为在线实时管理。只要连续输入出入库物料的代码及其数量，旋转货架就把物品自动旋转到指定工作站，按照"人等货"的拣货方法，拣货员按单取出相应数量后，料框自动返回自动化仓库。

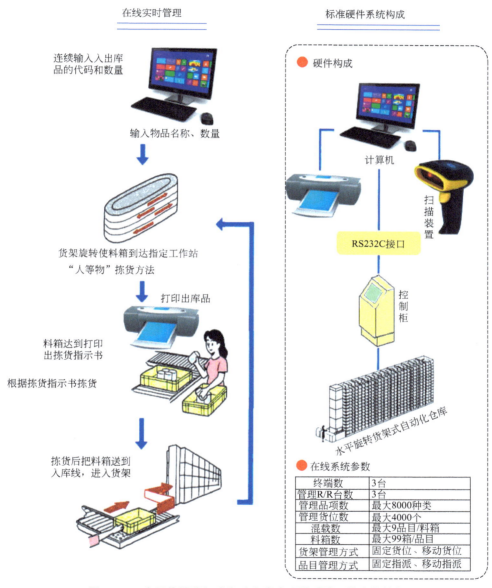

图 4-114　水平旋转货架式自动化仓库硬件系统及其在线控制

第 5 章 堆垛机设计

5.1 堆垛机

5.1.1 何谓堆垛机

巷道式堆垛机是自动化立体仓库最核心的物料搬运设备,其主要用途是在高层货架的巷道内往复穿梭运行,将位于巷道口的物料存入货格;反之,取出货格内的物料并搬运到巷道口,担负着全部出库、入库、盘库等物料的搬运任务。

一般说堆垛机高度为 6~24m,特殊情况下最大可达 50m。一般运行速度 80~120m/min,高速型堆垛机可达 200m/min。升降速度一般为约 20m/min,高速型堆垛机可达 50m/min。货叉伸缩速度一般为约 12m/min,高速型堆垛机可达 50m/min。

5.1.2 堆垛机工作原理

堆垛机的工作原理如图 5-1 所示。堆垛机被支承在天轨和地轨之间,通过实现 x、y、z 方向移动,使货叉达到存取物品的目的。图 5-2 为堆垛机的出入库作业。图 5-3 为堆垛机载货台升降机构,图 5-4 为载货台上的货叉取货运动。

第5章 堆垛机设计

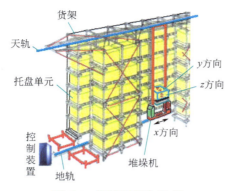

图 5-1 堆垛机工作原理

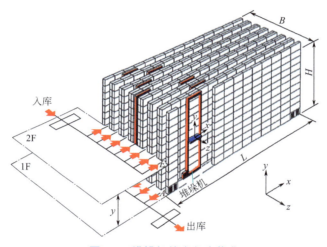

图 5-2 堆垛机的出入库作业

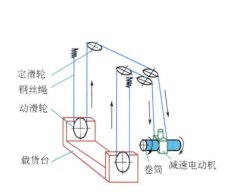

图 5-3 载货台升降机构

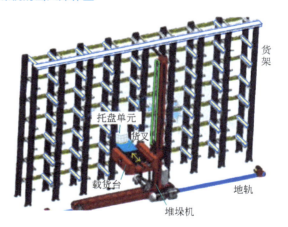

图 5-4 货叉取货运动

5.1.3 堆垛机构件名称

图 5-5 为堆垛机主要构件名称及其构件实际意义。图 5-6 为堆垛机及其货叉机构，通过货叉伸缩等运动来实现取货作业。图 5-7 是有轨巷道堆垛机功能部件图。

现代化智能物流装备与技术

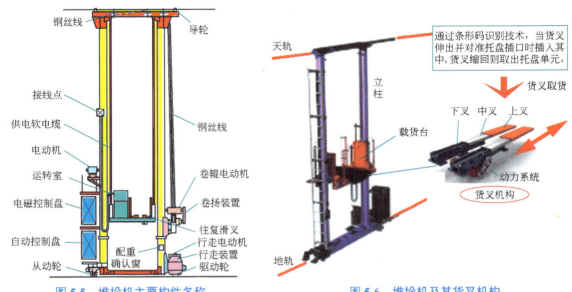

图 5-5 堆垛机主要构件名称

图 5-6 堆垛机及其货叉机构

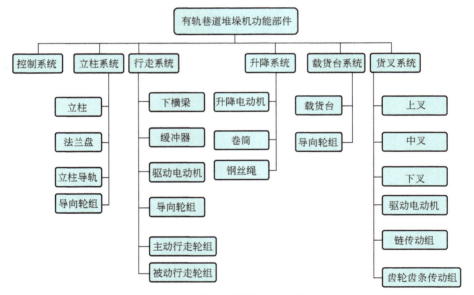

图 5-7 有轨巷道堆垛机功能部件

5.2 堆垛机分类

5.2.1 按结构分类

（1）双立柱堆垛机

图 5-8 为双立柱堆垛机构成。图 5-9 为双立柱堆垛机实体。

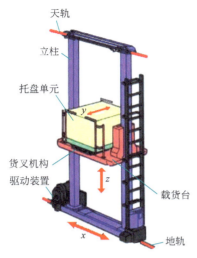

图 5-8 双立柱堆垛机

图 5-9 双立柱堆垛机实体

(2) 单立柱堆垛机

图 5-10 为单立柱堆垛机及其各组成部分的名称。图 5-11 为单立柱堆垛机的自动化仓库。

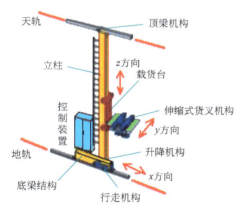

图 5-10 单立柱堆垛机

图 5-11 单立柱堆垛机的自动化仓库（南京音飞）

(3) 双立柱双轨宽轨距堆垛机

这种堆垛机多用于机场集装箱自动化仓库，如图 5-12 所示。其起重能力较大。

(a) 机场集装箱自动化仓库　　(b) 机场集装箱自动化仓库堆垛机

图 5-12 双立柱双轨宽轨距堆垛机

（4）四立柱堆垛机

四立柱堆垛机如图 5-13 所示。图 5-14 为大型四立柱堆垛机，用于大吨位装载单元的搬运作业。

图 5-13　四立柱堆垛机

图 5-14　大型四立柱堆垛机

（5）桥式堆垛机

桥式堆垛机如图 5-15 所示，用于大吨位装载单元的搬运作业。

图 5-15　桥式堆垛机

（6）悬臂桥式堆垛机

悬臂桥式堆垛机如图 5-16 所示，常用于拣货作业。图 5-17 为悬臂桥式堆垛机应用。

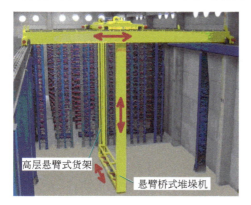

图 5-16　悬臂桥式堆垛机

图 5-17　悬臂桥式堆垛机应用

5.2.2 按导轨配置分类

（1）直线导轨式堆垛机

图 5-18 为直线导轨式堆垛机，应用最广泛。

（2）曲线导轨式堆垛机

图 5-19 为曲线导轨式堆垛机，出入库频率低。图 5-20 为曲线导轨式自动化仓库。图 5-21 为曲线导轨局部实例。图 5-22 为下曲线导轨与堆垛机轮子接触实况。

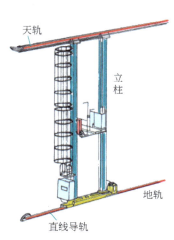

图 5-18　直线导轨式堆垛机

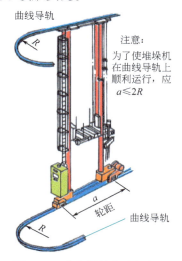

图 5-19　曲线导轨式堆垛机

图 5-20　曲线导轨式自动化仓库（南京音飞）

（a）上曲线导轨　　　　（b）下曲线导轨

图 5-21　曲线导轨局部实例（南京音飞）

图 5-22　下曲线导轨与堆垛机轮子接触实况

（3）横移导轨式堆垛机

图 5-23 为用于出入库频率不高的自动化仓库中的横移导轨式堆垛机。

（4）辅助导轨式堆垛机

图 5-24 为辅助导轨式堆垛机，其意义和曲线导轨式堆垛机一样，使堆垛机由一条导轨过渡到另一条导轨上来，使用频率较低。

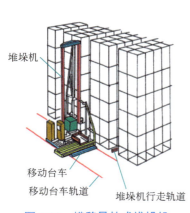

图 5-23 横移导轨式堆垛机

图 5-24 辅助导轨式堆垛机（南京音飞）

5.3 堆垛机尺寸标注及其型号和参数

5.3.1 尺寸标注

图 5-25 为堆垛机的尺寸标注方法。表 5-1 为堆垛机尺寸代号。

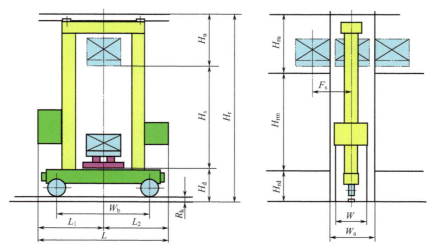

图 5-25 堆垛机尺寸标注

表 5-1 堆垛机尺寸代号表

项目	符号
行走车轮中心尺寸	W_b
在堆垛机行走方向机体突出部件最大尺寸	L
在行走方向货叉中心到左侧机体突出部件的尺寸	L_1
在行走方向货叉中心到右侧机体突出部件的尺寸	L_2
在与堆垛机行走方向垂直方向上机体突出部件间的尺寸	W
堆垛机通道宽	W_a
货叉行程尺寸	F_s
升程（货物上下方向的行程）	H_s
在升程下限处货叉上端到地面间的尺寸	H_d
在升程上限处货叉上端到货架梁下面间的尺寸	H_u
最上层货格上面到最下层货格上面间的尺寸	H_{rm}
最下层货格上面到货架底面间的尺寸	H_{rd}
最上层货格上面到货架梁下面间的尺寸	H_{ru}
货架地面到轨道上端间的尺寸	R_h

5.3.2 堆垛机型号及参数

堆垛机的型号说明如图 5-26 所示。

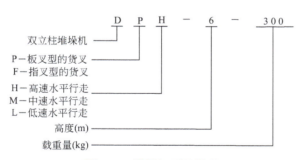

图 5-26 堆垛机型号说明

表 5-2 所示为堆垛机参数及其对应的托盘尺寸。

表 5-2 堆垛机参数及其对应的托盘尺寸

型号	载重量 Q/kg	起升高度 H_u/m	垂直提升速度 v_V/(m/min)	水平行走速度 v_H/(m/min)	货叉速度 v_F/(m/min)	托盘尺寸/mm $L \times W \times H$
DPH-6-300	300	6	20～30	125～180	30～45	1000×800×150
DPH-9-300	300	9	20～30	125～180	30～45	1000×800×150

续表

型号	载重量 Q/kg	起升高度 H_0/m	垂直提升速度 v_V/(m/min)	水平行走速度 v_H/(m/min)	货叉速度 v_f/(m/min)	托盘尺寸/mm $L \times W \times H$
DPM-12-300	300	12	20～30	80～125	30～45	1000×800×150
DPM-15-300	300	15	20～45	80～125	30～45	1000×800×150
DPL-20-300	300	20	20～45	63～125	30～45	1000×800×150
DF(P)H-6-500	500	6	20～30	125～180	30～45	1000×1200×150
DF(P)H-9-500	500	9	20～30	125～180	30～45	1000×1200×150
DF(P)M-12-500	500	12	20～30	80～125	30～45	1000×1200×150
DF(P)M-15-500	500	15	20～45	80～125	30～45	1000×1200×150
DF(P)L-20-500	500	20	20～45	63～125	30～45	1000×1200×150
DF(P)L-25-500	500	25	20～45	63～125	30～45	1000×1200×150
DF(P)H-6-500	500	6	20～30	125～180	30～45	1000×1200×150
DF(P)H-9-500	500	9	20～30	80～125	30～45	1000×1200×150
DF(P)L-12-500	500	12	20～30	63～100	25～30	1000×1200×150
DF(P)H-15-1000	1000	15	20～45	125～150	25～30	1000×1200×150
DF(P)H-20-1000	1000	20	20～30	125～150	25～30	1000×1200×150
DF(P)M-25-1000	1000	25	20～45	100～125	25～30	1000×1200×150
DF(P)M-30-1000	1000	30	20～45	100～125	25～30	1000×1200×150
DF(P)L-35-1000	1000	35	20～30	63～125	25～30	1000×1200×150
DF(P)H-6-1500	1500	6	20～30	125～150	20～30	1000×800×180
DF(P)H-9-1500	1500	9	20～30	125～150	20～30	1000×800×180
DF(P)M-12-1500	1500	12	20～30	80～125	20～30	1000×800×180
DF(P)M-15-1500	1500	15	20～30	80～125	20～30	1000×800×180
DF(P)L-20-1500	1500	20	20～30	63～100	20～30	1000×800×180
DF(P)L-25-1500	1500	25	20～30	63～100	20～30	1000×800×180
DF(P)L-30-1500	1500	30	20～30	63～100	20～30	1000×800×180
DF(P)H-6-2000	2000	6	20～30	100～125	20～30	1000×800×180
DF(P)H-9-2000	2000	9	20～30	100～125	20～30	1000×800×180
DF(P)H-12-2000	2000	12	20～30	100～125	20～30	1000×800×180
DF(P)M-15-2000	2000	15	20～30	80～125	20～30	1000×800×180
DF(P)M-20-2000	2000	20	20～30	80～125	20～30	1000×800×180
DF(P)M-25-2000	2000	25	20～30	80～125	20～30	1000×800×180

续表

型号	载重量 Q/kg	起升高度 H_0/m	垂直提升速度 v_V/(m/min)	水平行走速度 v_H/(m/min)	货叉速度 v_F/(m/min)	托盘尺寸/mm $L×W×H$
DF(P)L-30-2000	2000	30	20～30	63～100	20～30	1000×800×180
DF(P)L-35-2000	2000	35	20～30	63～100	20～30	1000×800×180

5.4 堆垛机的出/入库能力计算及速度曲线

5.4.1 堆垛机出/入库能力计算

堆垛机的基本出/入库能力计算即是自动化仓库的出/入库能力计算，请参阅本书4.4节，在此不再赘述。

5.4.2 堆垛机工作循环时间测量

（1）测量方法和误差范围

图5-27为堆垛机单循环时间测量图，测量方法是：测量从左下角出/入库工作台到A、B、C 3个位置的出入库单循环时间。取5次测量值的平均值，即为堆垛机的单循环时间。

单循环的测量值和计算值的误差规定为单循环时间在100s以内时误差小于6s，若单循环时间大于100s时，允许误差小于6%。

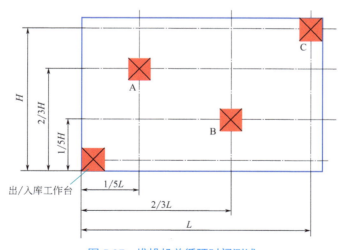

图5-27 堆垛机单循环时间测试

（2）堆垛机的速度曲线

图5-28为堆垛机的速度曲线。其中包括行走速度曲线、升降速度曲线、货叉速度曲线。为了使堆垛机运动平稳，根据平均单一作业周期和速度的关系可以从以下几个公式来选择各种速度。

① 行走速度：

$$v_x \approx 0.5\sqrt{Lb_x} \quad (5\text{-}1)$$

式中　v_x——堆垛机的行走速度，m/s；
　　　b_x——堆垛机的行走加速度，m/s²；
　　　L——堆垛机最大行走距离，m。

② 升降速度：

$$v_y \approx \frac{H}{L} \quad (5\text{-}2)$$

式中　v_y——升降速度；
　　　H——最大升降距离。

③ 货叉伸缩速度：

$$v_z \approx 0.5\sqrt{Zb_z} \quad (5\text{-}3)$$

式中　v_z——货叉速度，m/s；
　　　Z——货叉行程，m。

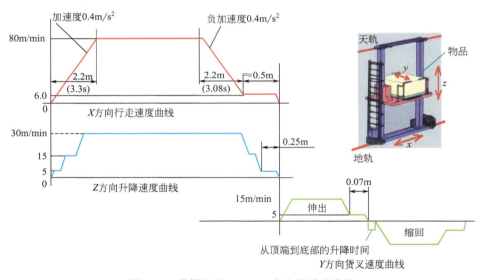

图 5-28　堆垛机在 x、y、z 方向的速度曲线

5.5　堆垛机的作业工艺逻辑流程

5.5.1　入库作业工艺逻辑流程

图 5-29 为入库作业工艺逻辑流程。

第 5 章 堆垛机设计

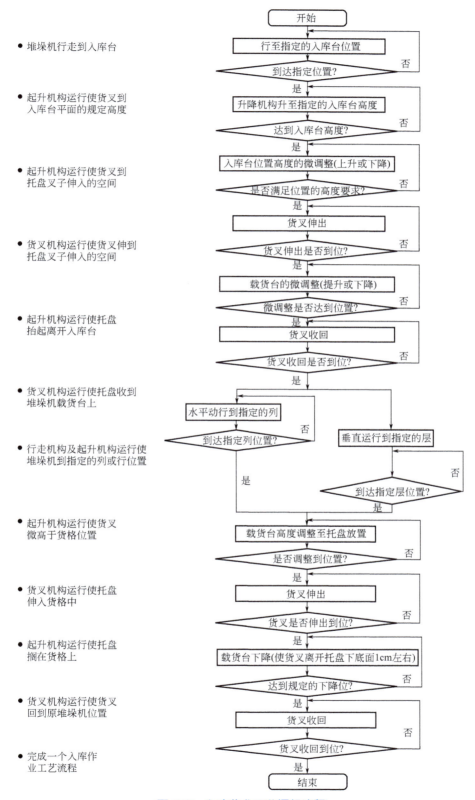

图 5-29 入库作业工艺逻辑流程

5.5.2 出库作业工艺逻辑流程

图 5-30 为出库作业工艺逻辑流程。

- 行走机构及起升机构运行使堆垛机到指定的货格

- 起升机构运行使货叉到托盘叉子伸入的空间

- 货叉机构运行使叉子伸入到托盘叉子的空间

- 起升机构运行使托盘从货格上抬起

- 货叉机构运行使托盘收到堆垛机的载货台

- 行走机构及起升机构运行使堆垛机到出库台位置

- 起升机构运行使货叉高出出货台平面

- 货叉机构运行使托盘到出库台上

- 起升机构运行使托盘搁置在出库台上

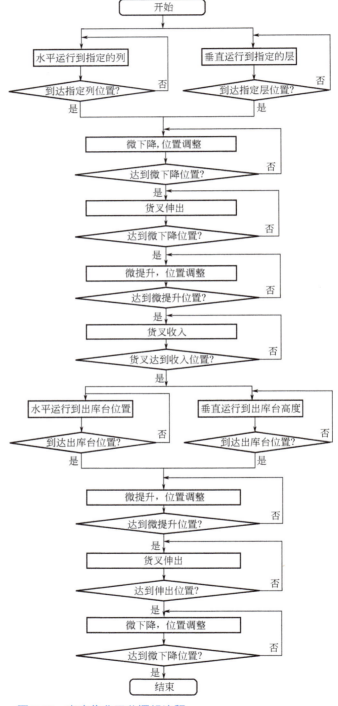

图 5-30　出库作业工艺逻辑流程

5.6　堆垛机技术要求

5.6.1　堆垛机的正常工作条件

① 堆垛机正常工作环境温度范围为 -5 ～ 40℃，在 24h 内平均温度不超过 35℃，在 40℃的温度条件下相对湿度不超过 50%。
② 堆垛机工作环境的污染等级应在国家规定范围之内。
③ 供电电网进线电源应为频率 50Hz、电压 380V 的三相交流电，电压波动的允许偏差为 ±10%。

5.6.2　堆垛机用金属结构件的材质

其金属材料必须按国家规定的行业标准来选择，如上下横梁、立柱和载货台等重要构件应选用钢材，同时必须保证车轮、齿轮、滑轮、卷筒和货叉等重要零件的材质也符合相关标准。

5.6.3　堆垛机结构件的焊接

首先要求焊条、焊丝和焊剂必须与被焊接的材料相适应。焊接坡口应符合国家技术标准。

5.6.4　对通用零部件的要求

① 对链条链轮的要求。要求采用短截距精密滚子链。链轮的齿形和公差应符合国标 GB 1244 的规定。特别是要求链轮的轮齿和凹槽不得有损伤链条的表面缺陷。此外，必须经常润滑链条和链轮。链条强度许用安全系数不得小于 6。
② 对钢丝绳的要求。钢丝绳必须采用 GB 8918 国标中规定的圆股钢丝绳。钢丝绳强度许用安全系数不得低于 6。
③ 为了防止堆垛机停止时产生冲击和振动，必须采用缓冲器减振。要求缓冲器能承受堆垛机以 70% 的额定载荷运行速度的撞击。
④ 对螺栓和螺母的要求。要求主要受力部件所用螺栓性能等级不低于 8.8 级。螺母性能等级不低于 8 级，要求高强度螺栓性能等级不低于 10.9S 级，高强度螺母性能不低于 10H 级。

5.6.5　制造和组装要求

要求堆垛机上横梁的水平弯曲 $f_1 < K/1000$，K 为上横梁全长，如图 5-31 所示。要求下横梁的水平弯曲 $f_2 < B/1000$，B 是主、从动轮轴距，如图 5-32 所示。按照机械工程实际经验，只允许下横梁向上拱曲，其上拱度 $F < B/1000$，如图 5-33 所示。

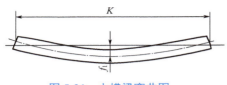
图 5-31　上横梁弯曲图

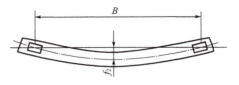
图 5-32　下横梁弯曲图

对组装后的堆垛机框架必须严格检查各种尺寸，如图 5-34 所示。要求导轨之间平行度误差小于 6mm，对角线 d_1 和 d_2 的误差小于 4mm，道轨内侧 C 值的误差为 ±3mm，两导轨同一侧面的平面度公差值在 4mm 以内，对角线检测点在距立柱上、下安装面 100mm 处，n_1 和 n_2 之差在 3mm 之内。

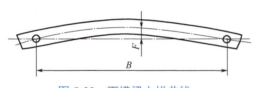
图 5-33　下横梁上拱曲线

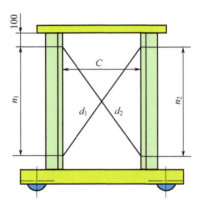
图 5-34　堆垛机框架检测图

5.6.6　性能要求

（1）货叉的工作性能

堆垛机载货台升降时，货叉对各货位存取位置和最高、最低工作位置应满足设计要求。货叉在承载额定载荷条件下，工作行程应满足设计要求，并且伸至最大行程时，货叉下挠度应小于 20mm。货叉伸缩的额定速度误差应不大于 ±5%，货叉伸缩和复位的停准精度应小于 ±5mm。为了安全，要求货叉伸出过程中碰到障碍物，当阻力达到一定值时，货叉离合器打滑，使货叉停止伸叉运动。

（2）堆垛机的运行性能

堆垛机运行的额定速度应符合设计值，误差应小于 ±10mm。

（3）载货台升降性能

载货台的升降额定速度应符合设计要求，误差应小于 ±5%，在换挡时不能有强烈的振动，并有良好的制动性能，其停准精度应小于 ±10mm。

（4）动载试验

在堆垛机调试过程中，必须进行动载试验，试验载荷为 $1.25G_n$，G_n 是堆垛机的额定起重量。在 $1.25G_n$ 载荷条件下，进行堆垛机运行、载货台的升降和货叉伸缩试验。要求各部分运动和功能正常。

（5）静载试验

堆垛机除了要进行动载试验之外，还要进行静载试验。静载试验载荷 P_k 计算如下：

$$P_k = KG_n \tag{5-4}$$

式中，K 为静载试验的载荷系数。

$$K = 1.25 \times (1+\psi)/2 \tag{5-5}$$

式中，ψ 为提升载荷系数，按如下规定选取：理论加速度 $a \leqslant 0.6\text{m/s}^2$，$\psi = 1.1 + 0.0022v_n$；理论加速度 $a \leqslant 1.3\text{m/s}^2$，$\psi = 1.2 + 0.0044v_n$；理论加速度 $a > 1.3\text{m/s}^2$，$\psi = 1.3 + 0.0066v_n$。

式中，v_n 为额定提升（下降）速度，m/min。

（6）静刚度试验

堆垛机的静刚度试验载荷是额定起重量。在载货台升到立柱上限位置时进行测量，当提升高度不大于 10m 时，其静刚度值应小于 $H_n/2000$，当提升高度大于 10m 时，其静刚度值应小于 $H_n/1500$。H_n 为堆垛机全高。

（7）堆垛机的无故障率 S

为了确保自动化立体仓库的正常运行，要求堆垛机的无故障率大于 97％。无故障率 S 的计算式如下：

$$S = \frac{\Sigma S_p - \Sigma S_t}{\Sigma S_p} \times 100\% \tag{5-6}$$

式中　ΣS_p——商定的试验循环作业次数；

ΣS_t——在试验过程中发生的故障次数。

（8）堆垛机的设计要点

要求堆垛机噪声必须控制在 84dB（A）之内。堆垛机的其余设计参考要点如下。

① 起吊重量。起吊重量包括吊具重量。额定载荷等于起吊重量减去吊具重量。

② 水平载量。为求吊具急停时的惯性力，把外框作为桁架结构来分析，为了求出决定钢结构的变形，必须计算应力和应变。

③ 增加系数。在设计货叉时，为防止货物倾倒，货叉尺寸应相应增加。

④ 使用循环次数（寿命）。堆垛机工作时间为 8h/日，300 日/年，1 个工作循环为 100s，开动率为 0.7，寿命按 10 年计算，则

$$(10 \times 300 \times 3600 \times 8 \times 0.7)/100 = 6 \times 10^5 \text{（循环）}$$

⑤ 重复载荷次数。重复载荷次数见表 5-3。

表 5-3　重复载荷次数

区分	重复次数
Ⅰ	小于 10^5 次
Ⅱ	$10^5 \sim 6 \times 10^5$
Ⅲ	$6 \times 10^5 \sim 2 \times 10^6$
Ⅳ	2×10^6 以上

5.6.7　堆垛机效率

堆垛机的效率计算公式如下：

$$\eta = 3600/T_0$$

式中　η——堆垛机效率，即每小时托盘的出入库数量；

T_0——基本作业时间，s。

基本作业时间 T_0 由许多因素决定。图 5-35 为堆垛机行走时速度和加速度曲线。入库或出库一次需要的时间用平均工作循环来表示。例如，平均循环为 3min（180s）时，入库和出库能力为：

$$60\times60\div(3\times60)=20 \text{ 件/h}$$

即堆垛机每小时可入库或出库 20 件。

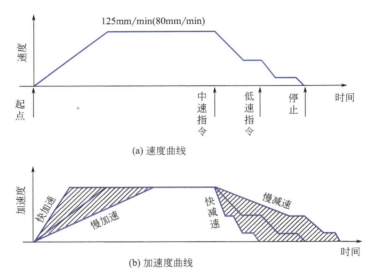

图 5-35　堆垛机行走速度和加速度曲线

5.7　堆垛机结构计算

堆垛机钢构件必须保证它有足够的刚性和稳定性。日本机械学会发表了堆垛机钢结构计算基准。表 5-4 为堆垛机钢结构的基本计算方法。载重包括起重重量和吊具重量，水平载重是起重重量的 β 倍。这些载荷要用比地震载荷或惯性载荷还要大的值进行计算，因为冲击系数和作业系数使载荷增加了。冲击系数根据四组不同的作业时间而对应不同的冲击系数。作业系数是根据堆垛机作业目的而决定的。

为了保证结构体的安全可靠，所取载荷是各种载荷的叠加值，对框架或悬臂梁进行分析之后，充分保证在许用应力之内进行设计。

当构件受到交变载荷时，应力超过屈服点时则发生疲劳破坏。堆垛机受到部分对称交变载荷作用，这个交变载荷的最大值和达到疲劳破坏的交变次数的关系曲线（S-N 曲线）如图 5-36 所示。如用 20 钢做实验时，当交变载荷次数在 $10^6 \sim 10^7$ 之间时，S-N 曲线几乎成为水平线了。即当应力在水平线以下时，即使交变载荷次数达到无限大，构件也不会破坏。我们把 S-N 曲线的 N_f 屈服点叫作疲劳极限。图中，$1kgf/mm^2=9.8MPa$。

在设计时应对 S-N 曲线进行改进，改进后的曲线图如图 5-37 所示，叫作谷多曼曲线。由此图可知，当已知交变次数时，通过静态破坏应力 σ_u 并利用 S_{min}/S_{max} 可求出不会发生疲劳破坏的应力极限。在 ODCEF 面积内的应力状态 S_{max} 和 S_{min} 不会引起破坏，实际设计时按许用应力设计则为安全。

表 5-4 堆垛机钢结构部分基本计算

载荷组合 S_G：自重 S_L：起重重量 S_H：水平载荷 S_W：风力载荷 S_T：起吊冲击载荷 S_{TH}：热载荷	1. 载荷状态（一） $M(S_G+\psi S_L+S_H)$ 2. 载荷状态（二） $M(S_G+\psi S_L+S_H)+S_W$ 3. 异常载荷状态或停止 ① $S_G+S_L+S_W$ ② S_G+S_W	按载货率和时间比例作业垛机分类堆垛机	载货率	大	中	小
			轻	I	I	II
			中	I	II	III
			重	II	III	IV
许用应力 拉应力（σ_z） （σ_s 为屈服应力，σ_B 为破坏应力）	载荷组合 $\sigma_z=\sigma_s/1.5$ 或 $\sigma_B/1.8$	冲击系数	堆垛机组	I	II	III	IV
			冲击系数	1.1	1.25	1.4	1.6
压缩应力 σ_d	和 σ_z 相同						
弯曲应力 σ_b	和 σ_z 相同	作业系数 M	堆垛机组	I	II	III	IV
			M	1.0	1.05	1.1	1.2
剪应力	母材 $\dfrac{\sigma_z}{\sqrt{3}}$ 焊接处 $\dfrac{\sigma_z}{\sqrt{2}}$	水平载荷惯性载荷	水平行走惯性载荷：$\beta=0.0005v$，v 为行走速度，m/min 旋转时惯性载荷：$\beta=0.0004v$，v 为所求速度（m/min）
疲劳许用应力	1. 应力比较法 $k=\sigma_{\max}/\sigma_{\min}$ 2. 振幅法：应力振幅 $\sigma_{\max}-\sigma_{\min}\leqslant F_jF_L\sigma$ F_j——连接系数 F_L——寿命系数	车轮侧压载荷 = 车轮侧压力 $\times\lambda$	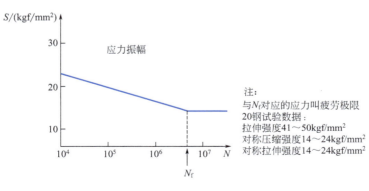 l—跨距；a—轮宽
		风力载荷风压力 q /(N/cm²)	作业初：$q=8.5\sqrt[5]{h}$ 作业中：$q=1000\sqrt[5]{h}$

图 5-36 *S-N* 曲线

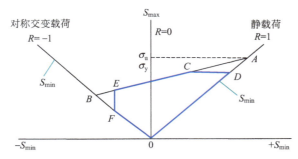

图 5-37 谷多曼曲线

EF—弯曲；CD—屈服应力极限；σ_u—静态破坏应力

5.8 货叉和电动机功率计算

5.8.1 货叉尺寸

设计悬臂滑叉式的货叉要注意前端的挠度。当采用标准 1100mm、质量 1000kg（不含托盘质量）的托盘单元时，要求其挠度为 10～15mm 左右。

货叉形状一定要和货物形状相适应。一般货叉都是由两根悬臂梁组成的。当其额定载荷为 500kg 时，一根货叉的宽度为 250mm 左右，厚度约 100mm。货叉尺寸概算值如表 5-5 所示。

表 5-5 货叉尺寸参考值（宽 × 厚） 单位：mm

货物深度	额定载荷 500kg	1000kg	1500kg
1100	190×100	190×100	220×150
1500	190×100	190×110	220×160

5.8.2 电动机功率

（1）提升运动电动机

提升运动电动机功率 P_n 计算式如下：

$$P_n = L v_L / 6120 y$$

式中　L——提升重量，kgf；

v_L——提升速度，m/min；

y——提升装置效率。

（2）行走电动机功率 P 计算

行走电动机功率等于达到额定速度时的启动加速度的功率和达到额定速度的功率之和。

① 加速时所需功率 P_1 计算如下：

$$P_1 = T_a N / 947 y_1$$

式中 T_a——加速的扭矩，kgf·m；
　　　N——电动机转速，r/min；
　　　y_1——行走装置效率。
② 额定速度的功率 P_2：

$$P_2 = W_r v / 6120 y_1$$

式中 W_r——行走阻力，kgf；
　　　v——行走速度，m/min。
电动机功率 P：

$$P = P_1 + P_2$$

式中加速时的扭矩 T_a 用 GD^2（负载惯性矩，kg·m²）来计算。但是，在实际应用时，上述公式只作计算参考，因为计算出的电动机功率偏小。实际选择电动机时是根据加速和减速值、转速以及持续时间来确定的。

表 5-6 为堆垛机行走电动机选择参考值。堆垛机总重量等于额定载荷、吊具重量和结构体自重等之和。一般高度 10m 的 0.5t 的额定载荷，堆垛机总重量大概为 10t。

表 5-6　堆垛机行走电动机的参考值

堆垛机行走速度 /(m/min) \ 堆垛机重量 /t	9 以下	9～14	14～19	19～26
80/30/5	3.3kW	3.3kW	5.5kW	7.5kW
125/30/5	3.3kW	5.5kW	7.5kW	5.5kW×2

5.9　堆垛机的安全装置

5.9.1　堆垛机安全装置内容

为了防止堆垛机发生事故，在设计自动化仓库时最基本的原则是当自动化仓库运转时库内绝对不许有人。在维修自动化仓库时，维修者必须进入库内，这时必须切断电源，并有严格监视。若要恢复电源试运行，也必须经过多人确认库内无人之后方可通电运行。这也是严格的制度。

堆垛机的安全装置内容如表 5-7 所示。图 5-38 为堆垛机安全装置的安装位置。这些安全装置中最有代表性的说明见 5.9.2 小节。

表 5-7　堆垛机安全装置项目和内容

项目	安全对策
防止超程	在行走和提升运动两端设置 LS 装置
防止重复取货	在取货前自动检查是否有货
检测货物倾倒	用 LS 检查超过规定尺寸的货物

续表

项目	安全对策
保证正确停止位置	在允许范围内自动平稳移动修正
货叉动作的联锁	行走中货叉禁止动作,货叉动作时禁止行走,两者互锁
货叉极限停止	用 LS 挡块防止超程
异常对策	异常发生时,禁止堆垛机运动,且发出报警声
操作安全性	对每条路线改变 SW 键,实现远程和手动互锁
钢线安全率保证	取安全系数大于 10 倍以上

注:LS—微动开关;SW—开关。

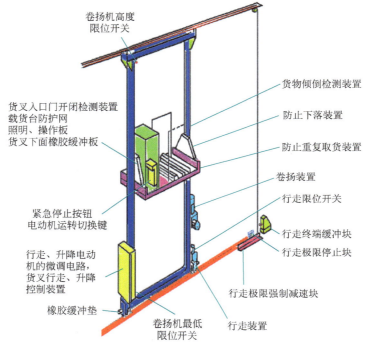

图 5-38 堆垛机安全装置的位置

5.9.2 安全装置说明

（1）防止下落装置

为了防止升降装置的钢丝或铁链断裂而使吊具落下,一般采用弹簧,并在导轨和吊具之间强制性放入防止下落的锲铁装置。

（2）货物倾倒检测装置

堆垛机从输送机或出入货台上取货物前,首先由尺寸检测装置检查货物尺寸。当货物超过许可尺寸时,由于光电管或旋转磁场作用,发出货物倾倒异常信号。

（3）架上货物存储率的检测装置

为了防止货物进入有货的货位,在堆垛机吊具上安装了检测货物有无的装置。此装置利用超声波反射原理来检测货物。

（4）货架货位号码检测装置

检测货架货位的方法有相对号码法和绝对号码法两种。前者逐个计数各货位号码，一直到指定的号码为止，这叫作堆垛机行走式计数法。后者是把各货位号代码化后作为地址，堆垛机到指定货位号的位置便停下来。

5.10 堆垛机动力计算

5.10.1 升降电动机的选择计算

设载荷台重量：

$$W_1=5300\text{N}$$

其中货叉可动部分 $W_1'=2300\text{N}$。

载重：

$$W_2=10000\text{N}$$

升降速度：

$$v=10\text{m/min}=\frac{1}{6}\text{m/s}$$

传动效率：

$$\eta=0.7\times0.9=0.63$$

其中，蜗轮蜗杆效率为 0.7，链条效率为 0.9。

最高时速时需要动力：

$$P=(W_1+W_2)v/\eta$$
$$=(10000+5300)/(6\times0.63)=4(\text{kW})$$

为安全起见，选择标准电动机功率为 5.5kW。

5.10.2 货叉电动机的选择计算

设行走速度：

$$v=21\text{m/min}=0.35\text{m/s}$$

滚动摩擦系数为 0.03，则行走阻力：

$$R=(W'+W_2)\mu=(2300+10000)\times0.03=369(\text{N})$$

动力传动效率：

$$\eta=0.9\times0.9=0.81$$

两个 0.9 分别为齿轮减速电动机和链条的效率。

最高时速需要动力：

$$P=Rv/\eta=369\times0.35/0.81=0.16(\text{kW})$$

按电动机标准，选择功率为 0.4kW 的货叉电动机更安全。

5.10.3 行走电动机的选择计算

为了计算动力大小，必须计算行走阻力，堆垛机的主要参数是：堆垛机自重 $W_D=39100\text{N}$，

行走速度 v=86m/min=1.43m/s，滚动阻力系数 μ=0.02。

根据这些主要参数可以计算行走电动机功率大小。计算步骤如下：

$$R_D=(W_D+W_2)\mu=(39100+10000)\times 0.02=982(N)$$

蜗轮蜗杆动力传递效率 η=0.8，则

最高时速的动力：

$$P_D=R_D v/\eta=(982\times 1.43)/0.8=1.76(kW)$$

为了安全起见，按电动机标准选择，采用功率为 2.2kW 的电动机为宜。即：

$$L_D=2.2(kW)$$

5.11 货叉机构

5.11.1 伸缩货叉在堆垛机中位置及其基本尺寸

图 5-39 为货叉在堆垛机的载货台中的收缩状态。堆垛机在自动化仓库巷道中沿导轨行走时货叉必须是收缩状态。

图 5-40 为货叉在堆垛机的载货台中的伸出状态，即堆垛机在停止状态下，货叉对准货位，把托盘单元存入货位中或者从货位中取出托盘单元。

图 5-39 货叉在堆垛机的载货台中收缩状态

图 5-40 货叉伸出取/存货状态

图 5-41 为常用堆垛机货叉实体。根据单元货物的货态情况，可选择相应的堆垛机货叉种类。

图 5-42 为常用堆垛机伸缩货叉基本尺寸。如果托盘单元是非标的情况，则根据托盘单元设计货架的货位空间尺寸后再设计货叉尺寸。图 5-43 为堆垛机货叉实体端面图。

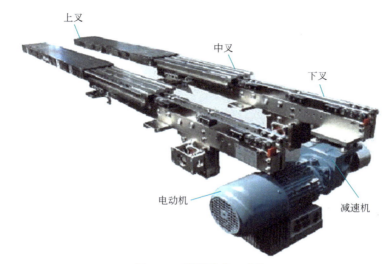

图 5-41　堆垛机货叉实体

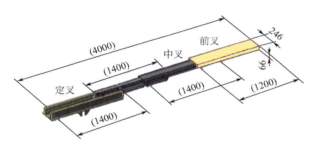

图 5-42　常用堆垛机伸缩货叉基本尺寸

图 5-43　堆垛机货叉实体端面图

5.11.2　齿轮齿条直线差动机构工作原理

堆垛机伸缩货叉是一种能够使原动机动作行程增倍的双向驱动直线运动机构。图 5-44 为齿轮齿条直线差动机构，即是由一个双联齿轮和两个齿条组成的直线差动机构。

在双联齿轮中，齿轮 3 的分度圆直径为 D_1、齿轮 4 的分度圆直径为 D_2。$D_1 > D_2$。当双联齿轮沿固定齿条 1 滚动时，由齿轮 4 驱动的从动齿条 2 将以与双联齿轮中心运动相反的方向水平移动。其相对运动的距离

$$L=(D_1-D_2)\pi N$$

式中，N 为双联齿轮转过的圈数。按此计算公式，当双联齿轮 $D_1=D_2$ 时，不论双联齿轮转过的圈数为多少，齿条 1 与齿条 2 走过的相对距离为零。

图 5-45 为 1 个齿轮和 2 个齿条组成的直线差动机构。从动齿条 2 在齿轮的上方。根据相对运动原理，滚动齿轮与固定齿条的节点 c 为二者的速度瞬心，当滚动齿轮相对于固定齿条 1 滚动时，从动齿条 2 将沿滚动齿轮中心运动方向，以滚动齿轮中心 2 倍的速度平行移动。这样，就形成了从动齿条 2 相对于滚动齿轮中心速度与行程的增倍机构，即满足了堆垛机货叉伸缩的动作要求。

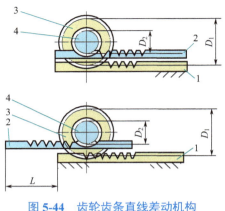
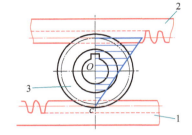

图 5-44　齿轮齿条直线差动机构

1—固定齿条；2—从动齿条；3,4—双联齿轮

图 5-45　齿轮齿条直线差动行程倍增机构

1—固定齿条；2—从动齿条；3—齿轮

5.11.3　堆垛机货叉直线差动行程增倍机构的组成与工作原理

（1）伸缩货叉原理

堆垛机货叉一般采用 3 级直线差动机构，这种结构形式的货叉由动力驱动装置和上叉、中叉、底叉以及导向部分构成，底叉固定在载货台上。当双联齿轮正转时，中叉在小齿轮齿条副驱动下，向左移动距离 L。上叉在安装于中叉上的增速机构的带动下相对中叉向外伸出更长的距离，达到在货位内存取货物的目的。这种机构的特点是上叉相对于中叉伸出的距离为伸出行程的 2/3，而中叉相对于下叉伸出的距离为伸出行程的 1/3。在上叉与中叉之间以及中叉与下叉之间均有合适的导向接触长度，保证 3 层货叉伸出时的刚度要求。当其上叉运行到最大距离时，其中底叉固定在载货台上，中叉运行到货叉行程的 1/3 距离，此时有 2 个导向轮支承，上叉相对于中叉运行货叉行程的 2/3，也有 2 个导向轮支承，与中叉相连。

（2）链传动

链传动装置主要由主、从动链轮以及链条组成。图 5-46 为链传动货叉机构示意图。链传动的优点是：能够在两轴中心距较远的情况下传递运动和动力，并能在低速、重载、高温及尘土较大的条件下工作。此外，传动比稳定、传递功率较大、传动效率较高。

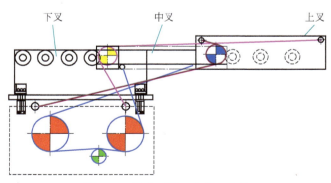

图 5-46　链传动货叉机构示意图

（3）二级直线差动式伸缩货叉

图 5-47 为齿轮齿条传动的二级直线差动式伸缩货叉机构示意图，货叉主要由电动机、

联轴器、减速器、链轮链条传动装置、齿轮齿条传动装置、下叉、上叉和滚针轴承等组成。齿轮齿条传动具有结构简单、体积小、刚性大、承载能力大等优点。

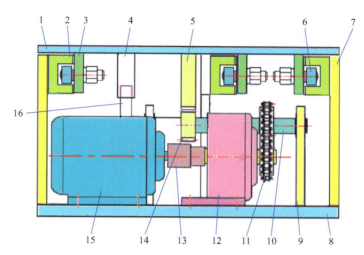

图 5-47　二级直线差动式伸缩货叉示意图

1—上叉板；2—上叉导轨；3—上叉及滚针轴承支承；4—上叉挡板；5—上叉齿条；6—滚针轴承；7—下叉立板；8—下叉底板；9—从动链轮轴支承；10—从动链轮轴；11—链条；12—减速机；13—联轴器；14—主动小齿轮；15—电动机；16—下叉挡板

5.11.4　有轨巷道堆垛机三级直线差动式货叉机构设计简例

（1）货叉伸缩运动

货叉机构安装在堆垛机的载货台上，随载货台沿堆垛机轨道上下升降移动。货叉可以横向伸缩，以便向两侧货格存取物料。货叉一般采用三级直线差动机构。

（2）货叉结构

要求堆垛机货叉在收回状态下的长度要小于巷道的宽度，伸展后的长度却要大于巷道宽度。一般采用三级直线差动式货叉就能够满足要求。底叉固定在载货台上，动力装置安装在底叉上，通过传动机构驱动中叉相对底叉运动，中叉和上叉之间装有直线差动机构，使中叉相对底叉运动时，上叉相对中叉以 2 倍速度运动，从而实现大距离伸缩要求。

（3）三级直线差动机构原理

图 5-48 为三级直线差动机构示意图，由于动滑轮和定滑轮构成动滑轮组的运转，使中叉板相对于底叉板运动。根据动滑轮的特点，当动滑轮以速度 v 相对于定滑轮运动时，也就是中叉板相对于底叉板运动速度为 v 时，动滑轮与上叉板之间的钢绳（或链条）就会以近似于 2v 的速度相对于动滑轮运动，从而带动上叉板以近似于 2v 的速度相对于中叉板运动，实现了速度和行程的倍增移动。最终上叉板相对于底板实现 3 倍速的运动。实际应用时，也可采用链轮链条机构。

（4）中叉板的驱动

图 5-49 为中叉板的驱动方式。安装在底叉板或载货台上的电动机通过传动机构驱动中叉运动，常用的传动机构有齿轮齿条传动机构和链轮链条传动机构。图 5-49（a）为齿轮齿条传动机构，固连在减速机输出轴上的斜齿轮驱动固连在中叉板上的斜齿齿条左右移动，从而中叉也随之左右移动。图 5-49（b）为链轮链条传动机构。齿条固定在中叉板上，链轮固

定在底叉板上，链条与中叉板中部连接。

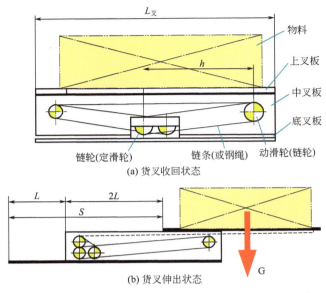

图 5-48　三级直线差动机构示意图

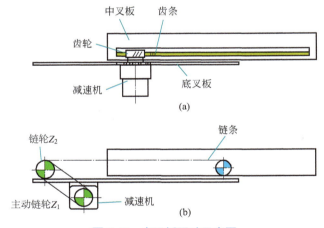

图 5-49　中叉板驱动示意图

5.11.5　货叉机构设计计算

（1）直线差动机构设计

① 中叉速度。由图 5-50 可知，设货叉的伸叉速度为 $v_叉$，则中叉的运行速度：

$$v = v_叉/3 \tag{5-7}$$

② 同侧动滑轮与定滑轮之间的水平距离。在货叉收回状态时，同侧动滑轮与定滑轮之间的水平距离 h 应尽量大，以保证上叉板伸出长度满足设计要求。此外，h 又受货叉长度的限制。设货叉本身长度为 $L_叉$，要求的伸出长度为 S，则 h 与 S 和 $L_叉$ 有以下近似关系：

$$\frac{S}{3} < h \leqslant \frac{L_\text{叉}}{2} \quad (5\text{-}8)$$

（2）各叉板导向轴承径向载荷计算

各叉板在相对运动时，应保持稳定的导向支撑连接关系，通常采用滚动轴承和凹槽组成的滚动副。应保证各叉板之间在长度方向至少有 2 个支撑点，才能形成悬臂支撑关系，以便承受载荷。

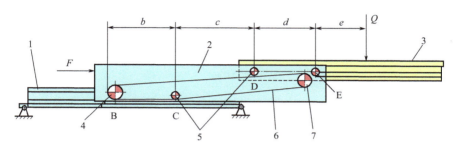

图 5-50　叉板之间的支撑结构

1—底叉；2—中叉；3—上叉；4—滑轮；5—销轴；6—钢绳；7—滑轮

设货物和活动叉板部分的当量载荷为 Q，根据静力平衡关系可以分别求得导向轴承 B、C、D、E 处的径向载荷分别为

$$F_\text{B} = Q(c+d+e)/b$$
$$F_\text{C} = Q(b+c+d+e)/b$$
$$F_\text{D} = Qe/d$$
$$F_\text{E} = Q(d+e)/d$$

当支撑点数大于 2 时，按靠近物料端的 2 个点来计算较为安全。实际结构中，因为导向轴承沿叉板两侧对称布置，则导向轴承的径向载荷：

$$F_\text{O} = 0.5KF \quad (5\text{-}9)$$

式中，K 为载荷均衡系数，与加工和装配精度有关，一般取 $K=1.5\sim1.7$；F 为 F_b、F_c、F_d、F_e 中的最大值。

5.12　堆垛机性能参数

表 5-8 为堆垛机的性能参数。

表 5-8　堆垛机性能参数

型号	载重量 Q/kg	起升高度 H_0/m	垂直提升速度 v_V/(m/min)	水平行走速度 v_H/(m/min)	货叉速度 v_F/(m/min)	托盘尺寸 /mm $L \times W \times H$
DPH-6-300	300	6	20~30	125~180	30~45	1000×800×150
DPH-9-300	300	9	20~30	125~180	30~45	1000×800×150

续表

型号	载重量 Q/kg	起升高度 H_0/m	垂直提升速度 v_V/(m/min)	水平行走速度 v_H/(m/min)	货叉速度 v_F/(m/min)	托盘尺寸 /mm $L \times W \times H$
DPM-12-300	300	12	20～30	80～125	30～45	1000×800×150
DPM-15-300	300	15	20～45	80～125	30～45	1000×800×150
DPL-20-300	300	20	20～45	63～125	30～45	1000×800×150
DF(P)H-6-500	500	6	20～30	125～180	30～45	1000×1200×150
DF(P)H-9-500	500	9	20～30	125～180	30～45	1000×1200×150
DF(P)M-12-500	500	12	20～30	80～125	30～45	1000×1200×150
DF(P)M-15-500	500	15	20～45	80～125	30～45	1000×1200×150
DF(P)L-20-500	500	20	20～45	63～125	30～45	1000×1200×150
DF(P)L-25-500	500	25	20～45	63～125	30～45	1000×1200×150
DF(P)H-6-500	500	6	20～30	125～180	30～45	1000×1200×150
DF(P)H-9-500	500	9	20～30	80～125	30～45	1000×1200×150
DF(P)L-12-500	500	12	20～30	63～100	25～30	1000×1200×150
DF(P)H-15-1000	1000	15	20～45	125～150	25～30	1000×1200×150
DF(P)H-20-1000	1000	20	20～30	125～150	25～30	1000×1200×150
DF(P)M-25-1000	1000	25	20～45	100～125	25～30	1000×1200×150
DF(P)M-30-1000	1000	30	20～45	100～125	25～30	1000×1200×150
DF(P)L-35-1000	1000	35	20～30	63～125	25～30	1000×1200×150
DF(P)H-6-1500	1500	6	20～30	125～150	20～30	1000×800×180
DF(P)H-9-1500	1500	9	20～30	125～150	20～30	1000×800×180
DF(P)M-12-1500	1500	12	20～30	80～125	20～30	1000×800×180
DF(P)M-15-1500	1500	15	20～30	80～125	20～30	1000×800×180
DF(P)L-20-1500	1500	20	20～30	63～100	20～30	1000×800×180
DF(P)L-25-1500	1500	25	20～30	63～100	20～30	1000×800×180
DF(P)L-30-1500	1500	30	20～30	63～100	20～30	1000×800×180
DF(P)H-6-2000	2000	6	20～30	100～125	20～30	1000×800×180
DF(P)H-9-2000	2000	9	20～30	100～125	20～30	1000×800×180
DF(P)H-12-2000	2000	12	20～30	100～125	20～30	1000×800×180
DF(P)M-15-2000	2000	15	20～30	80～125	20～30	1000×800×180
DF(P)M-20-2000	2000	20	20～30	80～125	20～30	1000×800×180
DF(P)M-25-2000	2000	25	20～30	80～125	20～30	1000×800×180

续表

型号	载重量 Q/kg	起升高度 H_0/m	垂直提升速度 v_V/(m/min)	水平行走速度 v_H/(m/min)	货叉速度 v_F/(m/min)	托盘尺寸 /mm $L \times W \times H$
DF(P)L-30-2000	2000	30	20～30	63～100	20～30	1000×800×180
DF(P)L-35-2000	2000	35	20～30	63～100	20～30	1000×800×180

表5-9为常用的1000kg的标准托盘单元分别对应自动化仓库高度为6m、9m、12m和15m条件下的堆垛机性能参数。这对于建设自动化仓库选择堆垛机性能参数具有重要参考意义。

表5-9 堆垛机性能

项目		自动化仓库高度 H							
		6m		9m		12m		15m	
速度方式		标准方式	高速方式	标准方式	标准方式	标准方式	高速方式	标准方式	高速方式
型号 T1000		A-*S	A-*Q	B-*S	B-*Q	C-*S	C-*Q	D-*S	D-*Q
行走速度	满载 /(m/min)	80	120	80	120	80	120	80	140
	空载 /(m/min)	120	140	120	140	120	140	120	160
	电动机功率 /kW	1.5	2.2	1.5	2.2	1.5	2.2	1.5	3.7
	速度控制	转换器							
升降速度	满载 /(m/min)	12	20	12	25	12	25	12	35
	空载 /(m/min)	20	30	20	40	20	40	20	50
	电动机功率 /kW	3.7	5.5	3.7	7.5	3.7	7.5	3.7	11
	速度控制	转换器							
叉取速度	满载 /(m/min)	30		30		30		30	
	空载 /(m/min)	40		40		40		40	
	电动机功率 /kW	0.75		0.75		0.75		0.75	
	速度控制	转换器							
使用电源		三相，(200±20)V，50/60Hz							
所需电源的容量 /kW		32	44	32	57	32	57	32	78
适用尺寸范围 ($W \times L \times H$)/mm		(800～1500)×(800～1500)×(500～1500)							
承载质量 /kg		最大1000							
出入库工作站		固定工作台/移动台车/托盘输送机							
操作方式		数字键输入/电脑输入							
信号接收方式		光电传送							
供电方式		电缆供电方式							

注：S—标准型；Q—高速型。表5-11同。

5.13 电容量

表 5-10 为搬运 T-1000 型托盘单元的堆垛机在运行、升降、货叉和移动台车等方面所需的电容量。在设计电容量时，此表具有参考价值。

表 5-10 堆垛机的电容量

	电容量 /kW	功率（KVA）	电流值 /A
运行	1.5	2.8	8
	2.2	3.8	11
	3.7	5.9	17
升降	3.7	8.3	24
	5.5	11.4	33
	7.5	15.9	46
	11	21.1	61
货叉	0.75	1.7	5
移动台车	0.4		2.2

注：运行和升降电源容量的总和为所需电源容量。

5.14 堆垛机系列化

堆垛机系列化具有重要意义，表 5-11 为 T-1000 型自动化仓库所用的堆垛机系列，此表可供设计参考。

表 5-11 T-1000 型自动化仓库所用堆垛机系列

高度 H/m	货台长度 L/mm	工作速度	行走电动机功率 /kW	升降电动机功率 /kW	货叉电动机功率 /kW	型号
3～6	800～900	S	1.5	3.7	0.75	T100A-AS
		Q	2.2	5.5	0.75	T100A-AQ
	900～1100	S	1.5	3.7	0.75	T100A-BS
		Q	2.2	5.5	0.75	T100A-BQ
	1100～1300	S	1.5	3.7	0.75	T100A-CS
		Q	2.2	5.5	0.75	T100A-CQ
	1300～1500	S	1.5	3.7	0.75	T100A-DS
		Q	2.2	5.5	0.75	T100A-DQ

续表

高度 H/m	货台长度 L/mm	工作速度	行走电动机功率/kW	升降电动机功率/kW	货叉电动机功率/kW	型号
6～9	800～900	S	1.5	3.7	0.75	T100B-AS
		Q	2.2	7.5	0.75	T100B-AQ
	900～1100	S	1.5	3.7	0.75	T100B-BS
		Q	2.2	7.5	0.75	T100B-BQ
	1100～1300	S	1.5	3.7	0.75	T100B-CS
		Q	2.2	7.5	0.75	T100B-CQ
	1300～1500	S	1.5	3.7	0.75	T100B-DS
		Q	2.2	7.5	0.75	T100B-DQ
9～12	800～900	S	1.5	3.7	0.75	T100C-AS
		Q	2.2	7.5	0.75	T100C-AQ
	900～1100	S	1.5	3.7	0.75	T100C-BS
		Q	2.2	7.5	0.75	T100C-BQ
	1100～1300	S	1.5	3.7	0.75	T100C-CS
		Q	2.2	7.5	0.75	T100C-CQ
	1300～1500	S	1.5	3.7	0.75	T100C-DS
		Q	2.2	7.5	0.75	T100C-DQ
12～15	800～900	S	1.5	3.7	0.75	T100D-AS
		Q	3.7	11	0.75	T100D-AQ
	900～1100	S	1.5	3.7	0.75	T100D-BS
		Q	3.7	11	0.75	T100D-BQ
	1100～1300	S	1.5	3.7	0.75	T100D-CS
		Q	3.7	11	0.75	T100D-CQ
	1300～1500	S	1.5	3.7	0.75	T100D-DS
		Q	3.7	11	0.75	T100D-DQ

5.15 托盘式堆垛机标准化参数图

自动化仓库及堆垛机标准化对加速现代物流装备的建设具有重要意义。图5-51～图5-58为日本常用的堆垛机简图及其对应参数表。这对我国堆垛机标准化具有重要的参考价值。

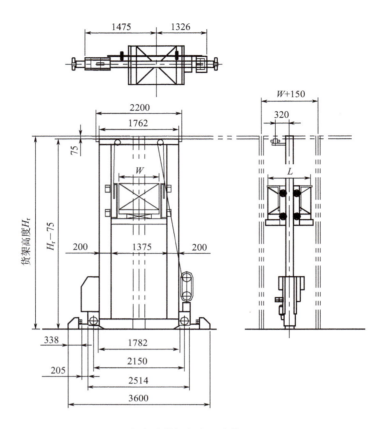

T-1000托盘式堆垛机主要参数

货架高度H_r/m			3～6		6～9	
托盘单元长度L/mm			800～900			
动作速度方式			标准方式	高速方式	标准方式	高速方式
行走速度	满载/(m/min)		80	120	80	120
	空载/(m/min)		120	140	120	140
	电动机功率/kW		1.5	2.2	1.5	2.2
升降速度	满载/(m/min)		12	20	12	25
	空载/(m/min)		20	30	20	40
	电动机功率/kW		3.7	5.5	3.7	7.5
伸叉速度	满载/(m/min)		30			
	空载/(m/min)		40			
	电动机功率/kW		0.75			
使用电源			三相，AC 220V			
电源容量/A			32	44	32	37

注：高9～12m，型号是T-1000A-A；高12～15m，型号是T-1000B-A。

图 5-51 堆垛机参数图（一）

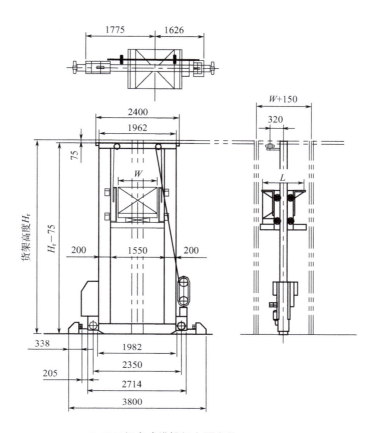

T-1000托盘式堆垛机主要参数

货架高度H_r/m		3～6		6～9	
托盘单元长度L/mm		900～1100			
动作速度方式		标准方式	高速方式	标准方式	高速方式
行走速度	满载/(m/min)	80	120	80	120
	空载/(m/min)	120	140	120	140
	电动机功率/kW	1.5	2.2	1.5	2.2
升降速度	满载/(m/min)	12	20	12	25
	空载/(m/min)	20	30	20	40
	电动机功率/kW	3.7	5.5	3.7	7.5
伸叉速度	满载/(m/min)		30		
	空载/(m/min)		40		
	电动机功率/kW		0.75		
使用电源		三相，AC 220V			
电源容量/A		32	44	32	57

注：高9～12m，型号是T-1000A-B；高12～15m，型号是T-1000B-B。

图 5-52　堆垛机参数图（二）

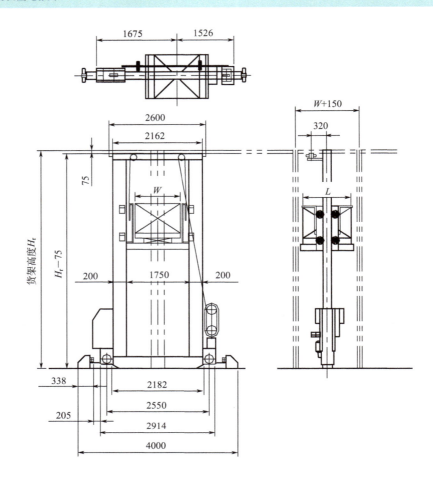

T-1000托盘式堆垛机主要参数

货架高度H_r/m		3~6		6~9	
托盘单元长度L/mm		1100~1300			
动作速度方式		标准方式	高速方式	标准方式	高速方式
行走速度	满载/(m/min)	80	120	80	120
	空载/(m/min)	120	140	120	140
	电动机功率/kW	1.5	2.2	1.5	2.2
升降速度	满载/(m/min)	12	20	12	25
	空载/(m/min)	20	30	20	40
	电动机功率/kW	3.7	5.5	3.7	7.5
伸叉速度	满载/(m/min)	30			
	空载/(m/min)	40			
	电动机功率/kW	0.75			
使用电源		三相，AC 220V			
电源容量/A		32	44	32	57

注：高9~12m，型号是T-1000A-C；高12~15m，型号是T-1000B-C。

图 5-53　堆垛机参数图（三）

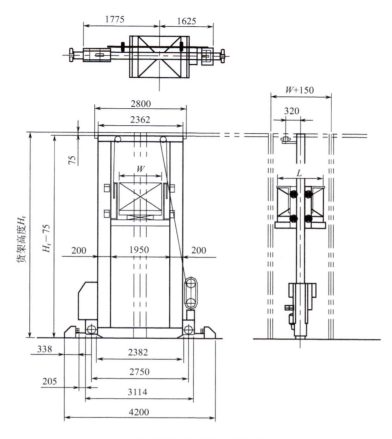

T-1000托盘式堆垛机主要参数

通用货架高度H_r/m		3～6		6～9	
通用单元货物长度L/mm		1300～1500			
动作速度方式		标准方式	高速方式	标准方式	高速方式
行走速度	满载/(m/min)	80	120	80	120
	空载/(m/min)	120	140	120	140
	电动机功率/kW	1.5	2.2	1.5	2.2
升降速度	满载/(m/min)	12	20	12	25
	空载/(m/min)	20	30	20	40
	电动机功率/kW	3.7	5.5	3.7	7.5
伸叉速度	满载/(m/min)	30			
	空载/(m/min)	40			
	电动机功率/kW	0.75			
使用电源		三相，AC 220V			
电源容量/A		32	44	32	57

注：高9～12m，型号是T-1000A-D；高12～15m，型号是T-1000B-D。

图 5-54 堆垛机参数图（四）

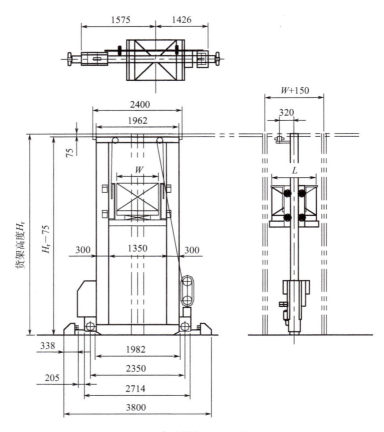

T-1000托盘式堆垛机主要参数

通用货架高度H_r/m		9～12		12～15	
通用单元货物长度L/mm		800～900			
动作速度方式		标准方式	高速方式	标准方式	高速方式
行走速度	满载/(m/min)	80	120	80	140
	空载/(m/min)	120	140	120	160
	电动机功率/kW	1.5	2.2	1.5	3.7
升降速度	满载/(m/min)	12	25	12	35
	空载/(m/min)	20	40	20	50
	电动机功率/kW	3.7	7.5	3.7	11
伸叉速度	满载/(m/min)	30			
	空载/(m/min)	40			
	电动机功率/kW	0.75			
使用电源		三相，AC 220V			
电源容量/A		32	57	32	78

注：高9～12m，型号是T-1000C-A；高12～15m，型号是T-1000D-A。

图 5-55 堆垛机参数图（五）

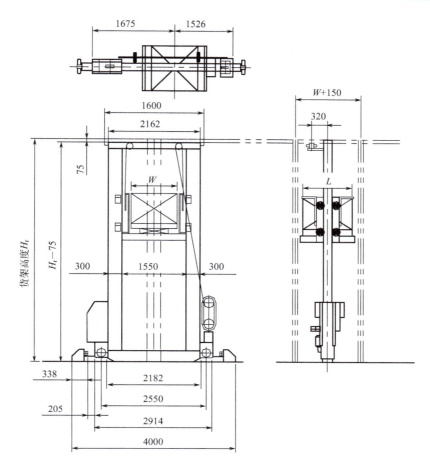

T-1000托盘式堆垛机主要参数

通用货架高度H_r/m		9～12		12～15	
通用单元货物长度L/mm		900～1100			
动作速度方式		标准方式	高速方式	标准方式	高速方式
行走速度	满载/(m/min)	80	120	80	140
	空载/(m/min)	120	140	120	160
	电动机功率/kW	1.5	2.2	1.5	3.7
升降速度	满载/(m/min)	12	25	12	35
	空载/(m/min)	20	40	20	50
	电动机功率/kW	3.7	7.5	3.7	11
伸叉速度	满载/(m/min)	30			
	空载/(m/min)	40			
	电动机功率/kW	0.75			
使用电源		三相，AC 220V			
电源容量/A		32	57	32	78

注：高9～12m，型号是T-1000C-B；高12～15m，型号是T-1000D-B。

图 5-56　堆垛机参数图（六）

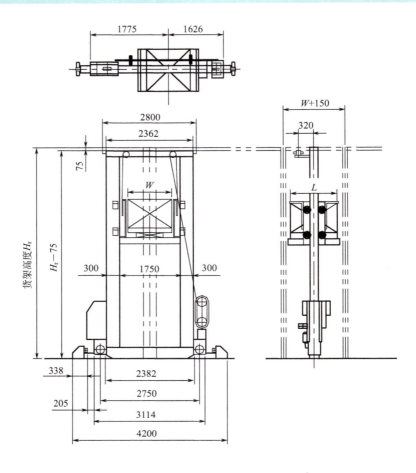

T-1000托盘式堆垛机主要参数

通用货架高度H_r/m		9～12		12～15	
通用单元货物长度L/mm		1100～1300			
动作速度方式		标准方式	高速方式	标准方式	高速方式
行走速度	满载/(m/min)	80	120	80	140
	空载/(m/min)	120	140	120	160
	电动机功率/kW	1.5	2.2	1.5	3.7
升降速度	满载/(m/min)	12	25	12	35
	空载/(m/min)	20	40	20	50
	电动机功率/kW	3.7	7.5	3.7	11
伸叉速度	满载/(m/min)	30			
	空载/(m/min)	40			
	电动机功率/kW	0.75			
使用电源		三相，AC 220V			
电源容量/A		32	57	32	78

注：高9～12m，型号是T-1000C-C；高12～15m，型号是T-1000D-C。

图 5-57 堆垛机参数图（七）

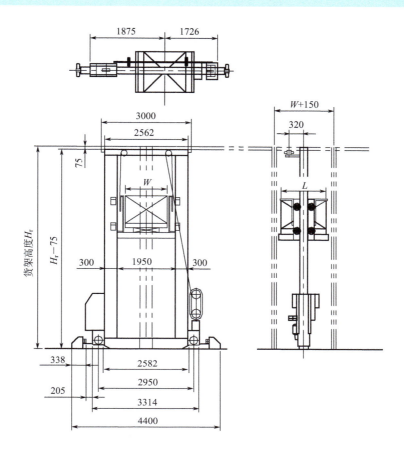

T-1000托盘式堆垛机主要参数

通用货架高度H_r/m		9～12		12～15	
通用单元货物长度L/mm		1300～1500			
动作速度方式		标准方式	高速方式	标准方式	高速方式
行走速度	满载/(m/min)	80	120	80	140
	空载/(m/min)	120	140	120	160
	电动机功率/kW	1.5	2.2	1.5	3.7
升降速度	满载/(m/min)	12	25	12	35
	空载/(m/min)	20	40	20	50
	电动机功率/kW	3.7	7.5	3.7	11
伸叉速度	满载/(m/min)	30			
	空载/(m/min)	40			
	电动机功率/kW	0.75			
使用电源		三相,AC 220V			
电源容量/A		32	57	32	78

注:高9～12m,型号是T-1000C-D;高12～15m,型号是T-1000D-D。

图 5-58 堆垛机参数图(八)

第 6 章 自动输送装备与分拣技术

6.1 带式输送机

6.1.1 带式输送机的特点及应用

(1) 带式输送机特点

① 输送能力大,效率高;

② 结构比较简单紧凑,动作单一,自身质量较轻,造价较低,受载均匀,速度稳定,工作过程中所消耗的功率变化不大;

③ 输送距离可以较长,不仅单机长度较长,且可由多台单机组成更长距离的输送线路;

④ 便于实现程序化控制和自动化操作;

⑤ 输送带种类有橡胶带、纺织带、树脂带、钢带、金丝网带。

(2) 带式输送机应用

带式输送机应用广泛,大量用于家电、电子、电器、机械、烟草、注塑、邮电、印刷、食品以及物件的组装、检测、调试、包装及运输等各行各业。

在物流输送设备中,带式输送机是最经济的输送设备。带式输送机按其输送能力可分为重型带式输送机(如矿用带式输送机)和轻型带式输送机(如用在电子、塑料、食品、轻工、电器等行业中的输送机)。

6.1.2 带式输送机种类、工作原理及输送能力

（1）带式输送机种类

带式输送机应用广、种类繁多，根据实际需要进行选择。图6-1为常用带式输送机种类。

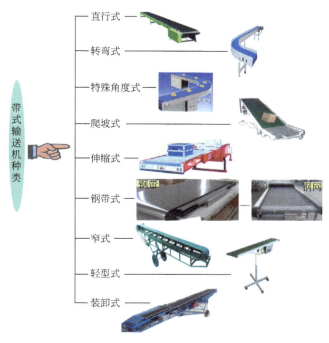

图6-1 带式输送机种类

（2）带式输送机工作原理

图6-2为带式输送机工作原理。首尾相接的环形输送带紧套在输送机的主动轮和从动轮上。主从动轮支承在输送机的机架上。主动轮通过电动机、减速传动系统驱动后，依靠其与输送带之间的摩擦力，驱动输送带做循环运动。来到输送带上的物料随着带的运动而被搬运到规定位置。

图6-2 带式输送机工作原理

（3）带式输送机的输送能力 I_M 计算

带式输送机的输送能力 I_M 计算如下：

$$I_M = 3.6 \frac{Gv}{T} \tag{6-1}$$

式中　I_M——物流输送能力，t/h；

　　　G——单件物品质量，kg；

　　　T——物品在输送机上的间距，m；

　　　v——带速，m/s，对于成件物品，一般 $v \leq 1.25$m/s。

6.1.3　平带输送机

（1）平带水平输送机

图 6-3 所示为搬运同层物料的平带水平输送机，物品依靠与输送带之间的摩擦力按照箭头方向随平带一起移动。图 6-4 为挡板平带式输送机，适宜输送易滑落物品。图 6-5 为挡边刮板式水平带输送机，同样适宜输送易滑落物品。图 6-6 为水平带输送机输送汽车轮毂。图 6-7 为金属网直线带式输送机，在食品、果蔬生产业中应用广泛。

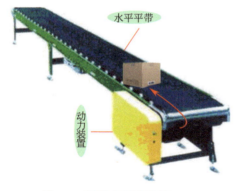

图 6-3　平带水平输送机

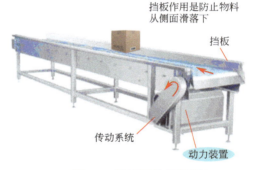

图 6-4　挡板平带式输送机

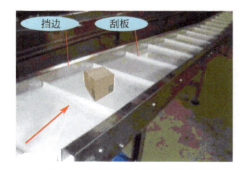

图 6-5　挡边刮板式水平带输送机

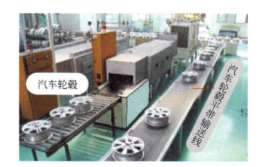

图 6-6　水平带输送机输送汽车轮毂

（2）带式倾斜式输送机

带式倾斜式输送机特别是大倾角带式输送机可以大角度输送物料。若采用波状挡边输送带为主要部件时，倾斜角度可接近 90°。

图 6-8 为搬运异层间物料的平带倾斜输送机。图 6-9 为挡边斗式倾斜带输送机，用于输送异层间易滑落的物料。图 6-10 为倾斜裙边斗式输送机。图 6-11 为分拣系统中的倾斜输送机。图 6-12 为大倾角带式输送机，用于层高较大的异层之间的物料搬运。

图 6-7　金属网直线带式输送机

图 6-8　平带倾斜输送机

图 6-9　挡边斗式倾斜带输送机

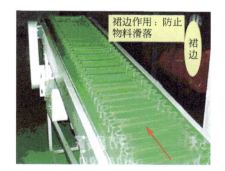

图 6-10　倾斜裙边斗式输送机

图 6-11　分拣系统中的倾斜输送机

图 6-12　大倾角带式输送机

（3）平带伸缩式输送机

① 平带伸缩式输送机的主要构件名称。图 6-13 为平带伸缩式输送机的主要构件名称，图 6-13（a）为平带伸缩式输送机的收缩状态，图 6-13（b）为该机工作时的伸出状态。

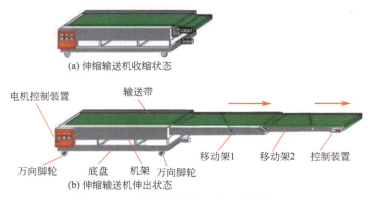

图 6-13　平带伸缩式输送机的主要构件名称

② 平带伸缩式输送机应用。图 6-14（a）为同层长距离搬运物料的平带伸缩式输送机。图 6-14（b）为异层间搬运物料的倾斜带伸缩式输送机，这是爬坡带式输送机和带式伸缩输送机组合利用的体现。

（a）平带伸缩式

（b）倾斜带伸缩式

图 6-14　平带伸缩式输送机

③ 移动升降式三级伸缩带输送机。图 6-15 为移动升降式三级伸缩带输送机，用于搬运异层之间的物品。通过动力系统可以驱动整车前后移动或者实现输送带三级伸缩运动。此外，还可以实现输送机的角度调整。

图 6-15　移动升降式三级伸缩带输送机

图 6-16　快递分类输送机及分类滑槽

(4)平带输送机与分类滑槽组合

图 6-16 为平带输送机在快递分类输送系统中的应用。图 6-17 为大型转弯组合带式输送机实体,在输送机平带上的箱品随平带移动而按箭头方向移动。

(5)平带与滚筒输送机组成分类输送机系统

图 6-18 为平带输送机和滚筒输送机组合而成的分类输送机系统。图 6-19 为带式输送机在汽车生产线中的应用,连续作业,效率高。图 6-20 为平带输送机在自动化分拣中的应用。

图 6-17　大型转弯组合带式输送机实体

图 6-18　平带输送机与滚筒输送机组成分类输送机系统

图 6-19　带式输送机在汽车生产线中的应用

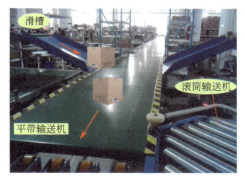

图 6-20　平带输送机在自动化分拣中的应用

6.1.4　弧形带式输送机

(1)弧形带式输送机概述

图 6-21 为弧形带式输送机,多与直线输送机组合应用。图 6-22 为扇形带式输送机(60°),与直线输送机组合应用。图 6-23 为直线与 90° 的平带输送机组合应用,这在自动分拣系统中应用广泛。

(2)弧形带式输送机应用

图 6-24 为左转弯弧形带输送机和直线输送机组合应用。图 6-25 为右转弯弧形带式输送机应用。图 6-26 为防止物品落下的挡板平带弧形输送机。图 6-27 为弧形带和直线带输送机组合应用。

图 6-21　弧形带式输送机（180°）

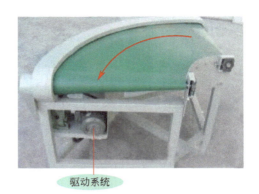

图 6-22　扇形带式输送机（60°）

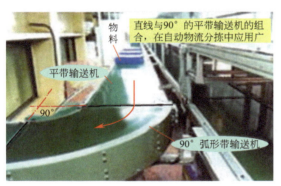

图 6-23　直线与 90° 的平带输送机组合应用

图 6-24　左转弯弧形带输送机和直线输送机组合应用

图 6-25　右转弯弧形带输送机应用

图 6-26　挡板平带弧形输送机

（3）网状弧形带式输送机

① 金属网状弧形带式输送机。图 6-28 为金属网状弧形带式输送机，在食品工业中应用较广泛。

② 树脂网状弧形带式输送机。图 6-29 为树脂网状弧形带式输送机，多用于面包生产等食品工业的输送作业。

图 6-27 弧形带和直线带输送机组合应用

图 6-28 金属网状弧形带式输送机

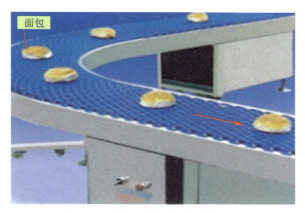

图 6-29 树脂网状弧形带式输送机

6.2 链式输送机

6.2.1 链条输送机

（1）链条输送机主要构成

图 6-30 为动力式链条输送机，可利用链条直接输送大小合适的箱品，也可利用托盘输送其他形状物料。图 6-31 为链条输送机实体。图 6-32 为链条输送机在搬运托盘单元。

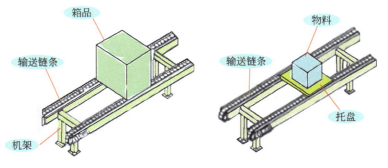

(a) 链条直接承载物料并输送　　　　(b) 链条承载托盘(物料在托盘上)并输送

图 6-30 动力式链条输送机

图 6-31 链条输送机实体

图 6-32 链条输送机在搬运托盘单元

（2）网带式链条输送机

图 6-33 为输送箱品等物料的网带式链条输送机，即网带和链条固连一体，网带随链条一起运动。图 6-34 为不锈钢网带式链条输送机。

图 6-33 网带式链条输送机

图 6-34 不锈钢网带式链条输送机

（3）链式转盘输送机动作原理

图 6-35 为使物料改变流动方向的链式转盘输送机。其动作原理是：当物料从 A 方向来到转盘输送机上面时，转动驱动系统动作使其转动 90° 后物料按 B 方向移动，实现了物料换向移动。

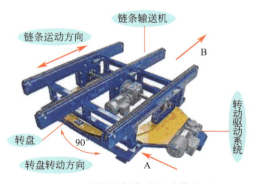

图 6-35 链式转盘输送机动作原理

图 6-36 链条输送机在自动化仓库中的应用

（4）链条输送机在自动化仓库中的应用

图 6-36 为链条输送机在自动化仓库中的应用，即物料的出入库作业都要通过链条输送机及堆垛机来实现。

（5）循环链条输送机

图 6-37 为正在安装调试的循环搬运物品的链条平托盘式输送机，滚子托盘固连在循环链条上。图 6-38 为循环链条式分类拣货系统。图 6-39 为循环链条滚轮托盘式输送机实体。图 6-40 为循环链条托盘式输送机实体。

图 6-37 调试中的循环链条平托盘式输送机

图 6-38 循环链条式分类拣货系统

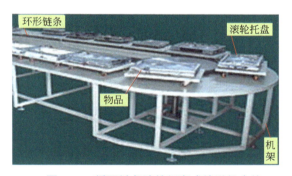

图 6-39 循环链条滚轮托盘式输送机实体

图 6-40 循环链条托盘式输送机实体

6.2.2 板式输送机

6.2.2.1 板式输送机应用

板式输送机广泛用于冶金、煤炭、化工、电力、机械制造及国民经济的其他工业部门。它可沿水平或倾斜方向输送各种散状物料和成件物品。

6.2.2.2 板式输送机优点

① 适用范围广。除黏度特别大的物料以外，一般固态物料和成件物均可用它输送。
② 输送能力大。特别是鳞板式输送机，一般称为双链有挡边波浪型板式输送机，其生

产能力可高达 1000t/h。

③ 牵引链的强度高，可用作长距离输送。目前国内板式输送机的使用长度已达到 1000m。

④ 输送线路布置灵活。与带式输送机相比，板式输送机可在较大的倾角和较小的弯曲半径的条件下输送，因此布置的灵活性较大。板式输送机的倾角可达 30°～35°。

⑤ 在输送过程中可进行分类、干燥、冷却或装配等各种工艺加工。

⑥ 运行平稳可靠。

6.2.2.3 板式输送机传动原理

图 6-41 为板式输送机传动原理，即电动机（动力系统）通过联轴器与减速装置连接，当电动机顺时针转动时驱动减速装置并使齿型带转动。与齿型带轮同轴的主动链轮也驱动链条转动。固连在链条上的承载物料的链板也随链条而移动，达到搬运物料的目的。

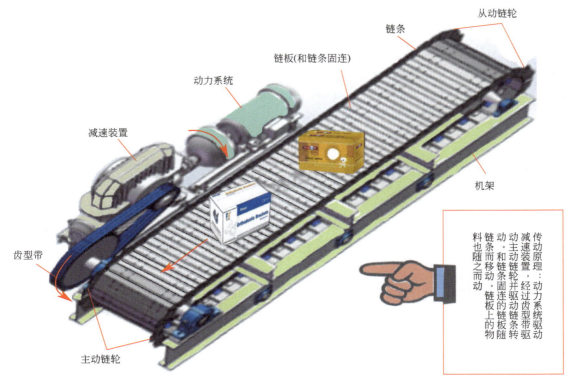

图 6-41　板式输送机传动原理

6.2.2.4 板式输送机分类

根据布置形式，板式输送机可分为：

（1）水平型板式输送机

图 6-42 为板式输送机与生产车间。图 6-43 为搬运冰箱制品的板式输送机。图 6-44 为料箱搬运作业中的板式输送机。图 6-45 为汽车生产线输送汽车的板式输送机。图 6-46 为电器产品生产线的板式输送机。

(a) 板式输送机

(b) 生产车间

图 6-42　板式输送机与生产车间

图 6-43　板式输送机搬运冰箱制品

图 6-44　搬运料箱作业中的板式输送机

图 6-45　汽车生产线输送汽车的板式输送机

图 6-46　电器产品生产线的板式输送机

（2）水平-倾斜型板式输送机

图 6-47 为异层之间搬运物料的水平-倾斜型板式输送机及其主要构件名称。图 6-48 为水平-倾斜型板式输送机实体。图 6-49 为作业中的倾斜式板式输送机。

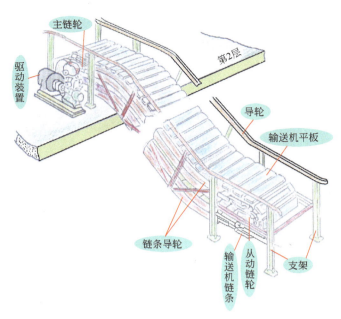

图 6-47 水平-倾斜型板式输送机主要构件名称

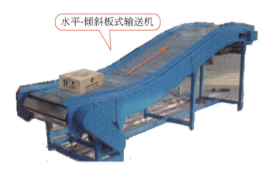

图 6-48 水平-倾斜型板式输送机实体

图 6-49 作业中的倾斜式板式输送机

(3) 弧形板式输送机

图 6-50 为弧形板式输送机,可与直线形板式输送机连接使用,在物流装备中应用较广。图 6-51 为作业中的弧形-直线板式输送机实体。图 6-52 为大型环形板式输送机。

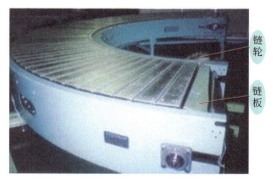

图 6-50 弧形板式输送机

图 6-51 弧形-直线板式输送机实体

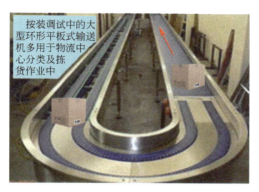

图 6-52　大型环形板式输送机

6.3　辊筒输送机

6.3.1　辊筒输送机特点、应用及参数

6.3.1.1　辊筒输送机特点

布置灵活，衔接方式简单紧凑，功能多样，输送平稳，定位精度高，结构简单，运行可靠，维护方便，经济节能等。

6.3.1.2　应用

辊筒输送机广泛应用于机械加工、冶金与建材、军事工业、化工与医药、轻工与食品、邮电以及现代物流配送中心的分拣作业。

6.3.1.3　辊筒输送机的基本几何参数计算

（1）已知参数
① 辊筒输送机的形式、长度以及布置方式。
② 输送量（件/h）、输送速度、载荷在辊筒输送机上的分布情况。
③ 单个物品的质量、材质（外包装）、外形尺寸。

（2）基本参数计算
① 辊筒长度计算。
a. 辊筒输送机直线段计算。圆柱形辊筒输送机直线段的辊筒长度一般参照图 6-53 按下式计算：

$$l = B + \Delta B \quad (6\text{-}2)$$

式中　l——辊筒长度；
　　　B——物品宽度，mm；
　　　ΔB——宽度裕度，mm，一般可取 $\Delta B = 50 \sim 150$mm。

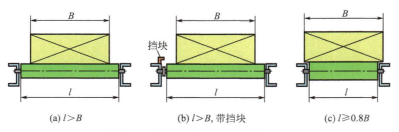

(a) $l > B$　　　(b) $l > B$，带挡块　　　(c) $l \geqslant 0.8B$

图 6-53　圆柱形辊筒输送机断面图

对于底部刚度很大的物件，在不影响正常输送和安全的情况下，物件宽度可大于辊筒长度。一般取 $l \geqslant 0.8B$。

采用短辊筒的多辊输送机，其输送机宽度一般可参照图 6-54（b），按下式计算：

$$W = B + \Delta B \tag{6-3}$$

式中　W——输送机宽度，mm；
　　　B——物品宽度，mm；
　　　ΔB——宽度裕量，mm，一般可取 $\Delta B = 50$mm。

当多辊输送机的辊筒少于 4 列时，只宜输送刚度大的平底物品，物品宽度应大于输送机宽度，可取 $W = (0.7 \sim 0.8)B$，如图 6-54（a）所示。

b. 辊筒输送机圆弧段计算。辊筒输送机圆弧段的圆锥辊筒长度 B 如图 6-55 所示。

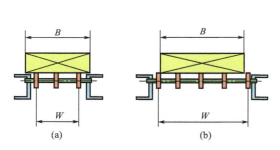

图 6-54　多辊输送机断面图

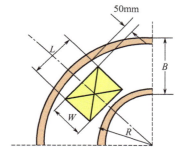

图 6-55　辊筒输送机圆弧段长度计算

$$B = \sqrt{(R+W)^2 + (L/2)^2} - R + 50 \tag{6-4}$$

式中　L——物品长度，mm；
　　　W——物品宽度，mm；
　　　R——转弯曲率半径，mm。

② 辊筒间距计算。辊筒间距 p 应保证一个物品始终支撑在 3 个以上的辊筒上。一般情况下，可按下式选取：

$$p = 1/3 L \tag{6-5}$$

对要求输送平稳的物品：

$$p = (1/4 \sim 1/5)L \tag{6-6}$$

式中　p——辊筒间距，mm；
　　　L——物品长度，mm。

③ 圆弧段半径计算。

$$R = \frac{D}{K} - c \quad (6-7)$$

式中 R——圆弧段内侧半径，mm；
　　　D——圆锥形辊筒小端直径，mm；
　　　K——辊筒锥度，常用的辊筒锥度 K 值为 1/16、1/30、1/50，锥度越小，物品在圆弧段运行越平稳；
　　　c——圆锥辊筒小端端面与机架内侧的间隙，mm。

④ 输送速度选择。辊筒输送机的输送速度 v 根据生产工艺要求和输送方式确定。一般情况下：无动力式辊筒输送机可取 $v=0.2\sim0.4$m/s；动力式辊筒输送机可取 $v=0.25\sim0.5$m/s。

⑤ 输送能力计算。辊筒输送机的输送能力用下式计算：

$$I_m = 3.6 q_G v \quad (6-8)$$

$$Z = \frac{3600v}{a} \quad (6-9)$$

式中 I_m——输送机输送量，t/h；
　　　Z——连续输送机的计件输送量，件/h；
　　　v——输送机工作速度，m/s；
　　　q_G——每米长度物品的质量，kg/m，辊筒输送机输送的是成件物品；
　　　a——输送机上物品的间距，m。

每米长度物品的质量用下式计算：

$$q_G = G/a \quad (6-10)$$

式中，G 为单件物品的质量，kg。

6.3.2 自由辊筒输送机

（1）直线式自由辊筒输送机

图 6-56 为直线式自由辊筒输送机，即输送机的辊筒安装在轴上能够无动力地自由转动。图 6-57 为分类输送系统中的直线式自由辊筒输送机，当箱品从动力辊主输送机来到信号识别装置前面时，挡块 A 升起而推杆 B 推动箱品在 90°方向流向直角分类输送机。图 6-58 所示的双层辊筒输送机，可节约空间、降低物流成本、提高经济效益。

图 6-56　直线式自由辊筒输送机

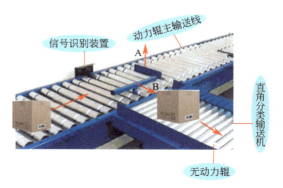

图 6-57　分类输送系统中的直线式自由辊筒输送机

图 6-58　直线式双层辊筒输送机

（2）曲线式自由辊筒输送机

图 6-59 为曲线式自由辊筒输送机，图 6-60 为直/曲线辊筒输送机组合应用。

图 6-59　曲线式自由辊筒输送机

图 6-60　直/曲线辊筒输送机组合应用

6.3.3　动力辊筒输送机

（1）链条驱动直线辊筒输送机

图 6-61 为链条驱动直线辊筒输送机基本构成。图 6-62 为链条驱动直线辊筒输送机传动路线，即电动机驱动传动装置使辊筒转动，在辊筒上面的箱品则按箭头方向移动，实现了输送物品的目的。

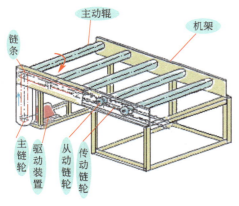

图 6-61　链条驱动直线辊筒输送机构成

图 6-62　链条驱动直线辊筒输送机传动路线

图6-63为链条驱动直线辊筒输送机实体。图6-64为双层辊筒输送机系统，在大型分拣系统中应用广泛。图6-65为动力辊筒输送机实体，动力辊筒由圆形带传递动力。图6-66为动力辊筒输送机链条在辊筒上的安装方法。

图6-63 链条驱动直线辊筒输送机实体

图6-64 双层辊筒输送机系统

图6-65 动力辊筒输送机实体

图6-66 动力辊筒输送机链条安装方法

（2）链驱动曲线辊筒输送机

曲线辊筒输送机能够把多条辊筒输送线及其他输送设备组成复杂的物流输送系统、分流合流系统，完成多种物流工艺需要，应用非常广泛。

根据物料性能，曲线辊筒输送机的主要材质有碳钢、不锈钢、铝材、PVC、塑钢等。

曲线辊筒输送的驱动方式有减速电动机驱动、电动辊筒驱动。传动方式有单链轮、双链轮、O形皮带、平面摩擦传动带、同步带等。图6-67为链驱动曲线辊筒输送机实体，传动路线是电动机—减速装置—皮带—锥辊。图6-68为链驱动曲线辊筒输送机和直线式输送机组合应用。图6-69为链驱动双曲线辊筒输送机，它用在规模较大的物流分类输送系统中。图6-70为调试中的链驱动曲线辊筒输送机。

（3）辊筒分类输送机

① 旋转式辊筒分类输送机。图6-71为使物料改变流动方向的旋转式辊筒分类输送机。其转向原理是：在主输送机上的箱品按 A 方向随主输送机来到转向位置时，转盘驱动装置按照转向指令转过90°后，辊筒驱动电动机启动并使辊筒输送机转动，从而使箱品按照 B 方向分流出去，实现了90°的输送运动。

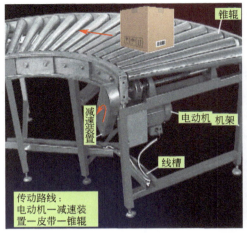

图 6-67 链驱动曲线辊筒输送机实体

图 6-68 链驱动曲线辊筒输送机和直线式输送机组合应用

图 6-69 链驱动双曲线辊筒输送机应用

图 6-70 调试中的链驱动曲线辊筒输送机

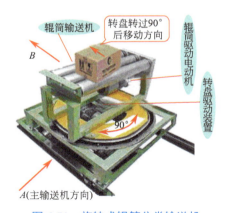

图 6-71 旋转式辊筒分类输送机

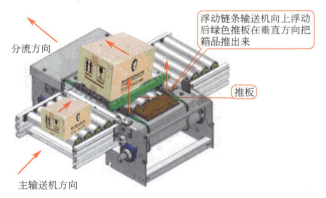

图 6-72 链条式辊筒分类输送机

② 链条式辊筒分类输送机。图 6-72 为链条式辊筒分类输送机,当浮动链条输送机向上浮起时,推板在 90° 的分流方向把物品推出去,即完成了物料的一次分类运动。

(4) 平带驱动辊筒输送机

图 6-73 为平带驱动辊筒输送机及其构件名称,该输送机通过平带传动驱动辊筒运动。其原理是:驱动带通过张紧辊筒作用使其拉紧并与传动辊筒紧密接触。当驱动带转动时,因

与传动辊筒产生摩擦力而使传动辊筒转动,从而使物品按箭头方向移动。

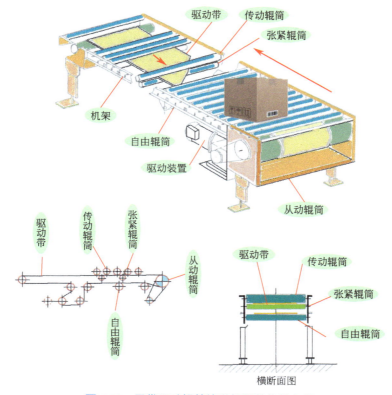

图 6-73 平带驱动辊筒输送机及其构件名称

（5）摩擦驱动辊筒输送机

图 6-74 为摩擦驱动辊筒输送机,该输送机通过链条驱动使摩擦轮驱动从动辊筒转动,则物品按照箭头方向移动,达到搬运物料的目的。

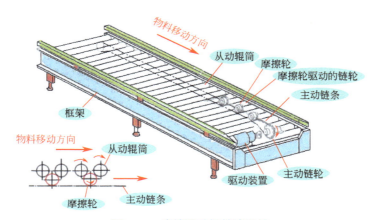

图 6-74 摩擦驱动辊筒输送机

（6）动力辊驱动的辊筒输送机

① 动力辊输送机。图 6-75 为动力辊驱动的辊筒输送机。每隔 4 个从动辊筒就有 1 个电

动机辊筒用于驱动纸箱之类的包装品。图 6-76 为动力辊筒及其内部动力传动系统。

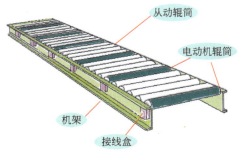

(a) 电动辊筒　　　　　　　　(b) 电动辊筒动力系统

图 6-75　动力辊驱动的辊筒输送机　　　　图 6-76　动力辊筒及其传动系统

② 传动带驱动的辊筒输送机。图 6-77 为传动带驱动的辊筒，在每两个辊筒之间交叉地安装一根齿形带（同步带）。图 6-78 为传动带驱动的辊筒输送机实体。图 6-79 为弧形带辊筒输送机应用实体。

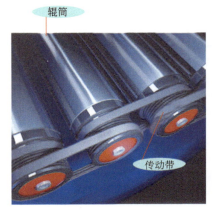

图 6-77　传动带驱动的辊筒　　　　　　图 6-78　传动带驱动的辊筒输送机实体

图 6-79　弧形带辊筒输送机应用实体　　　图 6-80　分拣系统中的辊筒输送机应用

③ 辊筒输送机应用例。图 6-80 为分拣系统中的辊筒输送机应用。图 6-81 为辊筒输送机构成的垂直分类系统。图 6-82 为辊筒输送机和带式输送机组合应用。

图 6-81　辊筒输送机构成的垂直分类系统

图 6-82　辊筒输送机和带式输送机组合应用

（7）O 形带驱动输送机

① 总轴驱动辊筒输送机。图 6-83 为总轴通过 O 形带驱动的辊筒输送机。图 6-84 为总轴驱动 O 形带辊筒输送机实体。

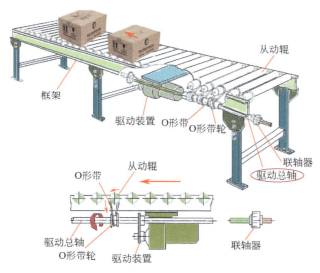

图 6-83　总轴驱动 O 形带辊筒输送机

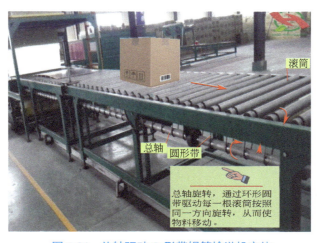

图 6-84　总轴驱动 O 形带辊筒输送机实体

② O 形带传动的弧形锥辊输送机。图 6-85 为 O 形带传动的弧形锥辊输送机,在每两根锥辊上交叉安装一条环形 O 形带,在电动机驱动下确保全部锥辊转动起来。

图 6-85　O 形带传动的弧形锥辊输送机　　　　图 6-86　O 形带曲/直线辊筒分类输送机实体

③ O 形带传动的曲/直线辊筒分类输送机实体。图 6-86 为 O 形带传动的曲/直线辊筒分类输送机。

④ 综合应用。图 6-87 为曲/直线辊筒输送机、带式分类输送机等多种输送机综合应用。图 6-88 为由曲/直线辊筒输送机构成的分类输送机。图 6-89 为曲/直线辊筒输送机和倾斜带式输送机的组合应用。图 6-90 为环形分拣输送机。

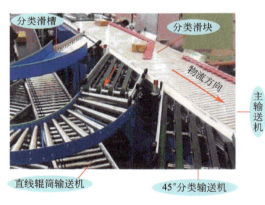

图 6-87　多种输送机综合应用　　　　　　　图 6-88　由辊筒输送机构成的分类输送机

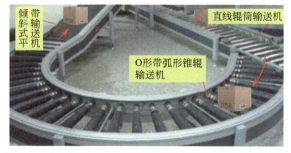

图 6-89　曲/直线辊筒输送机和倾斜带式输送机的组合应用　　　图 6-90　环形分拣输送机(南京音飞)

6.4 空中输送机

6.4.1 悬挂链式输送机

图 6-91、图 6-92 为货架构件自动表面涂装生产线的悬挂链式输送机。

图 6-91 货架构件自动表面涂装处理（南京音飞）

图 6-92 货架构件自动表面涂装生产线的悬挂链式输送机（南京音飞）

6.4.2 垂直输送机

6.4.2.1 概述

垂直输送机又称往复式提升机、垂直升降机、特种非载人电梯等，主要用于多个楼层之间的物流搬运。根据货物的出入口方向分为 Z 形、E 形、C 形与 F 形。图 6-93 为四种垂直输送机形式。这种输送机输送质量为 50～2000kg，最大输送效率可达到 1200 件/h，提升速度可达 90m/min，提升高度可达 40m。图 6-94 为安装及作业中的垂直输送机，图 6-95 为垂直输送机实体。

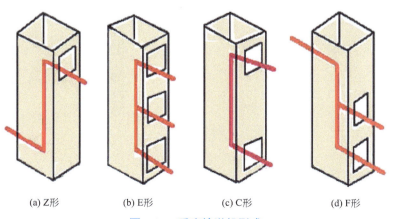

(a) Z形　　(b) E形　　(c) C形　　(d) F形

图 6-93 垂直输送机形式

图 6-94　安装及作业中的垂直输送机

图 6-95　垂直输送机实体

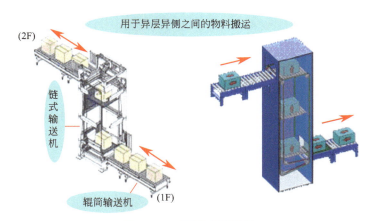

图 6-96　Z 形垂直输送机

6.4.2.2　Z 形垂直输送机

图 6-96 为 Z 形垂直输送机，图 6-97 为双 Z 形垂直输送机组合应用。

6.4.2.3 C形垂直输送机

图6-98为C形垂直输送机，用于异层同侧的物品搬运。

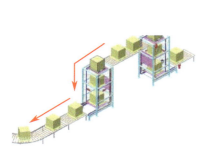

图6-97 双Z形垂直输送机组合应用

图6-98 C形垂直输送机

6.4.2.4 E形垂直输送机

图6-99为E形垂直输送机，主要用于多层同侧之间的物品搬运，来自4层的物品可以分别运送到3层、2层、1层各层。

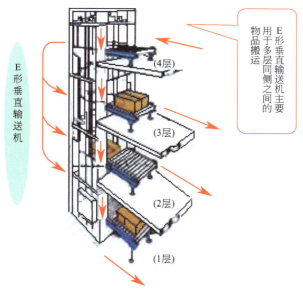

图6-99 E形垂直输送机

6.4.2.5 垂直输送机能力计算

（1）垂直平板输送机能力计算

① Z形垂直平板输送机能力。图6-100为Z形垂直平板输送机能力示意图，计算式如下：

$$P = C + H + a \tag{6-11}$$

$$\theta = (v \times 60 \times 1000)/P \tag{6-12}$$

式中　v——升降速度，m/min；

H——最大物料高度，mm；

C——平台放入深度，mm；

P——平台节距，mm；

a——余量，约100mm；

θ——输送能力，个/h。

② C形垂直平板输送机能力计算。图6-101为C形垂直平板输送机能力示意图，计算式如下：

$$P=2C+H+a \quad (6-13)$$

$$\theta=(v\times 60\times 1000)/P \quad (6-14)$$

式中　v——升降速度，m/min；

　　　H——最大物料高度，mm；

　　　C——平台放入深度，mm；

　　　P——平台节距，mm；

　　　a——余量，约100mm；

　　　θ——输送能力，个/h。

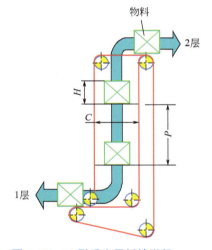

图6-100　Z形垂直平板输送机

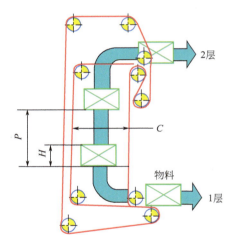

图6-101　C形垂直平板输送机

（2）垂直往复输送机能力计算

① 定速垂直往复输送机。图6-102为定速垂直往复输送机能力示意图。能力计算如下：

$$T_1=H_1/(v_1\times 60\times 1000) \quad (6-15)$$

$$T_2=L_1/(v_2\times 60\times 1000) \quad (6-16)$$

$$T_T=(T_1+T_2+T_R)\times 2 \quad (6-17)$$

$$\theta=3600/T_T \quad (6-18)$$

式中　H_1——货物实际升程，mm；

　　　L_1——货物横向距离，mm；

　　　v_1——升降速度，m/min；

　　　v_2——横向移动速度，m/min；

　　　T_1——升降时间，s；

T_2——横向移动时间，s；
T_R——浪费时间，s；
T_T——总时间，s；
θ——输送能力，个/h。

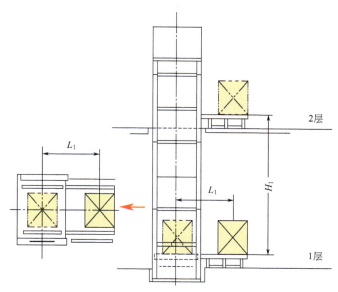

图 6-102　定速垂直往复输送机

② 高速垂直往复输送机。图 6-103 为高速垂直往复输送机能力示意图。能力计算如下：

$$T_1 = H_3/(v_1 \times 60 \times 1000) \quad (6\text{-}19)$$

$$T_2 = L_3/(v_2 \times 60 \times 1000) \quad (6\text{-}20)$$

$$T_T = 2\left(\sum_{i=1}^{6} T_i + T_R\right) \quad (6\text{-}21)$$

$$\theta = 3600/T_T \quad (6\text{-}22)$$

式中　H_3——升降高速段距离，mm；
　　　L_3——横向高速段距离，mm；
　　　v_1——升降速度，m/min；
　　　v_2——横向移动速度，m/min；
　　　T_1——升降时间，s；
　　　T_2——横向移动时间，s；
　　　T_3——升降加速时间，s；
　　　T_4——升降减速时间，s；
　　　T_5——横向加速时间，s；
　　　T_6——横向减速时间，s；
　　　T_R——浪费时间，s；
　　　T_T——总时间，s；
　　　θ——搬运能力，个/h。

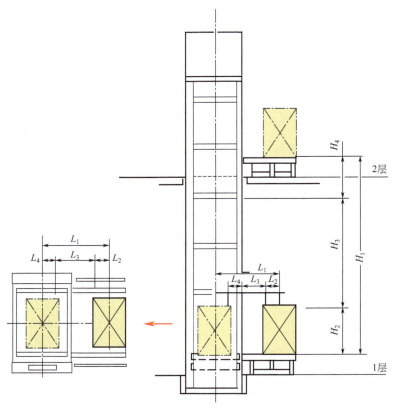

图 6-103 高速垂直往复输送机

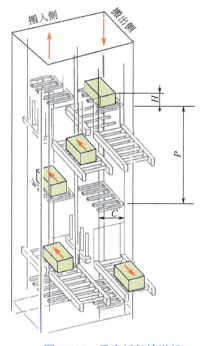

图 6-104 垂直托架输送机

（3）垂直托架输送机能力计算

图 6-104 为垂直托架输送机能力示意图。能力计算如下：

$$P=C+H+a \tag{6-23}$$

$$\theta=(v\times 60\times 1000)/P \tag{6-24}$$

式中　v——升降速度，m/min；

　　　H——最大搬运物高度，mm；

　　　C——货物进入深度，mm；

　　　P——受货托架节距，mm；

　　　a——余量，约 100mm；

　　　θ——输送能力，个/h。

6.4.2.6 垂直螺旋输送机

图 6-105 为垂直螺旋输送机。其优点是连续输送物料的效率高，节省空间。

图 6-105　垂直螺旋输送机（南京音飞）

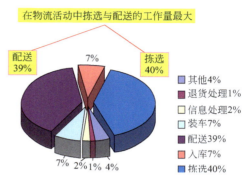

图 6-106　物流作业量对比

6.5　自动分拣技术与装备

6.5.1　分拣转向装置

（1）分拣转向装置的重要性

图 6-106 为物流作业量对比图。拣选及配送环节分别占工作量的 40% 和 39%。为使物品在流动过程中自动转向、分叉和合流，广泛应用自动导向的分拣转向装置。

（2）浮动式分拣转向装置

如图 6-107 所示，转动的输送带下面向上浮起，在垂直于主输送机方向送出物品。图 6-108 为带式顶升移载转向装置，即来自主输送机的箱品进入此装置时，该装置按照分流信息向上升起，同时传送带转动并把箱品向分流方向搬运出去。

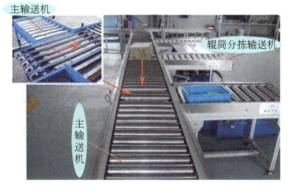

图 6-107　浮动直角分拣转向装置

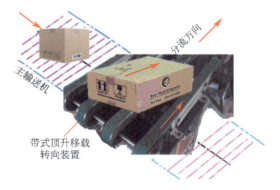

图 6-108　带式顶升移载转向装置

（3）推杆式分拣转向装置

如图 6-109 所示，在输送线外设计有推出装置（气缸），在检测装置指引下推杆把物品从主输送线推入分拣输送线。图 6-110 为推杆式分拣转向装置实体。

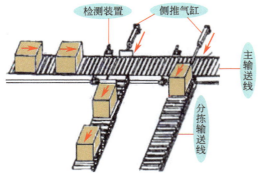

图 6-109　推杆式分拣转向装置

图 6-110　推杆式分拣转向装置实体

（4）转动导向块分拣转向装置

如图 6-111 所示,在计算机分类指令下转动导向块旋转而改变输送线路时,箱品则沿新的导向壁运动并滑向分拣输送机。

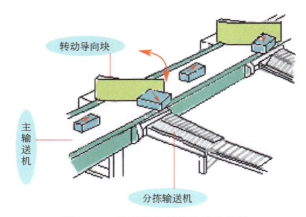

图 6-111　转动导向块分拣转向装置

（5）滑块式分拣转向装置

如图 6-112 所示,在计算机分拣指令下多个滑块移动构成导向壁并把箱品推入分拣输送线。

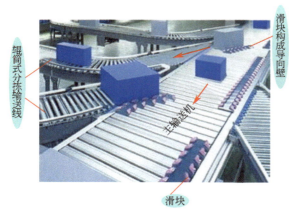

(a) 滑块分拣输送机

(b) 滑块式分拣转向装置

图 6-112　滑块式分类输送机系统

（6）带台式分拣转向装置（又称交叉带式分拣转向装置）

如图 6-113 所示，沿导轨移动的工作台是一个小型的带式输送机，根据分拣信号，可在导轨垂直方向上把箱品输送到分拣输送机中。

图 6-113　带台式分拣转向装置　　　　　图 6-114　托盘式分拣转向装置

（7）托盘式分拣转向装置

如图 6-114 所示，随导轨移动的料盘根据分拣信号往上倾斜一定角度把物品滑向分拣滑槽中，即每一个滑槽代表一个用户。图 6-115 为托盘式箱品分拣自动线。

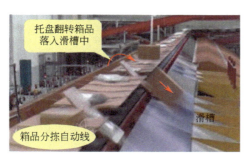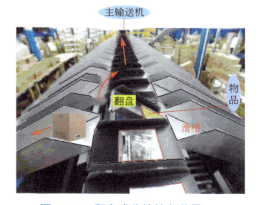

图 6-115　托盘式箱品分拣自动线　　　　图 6-116　翻盘式分拣转向装置

（8）翻盘式分拣转向装置

图 6-116 为翻盘式分拣转向装置。物品到达指定位置时托盘自动翻转使物品滑入分拣滑槽中，每一个滑槽代表一个用户。

（9）底开式分拣转向装置

图 6-117 为底开式分拣转向装置，当接收到分拣输出信号时，随导轨移动的料盘底部自动打开，物品自动掉下。

（10）推板式分拣转向装置

如图 6-118 所示，在分拣信号指引下，当箱品达到指定位置时推出装置把箱品推出主输送机并流入分拣输送机。

图6-117 底开式分拣转向装置

图6-118 推板式分拣换向装置

（11）链条式转向装置

① 链条式推板转向装置。图6-119为链条式推板转向装置，即来自主输送机的箱品达到链条转向装置时，按照指令此装置向上升起，同时与链条固连的推板把箱品推入滑槽中。

② 链条输送机式转向装置。图6-120为链条输送机式转向装置。链条驱动箱品在垂直主输送机方向移动。

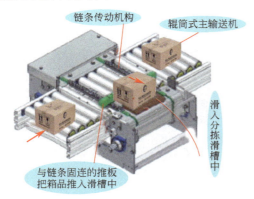

图6-119 链条式推板转向装置

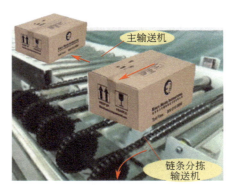

图6-120 链条输送机式转向装置

（12）斜轮分拣转向装置

① 斜轮分拣转向装置原理。图6-121为斜轮分拣转向装置原理，即在主输送机上的箱品来到斜轮分拣转向装置上面时，根据分拣指令斜轮分拣转向装置向右转动，使其上面的箱品流向分拣输送机，实现分类目的。

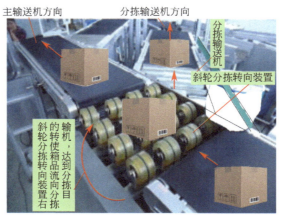

图6-121 斜轮分拣转向装置原理

② 斜轮分拣转向装置结构。图 6-122 为斜轮分拣转向装置结构。

③ 斜轮分拣转向装置应用。图 6-123 为斜轮分拣转向装置应用，即来自主输送机的箱品通过斜轮装置的转向动作迫使箱品流向分拣输送机。

图 6-122 斜轮分拣转向装置结构

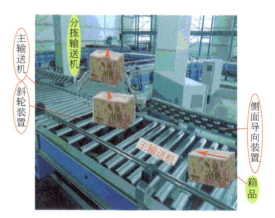

图 6-123 斜轮分拣转向装置应用

④ 斜轮分拣转向装置输送机。图 6-124 为斜轮分拣转向装置输送机，即位于主输送机上的斜轮转向机构根据指令可以向左或向右旋转迫使箱品流向左或右的分拣输送机。

图 6-124 斜轮分拣转向装置输送机

（13）机器人拣货

图 6-125 为机器人拣货作业，即机器人通过旋转和上下运动，抓取单品并码垛为托盘单元。图 6-126 为机器人拣货码垛袋装品作业，即来自输送机的袋装品通过机器人的机械手抓取后分别放到左右两侧的托盘上并使托盘单元移离工作区。图 6-127 为机器人码垛作业实体。

图 6-125 机器人拣货作业

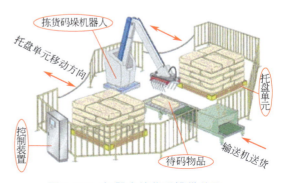

图 6-126 机器人拣货码垛袋装品

（14）连续式分拣输送机

图 6-128 为高效连续式分拣输送机，即箱品在连续式分类输送机上面从左到右的行走过程中，根据分类信号旋转输送装置顺时针转动，其中箱品则滑入分流滑槽，实现分拣目的。

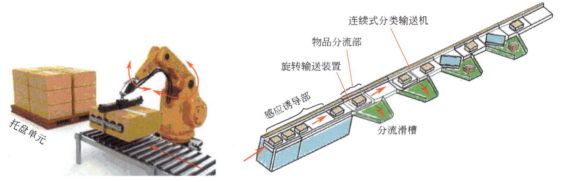

图 6-127 机器人码垛作业实体　　　　图 6-128 连续式分拣输送机

6.5.2　分拣输送机按形式分类

（1）自动分拣系统基本组成

图 6-129 为自动分拣系统基本组成，其过程是：物品到达—自动输送—自动识别—自动分拣—计算机识别与控制。

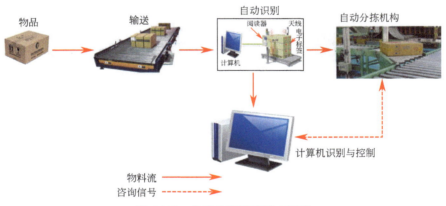

图 6-129　自动分拣系统基本组成

（2）按分拣输送机的配置形式分类

图 6-130 为物流中心直线式分拣输送机，即在主输送机的两侧设计有分拣滑槽。当物品达到指定位置时被分拣滑块推入分拣滑槽，实现分拣目的。曲线式分拣输送机此处不予讨论。

（3）按分拣输送机的分流形式分类

① 单侧分流式。图 6-131 为单侧分流式分拣输送机。按 30°把分流线布置在主输送机的左侧。图 6-132 为单侧分流式分拣输送机应用，箭头方向为物料六点钟方向。

图 6-130　直线式分拣输送机

图 6-131　单侧分流式分拣输送机

图 6-132　单侧分流式分拣输送机应用

② 双侧分流式。图 6-133 为双侧分流式分拣输送机。按 45°把分流线布置在主输送机的两侧，节约空间，分拣效率高。图 6-134 为大型双侧分流式分拣输送机。

图 6-133　双侧分流式分拣输送机

图 6-134　大型双侧分流式分拣输送机

③ 主输送机与分拣输送机的夹角种类。图 6-135 为主输送机与分拣输送机夹角分别为 30°、45°和 90°的情况。图 6-136 为分拣输送机实体，即由 60°、30°两种角度构成分拣输送机系统，在物流分拣系统中应用广泛。

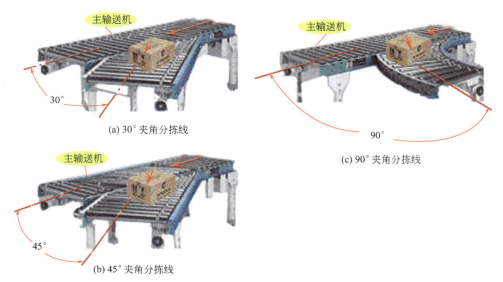

图 6-135　主输送机与分拣输送机夹角种类

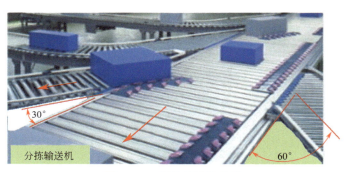

图 6-136　分拣输送机实体

6.5.3　分拣输送机按原理分类

（1）顶升式链条分拣输送机

图 6-137 为顶升式链条分拣输送机。通过顶升式链条输送装置迫使物品改变流向流入垂直分拣输送机中。

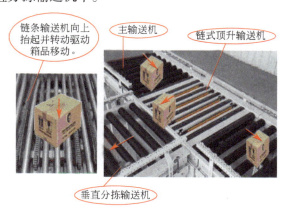

图 6-137　顶升式链条分拣输送机

图 6-138　带式顶升分拣输送机

（2）带式顶升分拣输送机

图 6-138 为带式顶升分拣输送机。

（3）推杆式分拣输送机

图 6-139 为推杆式分拣输送机。通过推出机构迫使物品改变流向。图 6-140 为推杆式分拣输送机在次品剔除系统中的应用。

图 6-139 推杆式分拣输送机

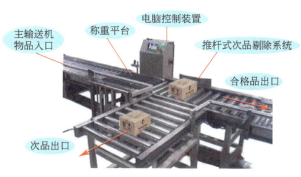

图 6-140 推杆式次品剔除系统

（4）转臂式分拣输送机

图 6-141 为转臂式分拣输送机。通过改变转向块的方向迫使物品按照规定方向流动。

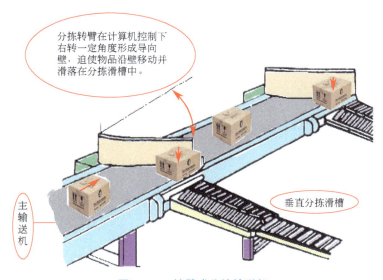

图 6-141 转臂式分拣输送机

（5）滑块式分拣输送机

图 6-142 为滑块式分拣输送机，即滑块根据指令移动构成导向壁，使物品沿着导向壁移动。图 6-143 为滑块式输送机与带式输送机组合应用。图 6-144 为大型物流中心滑块式分拣输送机应用。图 6-145 为超大型物流中心滑块式分拣输送机应用，流量大、效率高。

图 6-142 滑块式分拣输送机

图 6-143 滑块式输送机与带式输送机组合应用

图 6-144 大型物流中心滑块式分拣输送机应用

图 6-145 超大型物流中心滑块式分拣输送机

(6) 交叉带式分拣输送机

① 环形交叉带式分拣输送机。图 6-146 为托盘和传动带固为一体的环形交叉带式分拣输送机。

② 直线交叉带式分拣输送机。图 6-147 为直线交叉带式分拣输送机实体。

图 6-146 环形交叉带式分拣输送机

图 6-147 直线交叉带式分拣输送机实体

③ 交叉带式 30°分拣输送机。图 6-148 为交叉带式 30°分拣输送机。

图 6-148　交叉带式 30°分拣输送机

(7) 倾斜托盘式分拣输送机

图 6-149 为倾斜托盘式分拣输送机,即固连在环形链上的可倾斜翻转的托盘,达到分拣位置时通过分拣指令,托盘倾斜将箱品按箭头所示方向滑入料斗中。

图 6-149　倾斜托盘式分拣输送机

(8) 底开式托盘分拣输送机

图 6-150 为底开式托盘分拣输送机。

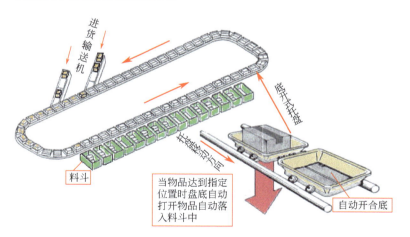

图 6-150　底开式托盘分拣输送机

(9) 侧斜带式分拣输送机

图 6-151 为侧斜带式分拣输送机。在侧斜行输送带上的物品到达指定位置时翻板打开,物品滑入分拣滑槽中。

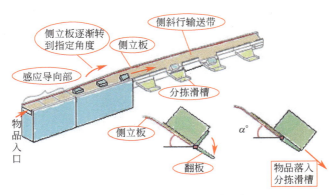

图 6-151 侧斜带式分拣输送机

（10）托盘式分拣输送机

图 6-152 为托盘式分拣输送机。物品放在固连于链条上的托盘上，到达指定位置时托盘倾斜，物品滑入框中。

（11）辊筒式分拣输送机

① 垂直辊筒式分拣输送机。图 6-153 为垂直辊筒式分拣输送机，即主输送机上的物品来到分拣位置时，通过计算机指令浮动式链条输送机向上浮起并转动迫使物品流向辊筒式分拣输送机。图 6-154 为垂直分拣输送机。图 6-155 为垂直辊筒分拣输送机。

图 6-152 托盘式分拣输送机

图 6-153 垂直辊筒式分拣输送机

图 6-154 垂直分拣输送机（南京音飞）

图 6-155 垂直辊筒分拣输送机（南京音飞）

② 锐角（30°、45°）辊筒式分拣输送机。图6-156为锐角（30°、45°）辊筒式分拣输送机，即输送机分拣系统由主输送机、30°及45°的辊筒式输送机构成。

③ 物流配送辊筒式分拣输送机（90°）。图6-157为物流配送中心辊筒式分拣输送机（90°），它主要由锥辊曲线辊筒输送机和直线辊筒输送机构成。图6-158为双排辊筒式分拣输送机。

图6-156　锐角（30°、45°）辊筒式分拣输送机

图6-157　物流配送中心辊筒式分拣输送机（90°）

（12）条板倾斜式分拣机

图6-159为板条倾斜式分拣机，在输送机上的商品行走到分拣位置时，条板的一端自动向上倾斜致使商品自动滑入分拣滑槽中。

图6-158　双排辊筒式分拣输送机

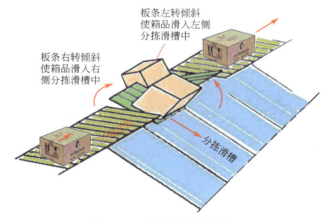

图6-159　板条倾斜式分拣机

（13）机器人自动拣货系统

① 图6-160为机器人拣货码垛作业。机器人把来自输送线的箱品码垛在托盘上成为托盘单元后，等待叉车搬离现场。

② 机器人拣货。图6-161为机器人从货架中拣货，即用条形码自动识别商品之后，机器人从货架中取出物品。

③ 机器人高速拣货。图6-162为机器人高速拣货作业，即计算机与高速照相机、机器人、输送机等在线连接，在计算机和高速照相机的指引下快速拣货。

④ 拣货及码垛机器人。图6-163为拣货码垛机器人按照拣货动作示意图进行拣货及码垛作业。

现代化智能物流装备与技术

图 6-160　机器人拣货码垛

图 6-161　机器人从货架中拣货

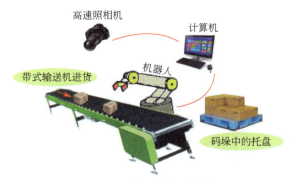

图 6-162　机器人高速拣货

图 6-163　拣货码垛机器人（南京音飞）

6.5.4　分拣技术

6.5.4.1　拣货形态

拣货形态分为整个托盘单元拣货、整箱拣货和开箱拆零拣货等几种形式，如图 6-164 所示。

图 6-164　拣货形态

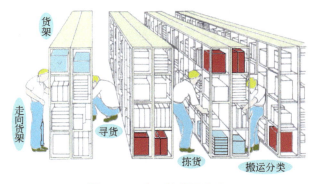

图 6-165　人工拣货四步骤

6.5.4.2　分拣作业

（1）人工分拣

图 6-165 为人工拣货四步骤：①走向货架；②寻货；③拣货；④搬运分类。

（2）"人到货"分拣方法

这是传统的分拣方法，即装载货物的货架静止不动，分拣人员带着拣货台车等容器到拣货区拣货。

① 台车拣货。图 6-166 为"人到货"的台车拣货方法，即拣货人推着拣货车寻货、拣货。

② 立式台车拣货。图 6-167 为"人到货"的立式台车拣货方法，也是一单一拣的拣货方法。

图 6-166　台车拣货法

图 6-167　"人到货"的立式台车拣货

③ 机器人拣货车拣货。图 6-168 为机器人拣货车拣货，即通过机器人自动识别物品并拣货。

④ 高层拣货叉车拣货。图 6-169 为"人到货"高层拣货叉车拣货法。

图 6-168　机器人拣货车拣货

图 6-169　高层拣货叉车拣货方法

⑤ 电动叉车拣货。图 6-170 为"人到货"电动叉车拣货法。
⑥ 电动载人拣货车拣货。图 6-171 为"人到货"电动载人拣货车拣货。
⑦ 按单拣货入框。图 6-172 为"人到货"按单拣货入框，料框随人移动。
⑧ 流利式货架拣货原理。图 6-173 为流利式货架拣货原理，货架为每层倾斜 6°。
⑨ 流利式货架拣货作业。图 6-174 为流利式货架拣货作业。

现代化智能物流装备与技术

图 6-170　电动叉车拣货方法

图 6-171　电动载人拣货车拣货（南京音飞）

图 6-172　按单拣货入框

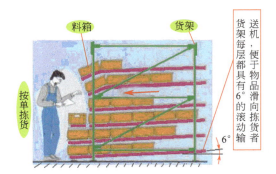

图 6-173　流利式货架拣货原理

（3）"货到人"分拣方法

图 6-175 为在带式输送机端头拣货。图 6-176 为在板式直线输送机双侧拣货，即拣货者在主输送机两侧等待物品到来并拣出、集货。

图 6-174　流利式货架拣货作业

图 6-175　在带式输送机端头拣货作业

图 6-177 为"货到人"机器人拣货，即机器人把来自主输送机的物料通过识别后拣出并放入料框中。

图 6-176 在板式直线输送机双侧拣货作业

图 6-177 机器人拣货作业

图 6-178 为水平旋转货架自动仓库拣货，即托盘自动旋转到垂直输送机口并通过垂直输送机把托盘搬运到拣货人员面前，待拣货完毕后托盘又回到自动仓库中。循环链条可以左右方向转动。

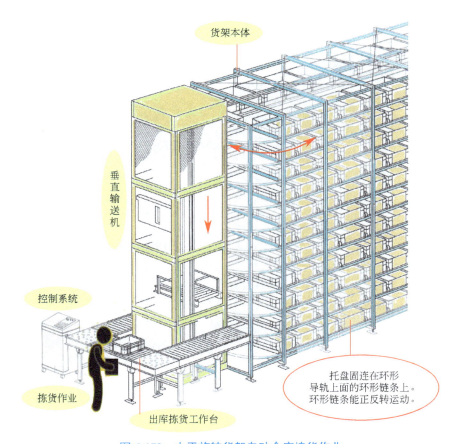
图 6-178 水平旋转货架自动仓库拣货作业

图 6-179 为物流中心料箱式自动仓库拣货作业，即箱式自动仓库的堆垛机搬出料箱置于拣货工作台上，待拣货完毕之后再由堆垛机把料箱存入自动仓库中。

图 6-180 为智能自动库"货到人"视频拣货系统。图 6-181 为智能穿梭车自动库"货到人"拣货系统。

237

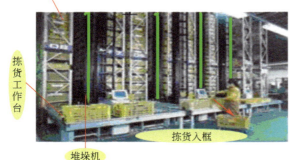

图 6-179　料箱式自动仓库拣货作业（南京音飞）

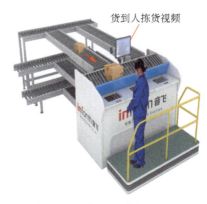

图 6-180　智能自动库"货到人"视频拣货系统

图 6-181　智能穿梭车自动库"货到人"拣货系统（南京音飞）

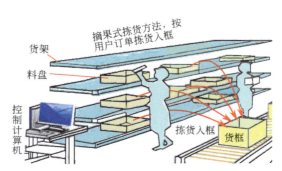

图 6-182　摘果式拣货作业

6.5.5　分拣方式

（1）摘果分拣法

① 按单拣货入框。图 6-182 为从货架上按单拣货入框的摘果式拣货作业，即根据订单在货架上寻货、拣货、集货。

② 地面上拣货入集货车。图 6-183 为从地面上拣货入集货车的方法，即代表用户的集货车从左到右依次拣取 A、B、C 三种物料放入集货车。

③ 摘果式拣货流程。图 6-184 为摘果式拣货流程，即按照图中提示及其箭头方向可知摘果式拣货基本流程。

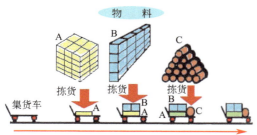

图 6-183　从地面上拣货入集货车

（2）播种分拣法

① 播种式拣货原理。图 6-185 为播种式拣货原理，即把各个用户订单中相同物品一次性集中拣选出来后，再二次分拣给代表每个用户的储位。

② 播种式拣货实例。图 6-186 为播种式拣货实例，即把多用户的相同物品集中拣出置入料框 A 中后，再按每个用户数量二次分拣到代表用户的储位中。一个电子标签代表一张

订货单（用户）。

③播种式拣货流程。图6-187为播种式拣货流程。

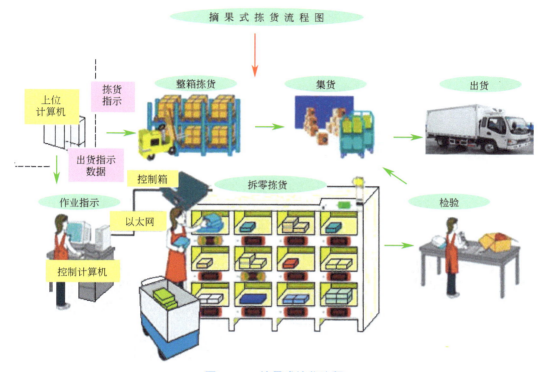

图6-184　摘果式拣货流程

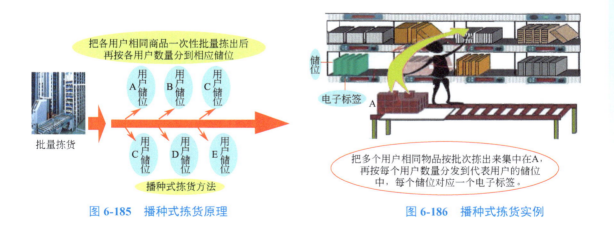

图6-185　播种式拣货原理　　　　　　图6-186　播种式拣货实例

（3）摘果法和播种法的成本比较

图6-188为摘果法和播种法的成本比较。订货量较少时，摘果法成本低于播种法成本，当每日订货量达到一定数量 P 之后播种法的拣货成本就低于摘果法拣货成本。播种法在大型物流中心应用广泛。

图 6-187 播种式拣货流程

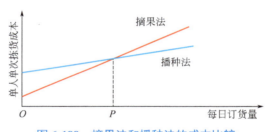

图 6-188 摘果法和播种法的成本比较

6.6 电子标签辅助拣货系统

6.6.1 电子标签辅助拣货相关概念

电子标签是固定在货架货位上的电子显示装置，能够显示商品所在位置及数量。计算机将订单信息传输到数字显示器内，借助灯号和数字显示引导拣货员正确拣取物品及数量，并触动"确认"按钮即完成一次拣货任务，拣货效率高。

（1）电子标签拣货操作

图 6-189 为电子标签拣货操作。

（2）电子标签原理图

图 6-190 为电子标签原理图，其信号传输如图中箭头所示。

（3）电子标签辅助拣货原理

图 6-191 为电子标签辅助拣货原理，拣货流程如图中箭头所示，拣货效率及拣货精度特别高。

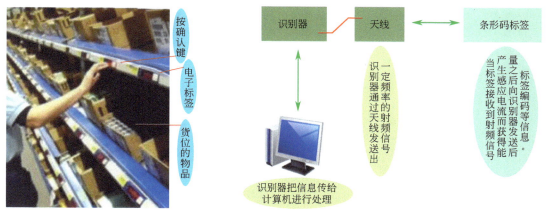

图 6-189　电子标签拣货操作　　　图 6-190　电子标签原理图

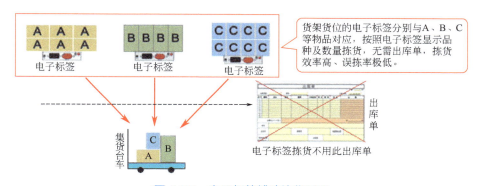

图 6-191　电子标签辅助拣货原理

6.6.2　电子标签应用

（1）电子标签入出库管理

图 6-192 为电子标签入出库管理应用，即物品从入库到出库过程中的每一步都要阅读电子标签来识别和管理物品。

图 6-192　电子标签入出库管理应用

（2）电子标签在自动分拣中的应用

图 6-193 为电子标签在自动分拣中的应用，即在输送机上贴有电子标签的物品通过电子标签阅读器可知商品名称、规格、数量等商品信息，使分拣作业高效、精准。

图 6-193　电子标签在自动分拣中的应用

第 7 章

智能密集储存装备与技术

7.1 一般密集储存装备技术

7.1.1 流利式货架

（1）流利式货架应用及其特点

流利式货架有托盘流利式货架和箱式流利货架之分。图 7-1 为托盘流利式货架及其构件名称。其每层设计有滚子输送器（滚轮输送器或导轨），根据动力或自重货物能自动流向出入口。图 7-2 托盘流利式货架设计图例。

图 7-3 为箱式流动货架，适用于少批量多品种的拣取作业。图 7-4 双排流利式货架实体。

流利式货架的一侧通道作为存放用，另一侧通道作为取货用，货物放在导轨的滚轮上。货架轨道面向取货方向稍倾斜一个 β 角度。物品沿斜面匀速滑动力 F 计算如下：

$$F=\mu W\cos\beta$$

式中　F——物品沿斜面匀速滑动力；
　　　W——物品重力；
　　　β——货架轨道面倾斜角度；
　　　μ——物品与倾斜面的滚动摩擦系数。

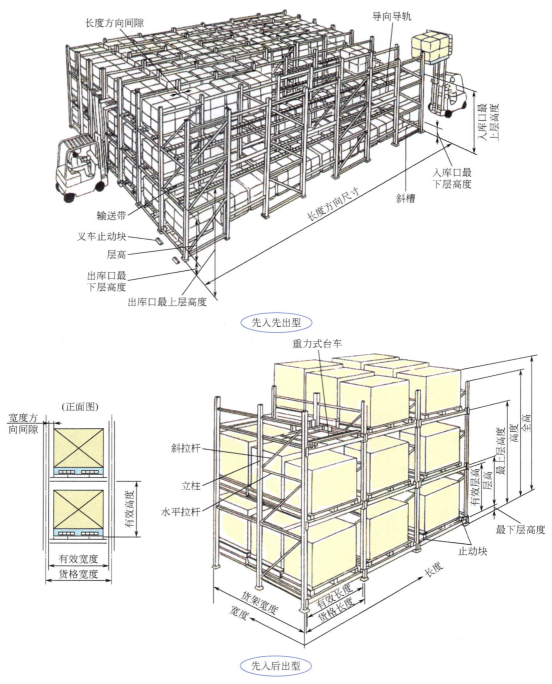

图 7-1 托盘流利式货架

倾斜角 β 的大小也可根据实际条件做实验来确定。利用物品重力分力使货物向出口方向自动匀速下滑，以待取出。这种货架的特点如下：

① 用于大量储存和短时发货的货物；
② 用于先进先出的货物；
③ 安装快，易搬动；

④ 适用于超市、物流中心和直销邮购公司的仓库；
⑤ 托盘流利式货架的储存空间比一般托盘货架的储存空间多 50% 左右；
⑥ 人工拣取方便，可安装显示器，可实现计算机辅助拣货作业；
⑦ 空间利用率可达到 85%；
⑧ 适用于一般叉车作业；
⑨ 高度受限，一般在 6m 以下；
⑩ 流利式货架的承载能力一般是每层 300kg，一列最多承载 2t。

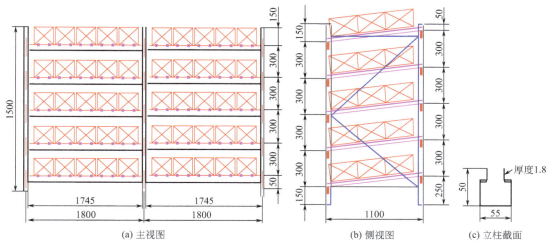

图 7-2 托盘流利式货架设计图例（南京音飞）

图 7-3 箱式流动货架

图 7-4 双排流利式货架实体（南京音飞）

（2）常用流利式货架规格尺寸及其选择

图 7-5 为三层流利式货架基本尺寸。图 7-6 为四层流利式货架基本尺寸。图 7-7 为高速拣货轻型流利式货架基本尺寸。每层承重为 250kg，每一列承重为 1000kg。在设计流利式货架时，根据实际托盘单元或者料箱尺寸可以选择到满意的流利式货架。

图 7-8 是流利式货架基本设计图例。物品沿轨道匀速下滑，轨道最佳倾斜度为 33.2/1000。此倾斜度还可以根据试验求出来。图 7-9 为流利式货架拣货作业实体。

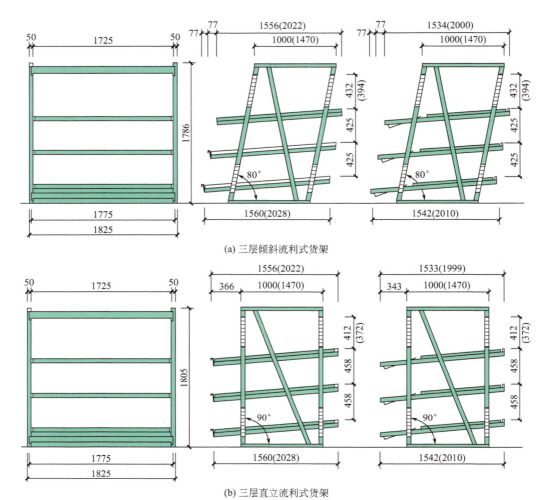

(a) 三层倾斜流利式货架

(b) 三层直立流利式货架

图 7-5 三层流利式货架基本尺寸（南京音飞）

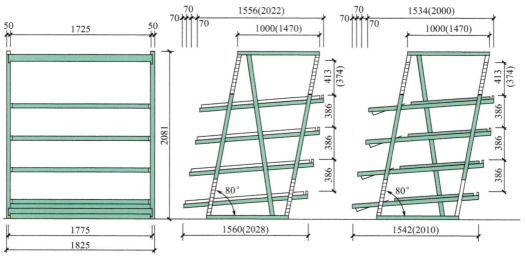

(a) 四层倾斜流利式货架

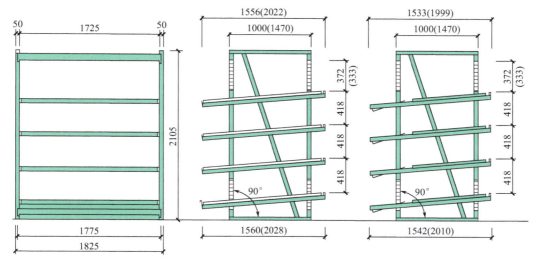

(b) 四层直立流利式货架

图 7-6　四层流利式货架基本尺寸（南京音飞）

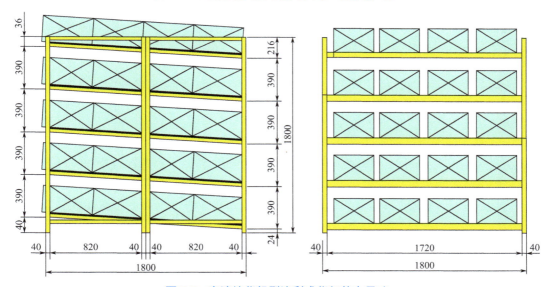

图 7-7　高速拣货轻型流利式货架基本尺寸

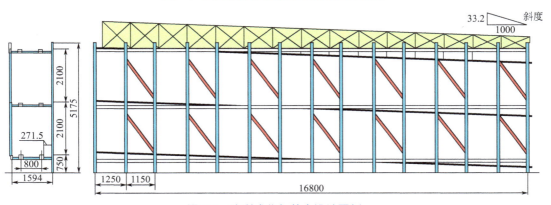

图 7-8　流利式货架基本设计图例

现代化智能物流装备与技术

(a) 单侧拣货流利式货架

(b) 两侧拣货流利式货架

图 7-9 流利式货架拣货作业实体

7.1.2 移动式货架

（1）移动式货架及其特点

① 移动式货架。在直线上移动的货架有手动和电动两种。电动式货架，通过货架底部的电动机驱动装置，可在水平直线导轨上移动。一般设有控制装置和开关，在 30s 内使货架移动，叉车可进入存取货物。为了防止货架移动伤人，安装了防止进入通道的传感器。一旦人员进入通道货架自动停止移动。

② 移动式货架特点：比固定式货架储存量大、节省空间；适合少品种大批量低频率保管；地面使用率达 80%；不受先进先出原则的限制；高度可达 12m，单位面积的储存量可达托盘式货架的 2 倍左右。

（2）移动式货架节约空间和经费

移动式货架占用空间小，其保管效率是托盘货架的 2 倍以上。移动式货架有轨道式和非轨道式两种。轨道式最多可达到 15 列，控制 62 台。非轨道式最多可达到 6 列，控制 20 台。

图 7-10 为普通托盘货架和移动式货架的总经费比较。由图可知，普通托盘货架的初期

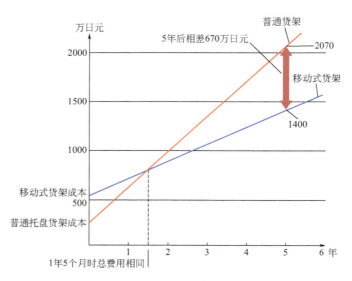

图 7-10 普通托盘货架和移动式货架的总经费

投入成本比移动式货架较低。但是托盘货架的经营成本高于移动式货架,在1年5个月后两者的总费用相等。之后,托盘货架的经营成本越来越高,到第5年后,托盘货架比移动式货架多支出670万日元(约为人民币39万元)。

(3)电动式移动货架

① 特点及应用。电动式移动货架又称电动密集库。其特点是方便省力、节约空间、存储密度大、安全性好、抗震性强,适合于小零部件和托盘装载单元的保管,适用于3～8m高的库房,可配合叉车使用。

② 电动密集库特点。电动密集库可通过上位机管理,进行计算机联网操作,同时增设了红外保护装置及密码锁定机构,保证操作人员和库内物品的安全,优化库房管理。采用电动密集库作为库房存储设备是中小库房设备的最佳选择。

图7-11为电动式移动货架及其构件名称。这种货架具有变频控制功能,可控制驱动和停止时的速度,以防止货架上的物品抖动、倾斜或倾倒。在其适当位置还安装有定位用的光电传感器和可刹车的齿轮马达,提高了定位精度。

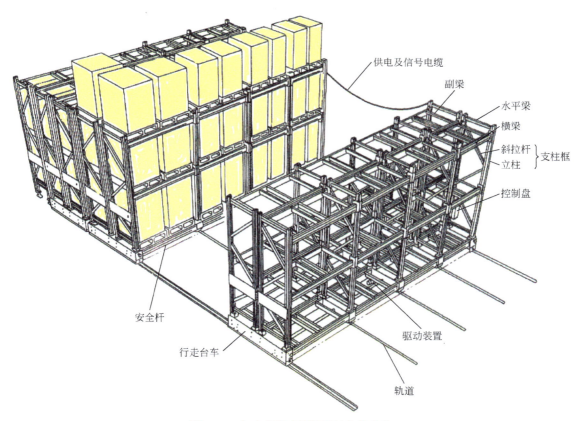

图7-11 电动式移动货架及其构件名称

图7-12为电动式移动货架各部分名称及自动移载车,即自动移载车托着货架在固定轨道移动到指定位置。图7-13为电动式移动货架基本设计模型,可供设计者参考。图7-14为电动式移动货架实体。图7-15为电动式移动货架自动仓库实体。

表7-1为电动式移动货架的标准参数,可供设计时参考选择。

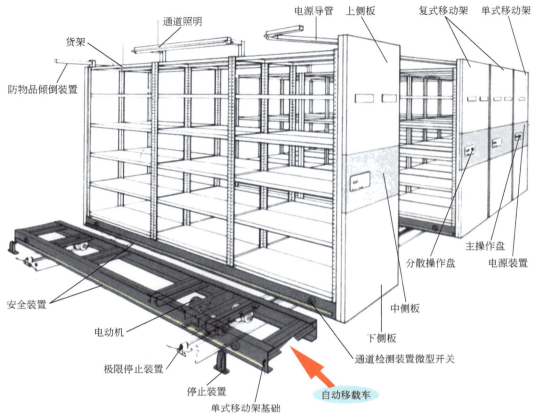

图 7-12 电动式移动货架各部分名称及自动移载车

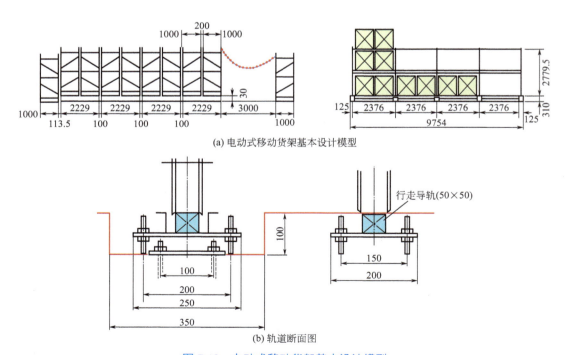

(a) 电动式移动货架基本设计模型

(b) 轨道断面图

图 7-13 电动式移动货架基本设计模型

图 7-14 电动式移动货架实体（南京音飞）

图 7-15 电动式移动货架自动仓库实体

表 7-1 一般电动式移动货架的标准参数

项目		技术参数
货架部分	有效开间	2300mm，2500mm，2700mm
	进深	1000mm，1100mm
	高度	2775mm
	列数	1～10，最大长度 25m
装载质量	每个托盘	500kg，1000kg
	每列	3000kg，6000kg
	每个基础架	最大 120t
驱动部分	行走速度	4m/min
	电动机容量	当 1 列承载 3000kg 时，0.2～0.75kW 当 1 列承载 6000kg 时，0.2～0.75kW
控制参数	操作方法	分部开关
	安全装置	互锁装置、安全装置、异常停止开关、电路保护装置、电动机保护装置、时间安全装置

（4）曲柄手动式移动货架

图 7-16 为曲柄手动式移动货架及其主要构件名称。表 7-2 为手动式移动货架标准规格，可供设计选择。图 7-17 为曲柄手动式移动货架实体图。图 7-18 为一般曲柄手动式移动货架的基本设计模型尺寸，这是宽度分别为 900mm、1200 mm、1800 mm 的 4 连 4 排的标准移动式货架。

表 7-2 手动式移动货架规格

作用条件	负载类型						
	轻负载		标准负载			托盘	
	人力	机构辅助	人力	机构辅助	电动	标准	超重
搬运能力 /kg	1000	1000	1500	1500	1000	6000	12000
最小 / 最大搬运长度 /m	1/3	1/5	1/5	1/10	1/20	1/30	1/60
最小 / 最大搬运宽度 /m	45/90	45/90	45/120	45/120	45/120	45/120	90/360

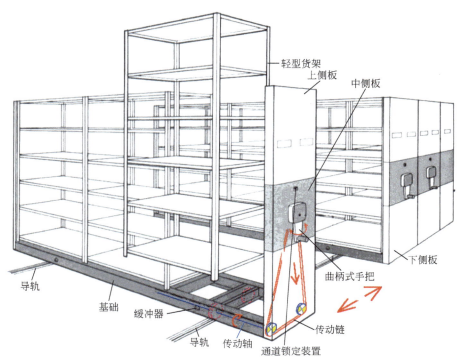

图 7-16 曲柄手动式移动货架

图 7-17 曲柄手动式移动货架实体

1. 900W系列，4列4排

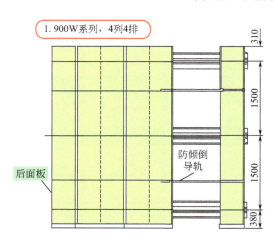

手动式移动货架标准尺寸

形式	进深 D/mm			总长 L/mm
	固定式	复式移动式	单式移动式	
S形	330	630	480	3050
M形	480	930	480	3800
L形	630	1230	630	4700

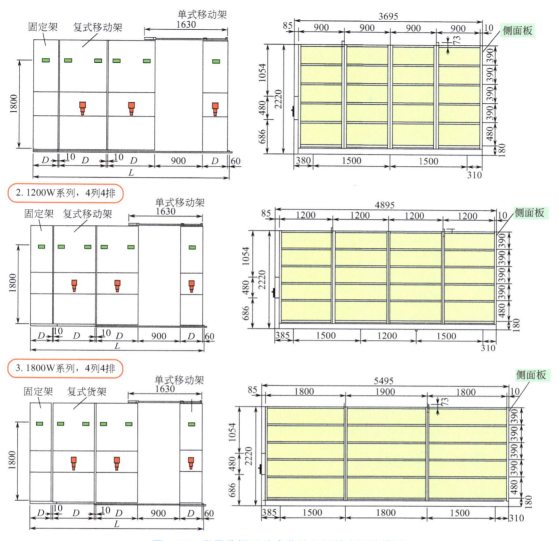

图 7-18　常用曲柄手动式移动货架基本设计模型

7.2　智能密集储存库和穿梭车

7.2.1　穿梭车高密度存储特点

① 托盘单元高密度储存，节约库房投资。
② 物料先进先出或先进后出可自由选择。
③ 进出物品效率高。
④ 抗震性强，抗震安全性大于驶入式货架。
⑤ 实时双向遥控器可以读取多种穿梭车状态，如电池电压、电动机温度、电池电量、熔丝状态、报警内容等。托盘间距可以设定，托盘深度也可变化，一个遥控器可以控制多台

穿梭车（最多控制 4 台）。

⑥ 成本低。比驶入式货架、压入式货架、重力式货架等的综合成本低。

⑦ 快速。行驶速度最高 v_{max}=90m/min。

⑧ 载重可达 1500kg。

⑨ 安全性好。功能有防异物碰撞、防多车碰撞、激光定位系统防护等。

⑩ 具有电池电量不足报警功能。当电量不够运行一次时，自动停在货架入口端等待处理。

表 7-3 为一般穿梭车的性能。

表 7-3　一般穿梭车的性能

项目	参考值
物料类型	箱品输送面平整时为托盘
物料规格（长×宽×高）/mm	1200×1000×1500
单件物料重量 /kg	最大 1500
行走速度 /（m/min）	最大 90，具体按载荷决定
行走加速度 /（m/s^2）	1
行走定位精度 /mm	±5
驱动方式	直流电动机
供电方式	无接触能量传输
通信方式	无线信息传输（WLAN）
噪声 /dB	≤ 75
行走定位方式	按实际决定用条形码或编码器

7.2.2　穿梭车货架特点

① 托盘单元最高密度存放，极大地减少了库房建设费用。

② 工作效率高，极大程度地减少了作业等待时间。

③ 自由选择先进先出或先进后出的存储原则。

④ 遥控操作，无须驶入，进出货效率高。

⑤ 抗震安全性高于驶入式货架。

⑥ 锂电池寿命长，一般约为 1500 次充电循环，充电一次可以行驶 6～8h，而铅酸电池为 300～500 次。锂电池充电快，一般为 1～2h 充满。

锂电池体积小、更换方便、重量轻，一般为 13.3kg、40A·h/48V（一般的铅酸电池 40kg，体积为其 2 倍）。

⑦ 高科技、高速度、高性能，柔性强。

⑧ 使用方便，功能强。

⑨ 安全、可靠。设计有防止硬物碰撞装置、多车操作防止硬物碰撞装置、激光定位防护系统。具有电池缺电报警功能，当电池电量不足运行一次时，自动停止在入口端待命处理。当充电环境温度不适应时自动停止充电。

⑩ 综合成本低于驶入式货架、压入式货架、重力式货架等。

设驶入式穿梭车的总成本指数为 100，表 7-4 为几种储存方法的综合成本比较。

表 7-4　综合成本比较

储存方法	驶入式穿梭车储存	穿梭车式重力驶入压入法、穿梭车式重力压入法的储存	重力压入式储存	大重力驶入式储存
总成本	100	141	158	164

7.2.3　叉车式穿梭车货架

穿梭车可分为叉车应用型与智能系统型两种。叉车应用型是一种只能进行单机作业的移载、盘点机型，逐次由人员驾驶叉车进行移货或库架换层作业，且不能与全自动连续输送系统衔接。就操作而言，是单机作业机型。

叉车式穿梭车货架由巷道式货架、穿梭车及附件、叉车、托盘单元组成，可以实现托盘单元最大密度的存放。图 7-19 为穿梭车作业图，图 7-20 为穿梭车货架，穿梭车在导轨上直线运行。图 7-21 所示的情景为叉车把穿梭车放入货架端头，等待叉车作业。

穿梭车放在托盘下面的穿梭车轨道上，在遥控命令指导下，其提升台面向上升起并顶起托盘单元运行到目的地。图 7-22 为叉车及穿梭车实际作业实体。

图 7-19　穿梭车作业（南京音飞）

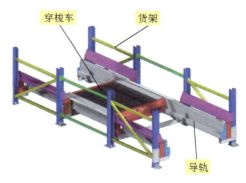

图 7-20　穿梭车货架

图 7-21　叉车把穿梭车放入货架端头

图 7-22　叉车及穿梭车作业实体（南京音飞）

（1）工作原理

叉车在货架两端，协助穿梭车在货架的轨道上进行存、取等作业。可以一个巷道设置一台穿梭车，也可以多个巷道共用一台穿梭车。穿梭车数量取决于巷道深度、货物总量、出货

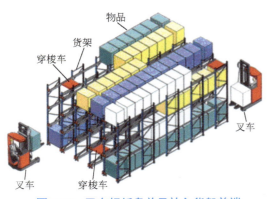

图 7-23 叉车把托盘单元放入货架前端

批量、出货频率等综合因素。

存货作业：由叉车将货物放在货架巷道导轨的最前端，如图 7-23 所示。通过无线电遥控操作穿梭车，让穿梭车承载托盘单元在导轨上运行，并放到指定的位置。

取货作业：穿梭车把货架深处的托盘单元搬运到货架最前端，由叉车把托盘单元从穿梭车上取出。图 7-24 所示的情景为穿梭车进入托盘下面即将托起托盘并搬运到下道口。

穿梭车的换层搬运：当多个巷道共用一台穿梭车时，可通过叉车把穿梭车放在不同的巷道及层数，图 7-25 为穿梭车的换层作业，即通过人工叉车把穿梭车放在需要的巷道端头。

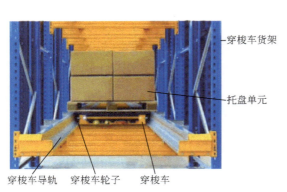

图 7-24 在托盘下面的穿梭车（南京音飞）

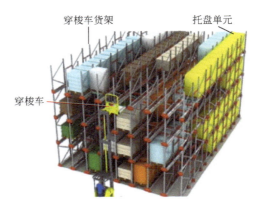

图 7-25 穿梭车的换层作业

图 7-26 为先入先出原则的密集储存库。其主要设备是叉车、穿梭车货架及电池驱动的穿梭车。穿梭车在托盘下面的轨道上，它能够顶起托盘运行，把托盘单元存入货位或者从货位取出托盘单元。

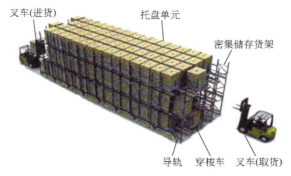

图 7-26 先入先出密集储存库

图 7-27 为穿梭车高密度系统的三种类型。图 7-27（a）为贯通式、先进先出、双侧存取模式；图 7-27（b）为先进后出、单侧存取模式；图 7-27（c）为贯通式、先进先出、巷道双侧存取、具有人工拣货区的模式。

图 7-27　穿梭车高密度系统

图 7-28 为密集储存的仿真技术应用。根据实际需要的物品进出量进行科学仿真，确认物流是否畅通、有无瓶颈现象。

图 7-29 为穿梭车与货架实体。密集储存穿梭车放在托盘下面的穿梭车导轨上，在遥控命令指导下，其提升面向上升高并把托盘单元顶起来运行到目的地，再把托盘上的物品存入货位或从货位中取出物品。

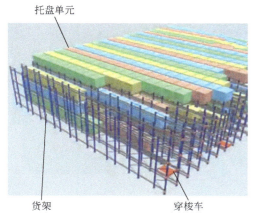

图 7-28　密集储存仿真技术应用

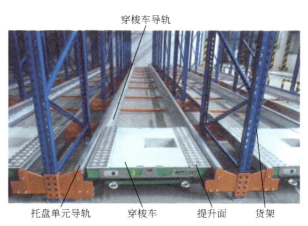

图 7-29　穿梭车与货架实体（南京音飞）

图 7-30 为穿梭车、货架、托盘单元之间的尺寸关系。这对设计穿梭车货架具有重要参考意义。

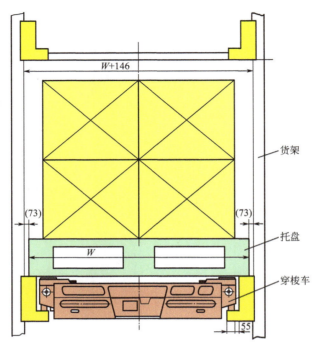

图 7-30 穿梭车、货架、托盘单元之间的尺寸关系

(2) 作业模式

① 先入先出模式。这是在穿梭车货架一端存入托盘，另一端取出托盘，实现先入先出工艺流程，按时间顺序出库的模式。图 7-31 为穿梭车先入先出作业，存入托盘为 A 端，取出为 B 端。

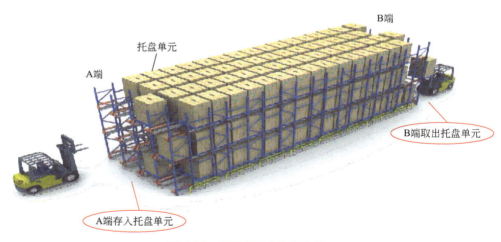

图 7-31 穿梭车先入先出作业

② 后入先出模式。这是在穿梭式货架一端进行托盘单元存取作业的模式。这适用于对出入库顺序没有时间要求的仓库。图 7-32 为后入先出的存储方式，即托盘存取作业均在货

架 A 端进行，B 端不进行任何操作。图 7-33 为半自动穿梭车货架储存系统实体。

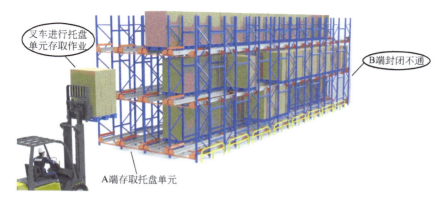

图 7-32　后入先出的存储方式

图 7-33　半自动穿梭车货架储存系统实体（南京音飞）

（3）自动模式存入托盘

在存入托盘前，叉车驾驶员需要做的准备工作：

① 用叉车把穿梭车搬运至指定的巷道内。

② 把第一个托盘放在该巷道端头位置，托盘需要平齐巷道端头。

③ 叉车驾驶员按下遥控器上单存 STI 按钮，遥控器屏幕中 STI 字母变黑后，再次按下单存 STI 按钮表示确认。

④ 为避免叉车驾驶员操作失误，在自动模式下，每个按钮都需按下两次表示确认。图 7-34 为单一巷道内存放托盘的布置。图中左侧为入口端，A1、A2、A3 表示为入口端前三个托盘位。图中右侧为出口端，B1、B2、B3 表示为出口端前三个托盘位。单个巷道内所有托盘存入顺序为 B1 → B2 → B3 →…→ A3 → A2 → A1。

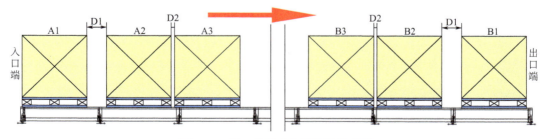

图 7-34　单一巷道内存放托盘的布置

（4）自动模式取出托盘（单取）

取出托盘为存入托盘的逆过程（图 7-34）。

① 在 B 端，叉车驾驶员首先取走 B1 托盘。

② 完成后，叉车驾驶员运来已经和遥控器配对的穿梭车并放入 B1 处的轨道内后，叉车退出。

③ 按下遥控器单取按钮键 2 次后，穿梭车接收指令，向前移动搬运 B2 托盘到巷道端头的 B1 位置，完成后穿梭车退回 1 个托盘位置，以避让叉车叉齿干涉。

④ 叉车驾驶员搬运走 B2 托盘，依次操作直至清空整个巷道内的托盘。

⑤ 在清空巷道内托盘后，穿梭车回到端头位置，等待转运巷道作业。

（5）自动模式连续取托盘

连续取出托盘与单个取托盘在 B1 托盘位置处理时，动作一致。

① 当取完 B1 后，二次按下遥控器连续取出按钮，穿梭车接收指令后，先搬运 B2 托盘至 B1 位置。

② 在 B1 位置，穿梭车放下 B2 托盘后，返回搬运 B3 位置托盘。当 B1 位置已经清空，则搬运至 B1 位置。而当 B1 位置还没有取走时，穿梭车在 B2 位置等待，直至 B1 位置清空后再把托盘搬运至 B1 位置。

③ 穿梭车继续搬运 B3 托盘，依次循环直至清空巷道内所有托盘。

（6）自动模式整理托盘

为实现先入先出（FIFO）存储模式需进行巷道整理，节约巷道内空间，可以存放更多的托盘。巷道整理操作方式如下：

① 当巷道内左端没有储存空间，而右端又有许多空货位时，需要对巷道内进行整理，整理结果如图 7-35 所示；

② 在入库端，叉车驾驶员按下遥控器上巷道整理按钮两次，穿梭车接收指令后连续搬运，直至将巷道内堆积的所有托盘由入口端搬运至出口端。

③ 搬运结束后，穿梭车回到入口端（A 端）等待下一个指令。

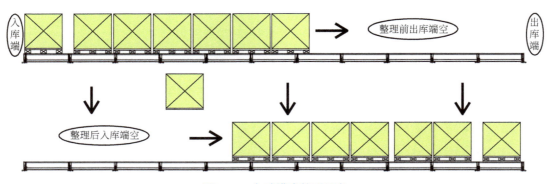

图 7-35　自动模式整理托盘

（7）把穿梭车准确放入巷道内，避免事故

为避免事故，必须把穿梭车准确置入巷道内。当货架位置较高时，叉车驾驶员视觉有误，当穿梭车半边被搁置在轨道上沿时，误以为穿梭车全被入轨就位，使其脱轨跌落，造成严重事故。图 7-36 为穿梭车脱轨严重事故示意图。

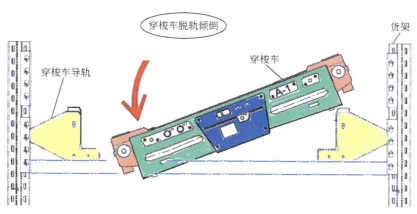

图 7-36　穿梭车严重事故示意图

7.2.4　穿梭车种类及其应用

图 7-37 为穿梭车种类。按导轨分类有无轨穿梭车（AGV）、空中轨道悬挂式穿梭车（EMS）和固定导轨穿梭车（RGV）等。RGV 又有往复直行式和环形式两种区别。

图 7-37　穿梭车种类

7.2.4.1　环形式穿梭车

图 7-38 为单轨环形式穿梭车。环形式穿梭车一般为单轨式，其轨道在平面内呈闭环布置，穿梭车沿轨道单向运行。环形轨道可同时运行多台穿梭车。但过多的穿梭车在一条闭环轨道上运行也会导致搬运瓶颈现象，堵塞交通，致使穿梭车效率不高，浪费运力。目前，国内穿梭车的速度一般为 120～200m/min，在机场行李分拣系统中，采用无接触能量传输技术的穿梭车最高走行速度可达 600m/min。图 7-39 为单轨环形式穿梭车自动仓库。

图 7-38　单轨环形式穿梭车

图 7-39　单轨环形式穿梭车自动仓库

（1）单轨环形式穿梭车布局

图 7-40 为单轨环形式穿梭车系统平面布置。

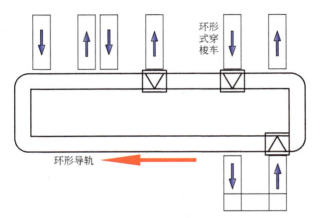

图 7-40　单轨环形式穿梭车系统平面布置（南京音飞）

（2）环形式穿梭车主要技术参数

表 7-5 为环形式穿梭车主要技术参数。

表 7-5　环形式穿梭车主要技术参数

序号	项目	参数值	序号	项目	参数值
1	直线运动速度 /(m/min)	120	7	通信方式	无线以太网
2	转弯运动速度 /(m/min)	40	8	调速方式	变频无级调速
3	输送速度 /(m/min)	12	9	供电方式	滑触供电
4	定位精度 /mm	±0.5	10	行走电动机	1.5kW，两台
5	最大载重 /kg	1000	11	输送电动机	0.55kW
6	控制方式	PLC			

（3）单轨环形式穿梭车基本构成

单轨环形式穿梭车主要由机械和电气两大部分组成。机械部分由穿梭车、单轨轨道系统和维修车等组成。电气部分由单机控制系统、轨道电源供给系统和计算机调度管理系统组成。

图 7-41 为单轨环形式穿梭车基本构成，即主要由轨道、车体、行走轮、行走电动机、行走轮导向机构、输送机、输送电动机、万向轮、聚氨酯缓冲器等组成。

两个行走轮安装于车体上，行走电动机安装在行走轮一侧，直接驱动。两个行走轮具有旋转机构和前后导向机构，四个导向轮抱在一根轨道的两个侧面，确保行走轮按设计的弯道行走。另一个万向轮没有导向装置，直接在内轨道平面上行驶。输送机安装在车体上，与周边的各输入、输出站台对接。控制系统采用滑触供电及条码定位方式，车体的两端设计有距离检测传感器和机械式聚氨酯缓冲器，保证环形穿梭车的安全性。

1）机械部分

① 实现穿梭车在单轨上直行或转弯行走的行走装置由前驱动部件、后驱动部件、2 个万向轮、2 组限位导向轮等组成。该装置是本机的关键技术部分，前后驱动装置与输送装置之

间用可旋转的连接件连接,在转弯时保证可靠、平稳、连续。万向轮为两组,与其上的立柱固定连接,万向轮与地面接触。

输送装置由链条、链轮、左右框梁和输送减速电动机组成,采用导向辊子导向,导向可靠。单轨环形式穿梭车的行走轮同样采用聚氨酯材料。

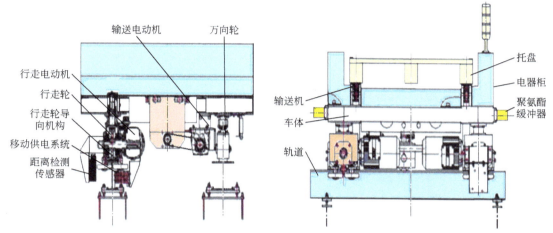

图 7-41 单轨环形式穿梭车基本构成

② 单轨道系统。通过导向轮使穿梭车沿着轨道运行。轨道采用专用铝型材,直线度好、承载能力高,还可用于安装电器各类辅件。轨道分为直行段和转弯段,其中直行段采用分段设计,以便于安装,转弯段最小转弯半径为 800mm。

③ 维修车。当某一台穿梭车发生故障时,可离开主线,整个系统并不停止运行,其他穿梭车仍然继续工作。如果维修车不在主线上,启动互锁装置,使其他穿梭车停止运行,需要维修的穿梭车可安全地移到拆装轨道上。

2)电气部分

① 单机控制系统。输送和行走均采用变频控制缓启缓停,以缓和对搬运货物的冲击,防止货物在搬运过程中散落。

② 编码器认址方式定位。编码器简化了速度控制及停止位置控制。

③ 行走装置。变频器控制小车的加/减速度,使小车位移曲线近似修正正弦曲线、修正梯形曲线或修正等速曲线。这些位移曲线对时间的一次微分和二次微分所得的速度曲线和加速度曲线是连续的,所以加速度对时间微分跃度曲线最大值得到控制。最大跃度 J_m 值越大,冲击振动越大,会致使货物坠落、机器受损。

④ 轨道电源供给系统。采用安全滑触线或无接触能量传输方式供电。

⑤ 轨道通信系统。轨道通信系统可实时显示每辆穿梭车的运行状态(装货/卸货、穿梭车的位置),针对每辆穿梭车的搬运请求信息给予最优化的任务分配,运行可靠,不丢信号。

⑥ 计算机调度管理系统。采用优良的调度管理系统,任务分配更合理、更优化。

⑦ 可用遥控器模式操作。当使用遥控器将穿梭车切换到本地模式后,穿梭车不再受上位计算机控制。此时,只能使用遥控器操作穿梭车的动作。在此状态下,穿梭车可完成多段速前进、后退、送货和取货操作。

(4) 环形式穿梭车的参数计算

① 驱动力 F：

$$F = mg\left[\frac{2}{D}\left(\mu\frac{d}{2}+f\right)+c\right]$$
$$=2000\times10\times[2/200\times(0.005\times40/2+0.5)+0.003]$$
$$=180（\text{N}）$$

式中　F——驱动力，N；
　　　m——自重＋载重，kg；
　　　g——重力加速度，m/s；
　　　D——行走轮直径，mm；
　　　d——轴径，mm；
　　　μ——滚动轴承的摩擦系数，一般取 0.005；
　　　f——滚动摩擦系数，钢对钢取 0.5；
　　　c——次摩擦附加因子，有滚动轴承的滚子，取 0.003。

② 电动机功率：

$$P=Fv/(1000\eta)=180\times2/(1000\times0.5)=0.72(\text{kW})$$

式中　P——功率，kW；
　　　v——速度，m/s。

按照电动机标准，取电动机功率 1.5kW。

③ 减速器的输出转速计算：

$$N=v\times60\times1000/(3.14D)=2\times60\times1000/(3.14\times200)=191(\text{r/min})$$

7.2.4.2　双轨式穿梭车

(1) 曲线双轨式穿梭车

图 7-42 为曲线双轨式穿梭车。

图 7-42　曲线双轨式穿梭车

(2) 直行式双轨穿梭车

双轨式穿梭车又分地面用和高层货架用两种。图 7-43 为大型双轨直行式铝型材穿梭车。

这是快速、灵活、易安装的物料搬运系统,可用于搬运仓库中各种尺寸的细长物品、分拣作业、仓库外站点之间的搬运工作。图 7-44 为大型双轨直行穿梭车。图 7-45 为长距离大型双轨直行穿梭车。这种大型双轨直行穿梭车的技术参数如下:

① 料框外形单元尺寸:$L \times W \times H$= 6200mm×1080mm×850mm;

② 料框自重:200kg;

③ 满框质量:1500kg;

④ 包含料框的极限质量:1500kg。

图 7-43 大型双轨直行式铝型材穿梭车(太原高科)

图 7-44 大型双轨直行穿梭车(太原高科)

图 7-45 长距离大型双轨直行穿梭车(太原高科)

(3)移载式穿梭车技术参数

表 7-6 为移载式穿梭车主要技术参数。

表 7-6 移载式穿梭车主要技术参数

序号	名称	内容
1	供电方式	无接触供电
2	供电品牌	德国 VAHLE
3	控制方式	联机自动、单机自动、手动、遥控

续表

序号	名称	内容
4	运行距离	约300m
5	穿梭车运行速度	120m/min
6	启动加速度	0.4m/s^2
7	移载速度	12.4m/min
8	标准输送单元	6000mm×1100mm×850mm（含料框）
9	额定载荷	1500kg
10	移载功率	0.75kW
11	运行功率	约2.2kW
12	驱动电机及减速机	减速电机采用SEW减速机驱动
13	链条数	3条
14	链条形式	不小于型号12A-2
15	光电传感器	巴鲁夫或同等进口知名品牌
16	控制方式	手动及联机自动方式
17	制动方式	断电动作型
18	对位精度	±5mm
19	标高	500mm
20	链条中心距	4000mm

7.2.4.3　高层货架穿梭车

图7-46为高层货架及其穿梭车。图7-47为智能多层穿梭车自动仓库。

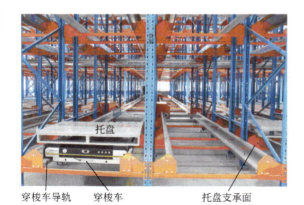

图7-46　高层货架及其穿梭车（南京音飞）

图7-47　智能多层穿梭车自动仓库（南京音飞）

7.2.4.4 空中悬挂式穿梭车

图 7-48 为空中悬挂式穿梭车,节约地面空间。

图 7-48　空中悬挂式穿梭车

7.2.5　智能密集储存自动仓库

（1）穿梭车作业流程

穿梭式高密度储存系统的关键设备是穿梭车,即一种智能机器人,可以编程实现取货、运送、放置等任务,并可与上位机或 WMS 系统进行通信,结合 RFID、条码等识别技术,实现自动化识别、存取等功能。

① 穿梭车存货。把穿梭车放在其轨道面上,托盘单元置于托盘承载面上。在遥控命令指导下,穿梭车顶升面向上升起,举起托盘单元并运行到货架端口待命。

② 穿梭车取货。将托盘放在其导轨最前端,通过无线遥控指令穿梭车顶升面顶起托盘并在导轨上运行。图 7-49 为穿梭车顶起托盘移动。此时,托盘离开托盘导轨,两者之间保持一定间隙。穿梭车将货架深处的托盘单元移动到货架的最前端,以待堆垛机取货出库。图 7-50 为穿梭车、货架及托盘单元关系。

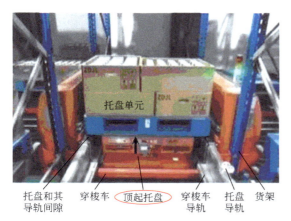

图 7-49　穿梭车顶升面托起托盘移动（南京音飞）

图 7-50　穿梭车、货架及托盘单元（南京音飞）

（2）智能穿梭车系统

① 智能穿梭车系统性能。智能穿梭车通过系统与堆垛机、RGV 与升降机在线操作，均可实时监控货物。就承重能力而言，智能穿梭可分为轻载型（500～1000kg）、重载型（1500～2000kg）和超重载型（＞2000kg）三种。

基本车体尺寸 1060mm×1030mm 与托盘尺寸 1000mm×1100mm 或 1200mm×1200mm 配合。车身高度为 185mm，举升高度仅为 50mm。机体重 230kg，承载托盘单元稳定性较好，最高行走速度为 70m/min。使用锂电池可选用快、慢充电方式，每次充电可工作 8～10h，可重复充放 1500 次。具有独立 PLC 控制功能，且可与系统联机。

可用条形码寻址方式指定库位，托盘间距可控制在 100mm 以内。若用光电感应法，控制托盘间距则约 500mm。

一般，穿梭车的走行速度可达到 70m/min，巷道长度在 80m 以内是其最佳移载距离。

② 作业流程。一般作业流程包括入库、调库、盘点及出货等作业。图 7-51 为在巷道口待命的穿梭车。

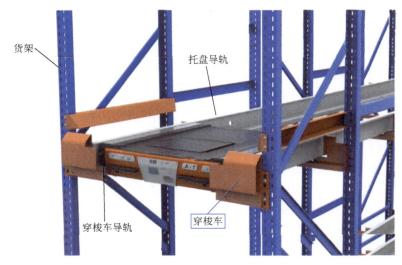

图 7-51　在巷道口待命的穿梭车

③ 托盘单元的密集储存自动仓库系统。图 7-52 为密集储存自动仓库系统。此系统由高密度储存、拣货、导轨、穿梭车、垂直输送机、出库输送机、控制系统等构成。

此系统是入库—存储—出库—拣货—包装—发货—退货等作业流程融为一体的自动化系统，实现了存储与分拣一体化，达到了高效、灵活、零误检率、省空间、低成本的目标。

a. 托盘单元出入库与存储环节。通过高速托盘堆垛机实现托盘单元自动出入库作业。整个系统仅有一个入库巷道和两个出库巷道，密集存放托盘单元，最大限度地压缩平面范围。此系统把存储区与拣货区一体化，将储存与拣货设备融为一体，实现储存货位即是拣选货位，大大降低了拣货区占地面积。

b. 发货作业。拣货出库的托盘单元通过出库输送机出库。

c. 退货作业。退货物品经过条形码识别后可以再入库。

图 7-52　智能密集储存自动仓库系统

图 7-53 为智能穿梭车高密度储存系统实体。图 7-54 为高密度储存穿梭车货架系统，根据托盘单元尺寸及其数量，设计货架容量，根据物流量选择穿梭车数量。图 7-55 所示的情景为穿梭车正在驱动托盘单元在货架中移动。图 7-56 为堆垛机＋穿梭车的智能储存系统。

图 7-53　智能穿梭车高密度储存系统实体（南京音飞）

（3）多层穿梭车密集储存

图 7-57 为由垂直输送机、穿梭车和辊筒输送机等构成的多层穿梭车自动仓库。图 7-58 为多层穿梭车换层作业，右侧为物料提升机，左侧为穿梭车提升机。图中箭头为物料及穿梭车移动方向。图 7-59 为穿梭车换层作业。图 7-60、图 7-61 为智能穿梭车自动仓库，图 7-62 为智能穿梭车自动仓库实体。

图 7-54　高密度储存穿梭车货架系统（南京音飞）

图 7-55　穿梭车正在驱动托盘单元（南京音飞）

图 7-56　堆垛机+穿梭车的智能储存系统（南京音飞）

图 7-57　多层穿梭车自动仓库

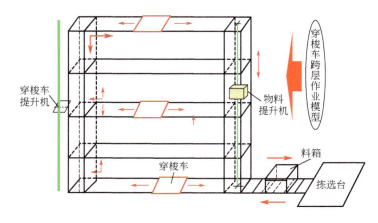

图 7-58　多层穿梭车换层作业

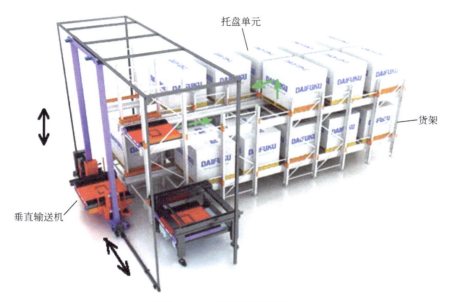

图 7-59　穿梭车换层作业

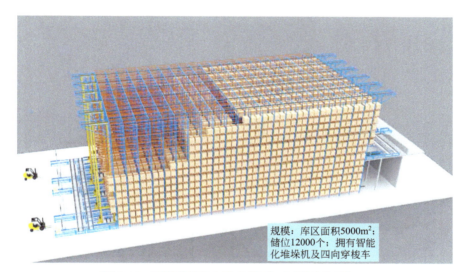

图 7-60　智能穿梭车自动仓库（一）（南京音飞）

图 7-61　智能穿梭车自动仓库（二）（南京音飞）

图 7-62　智能穿梭车自动仓库实体（南京音飞）

7.3 穿梭车系统

7.3.1 穿梭母车相关介绍

（1）功能
① 穿梭母车是一种用于子母车密集仓储系统的重要横向运动设备；
② 接驳穿梭板车切换巷道使用；
③ 将托盘单元运送到出入库口输送机上；
④ 实现先进先出（FIFO）和先进后出（FILO）；
⑤ 速度高，定位精度准确，母车可以实现换层作业；
⑥ 母车可以在运行中通过电池完成子车充电功能。

（2）技术性能
① 最大行驶速度：2.5m/s；
② 最大加速度：$1m/s^2$；
③ 最大载重：1500kg；
④ 定位方式：激光定位。

（3）适应的托盘规格及载重
表 7-7 为穿梭母车所适应的托盘规格及载重。

表 7-7　适应托盘规格及载重

托盘规格（W×D）/mm	托盘单元质量 /t	供电方式	适应温度 /℃
1200×1000	0.5；1；1.5	锂电池 滑触线	低温：-30～0 常温：-5～45
1200×1200			
1000×1000			
1100×1100			

7.3.2 子母车工作原理

图 7-63 为穿梭车子母车系统。母车在横向轨道上运行，并自动识别作业巷道，释放子车进行存取作业，提高系统自动化程度。子母车与堆垛机的配合，使自动仓库效率大为提高。堆垛机自动识别穿梭车并分配作业巷道，由穿梭车在巷道内存取货物，再由堆垛机完成出入库作业，实现全自动出入库和系统管理。图 7-64 为四向多层穿梭车，它可以在横向和纵向轨道上运行，货物的水平移动和存取只由一台穿梭车来完成，系统自动化程度大大提高。图 7-65 为多层穿梭车，图 7-66 为子母穿梭车移动方向。图 7-67 为子母穿梭车实体。图 7-68 为作业中的穿梭车，图 7-69 为子母穿梭车基本结构示意图。图 7-70 为轻型四向子母穿梭车。

图 7-63 穿梭车子母车系统（南京音飞）

图 7-64 四向多层穿梭车（南京音飞）

图 7-65 多层穿梭车（南京音飞）

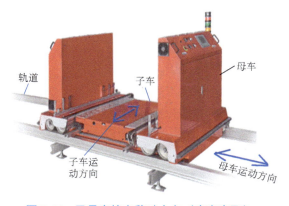

图 7-66 子母穿梭车移动方向（南京音飞）

图 7-67 子母穿梭车（南京音飞）

图 7-68 子母穿梭车作业中（南京音飞）

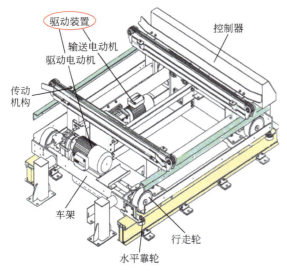

图 7-69　子母穿梭车基本结构示意图（南京音飞）

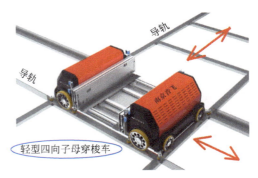

图 7-70　轻型四向子母穿梭车（南京音飞）

7.3.3　穿梭车（穿梭板）

（1）穿梭车构成

图 7-71 为穿梭车构成，通过每个构件名称可知其具体的物理作用。穿梭车又称轨道式自动导引车（Rail Guide Vehicle，RGV）。因其形状扁平，又称穿梭板。

穿梭车托盘存储系统是由货架、台车及叉车构成的高密度储存系统，仓库空间利用率高。穿梭车及其货架系统主要用于少品种大批量物品的储存以及对货物节拍要求较严或者空间利用率高等场合；亦可在出入库端各配置入库堆垛机和出库堆垛机进行存取货物作业。穿梭车密集货架与穿梭车组合，实现托盘单元高密度半自动化储存。根据物品的存取端口布置，可分为先入先出模式和后入先出模式。先入先出模式就是托盘从巷道的一端存入，另一端取出，实现先入先出物流原则的模式。

在工业发达国家，穿梭车已经标准化和系列化，根据物品形状大小和重量可以选择相应穿梭车型号。对于尺寸和重量不标准的物品可以特殊设计相适应的穿梭车。

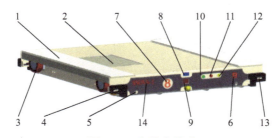

图 7-71　穿梭车构成

1—提升台板；2—电池盖板；3—行走轮；4—防撞块；5—救援车连接口；6—A/B 面标识；7—车号；8—光电开关；9—数码显示；10—电源开；11—电源关；12—警示灯；13—激光测距；14—牌子

（2）穿梭车在其轨道中的位置及其相关尺寸

图 7-72 为穿梭车在其轨道中的位置及其相关尺寸。一般仓储货架用轨道式穿梭车尺寸

为1100mm×975mm×217mm，材质为不锈钢，采用工艺冷轧板制造，折弯焊接，表面喷涂。图 7-73 为穿梭车货架基本构成。

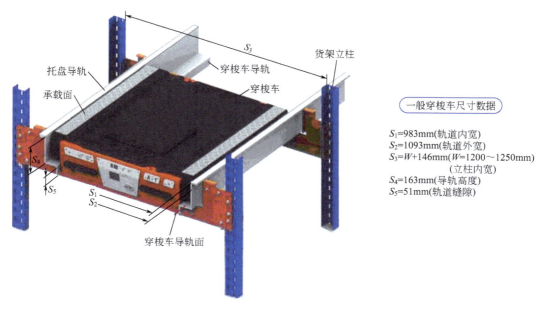

一般穿梭车尺寸数据

S_1=983mm(轨道内宽)
S_2=1093mm(轨道外宽)
S_3=W+146mm(W=1200～1250mm)
　　　　(立柱内宽)
S_4=163mm(导轨高度)
S_5=51mm(轨道缝隙)

图 7-72　货架导轨中的穿梭车及其相关尺寸

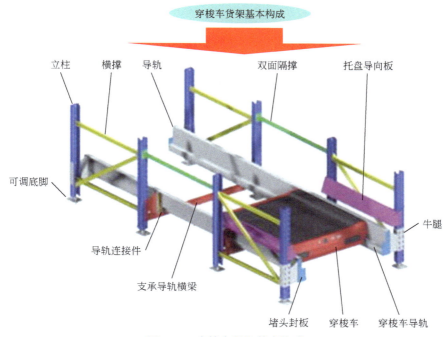

图 7-73　穿梭车货架基本构成

（3）穿梭车各部名称及其功能

图 7-74 为穿梭车各部名称及其功能。

现代化智能物流装备与技术

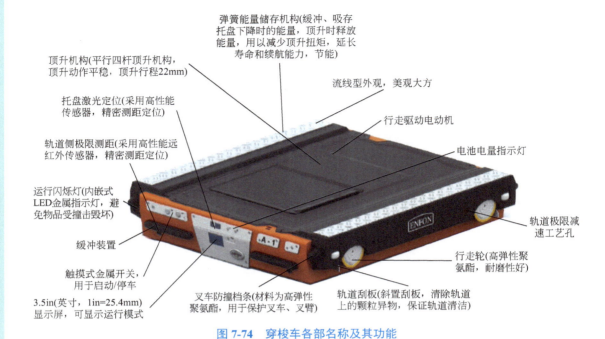

图 7-74　穿梭车各部名称及其功能

（4）标准型穿梭车与货架的位置状态

图 7-75 为非顶升状态下标准型穿梭车与货架的位置关系，即穿梭车下位状态位置图。图 7-76 为穿梭车上位状态位置图，即穿梭车把托盘单元顶高的状态，顶起高度为 22mm。

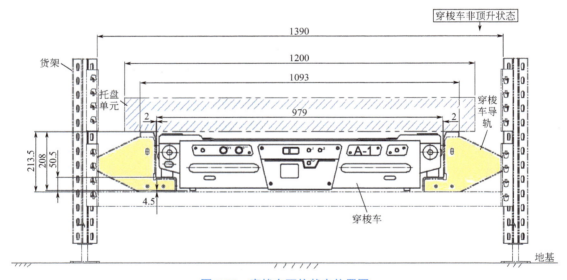

图 7-75　穿梭车下位状态位置图

（5）穿梭车本体

图 7-77 为标准型穿梭车结构图，根据标准型穿梭车外形尺寸和其与货架之间的间隙距离就可以确定货架货位空间尺寸，从而可以设计货架规格尺寸。图中图 7-77（a）为穿梭车主视图，图 7-77（b）为车身侧视图，图 7-77（c）为穿梭车俯视图。

第7章 智能密集储存装备与技术

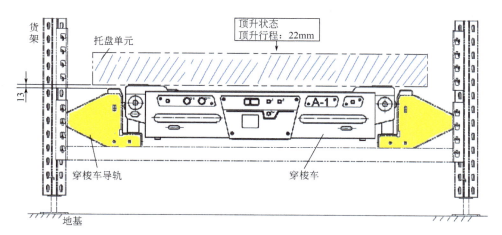

图 7-76 穿梭车上位状态位置图

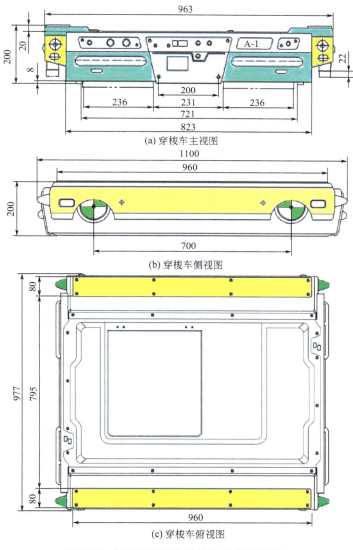

(a) 穿梭车主视图

(b) 穿梭车侧视图

(c) 穿梭车俯视图

图 7-77 标准型穿梭车结构图（南京音飞）

277

（6）标准型穿梭车基本参数

表 7-8 为一般标准型穿梭车主要技术参数。

表 7-8　一般标准型穿梭车主要技术参数

项目		设备型号		
		RGV-500	RGV-1000	RGV-1500
适用托盘	适用标准托盘（L×W）/mm	1200×1000		
	可用托盘规格（L×W）/mm	（1100～1250）×（800～1100）		
	托盘类型（底部形式）	川字形、田字形		
	托盘材质	木制、塑料、钢制		
	托盘挠度/mm	最大 20		
负载最大总质量/kg		500	1000	1500
行走方式		直轨内行走		
行走速度/(m/s)		0.8～1.5		
顶升	顶升时间/s	1～3		
	顶升行程/mm	22～35		
	顶升后托盘与轨道间隙/mm	约 13		
设备尺寸及自重	设备尺寸（L×W×H）/mm	1100×977×198		
	设备自重/kg	约 250		
行走驱动电动机		直流电动机 24V，48V		
行走轮		ϕ120mm，高性能聚氨酯轮		
顶升电动机		直流电动机 24V，48V		
电池容量/A·h		30～40（48V）		
电池质量/kg		约 13.3		
充放电次数		约 1500 次		
充电时间/h		约 1～2		
遥控方式		手持遥控器控制		
运转噪声/dB		＜70		

7.3.4　穿梭车对货架、轨道的要求

在货架轨道上行走的穿梭车，对轨道、立柱、端头板等有严格要求，具体如下：

（1）对轨道要求

① 对于 RGV-1000 型穿梭车（即托盘最大负载为 1000kg），其轨道厚度不小于 2.75mm。

② 对于 RGV-1500 型穿梭车（即托盘最大负载为 1500kg），其轨道厚度不小于 3.5mm。
③ 轨道直线度小于 2/1000。在整个巷道内，轨道直线度应小于 5mm。
④ 穿梭车车轮行走面，每米范围内弯曲变形（挠度）应小于 2mm。
⑤ 轨道截面内，左右车轮行走面高度差小于 2mm。
⑥ 轨道扭曲度，目测无明显扭曲变形。
⑦ 轨道接缝缝隙为 2mm±0.5mm，保持伸缩缝隙。
⑧ 轨道接缝处，倒边、倒角，无任何毛刺、尖角，保持行走轮、导向轮圆滑过渡。
⑨ 轨道紧固螺栓，与支撑板连接处不允许有任何松脱。
⑩ 轨道轮行走面禁止有油，或添加任何油脂内、润滑内物质。

（2）轨道端头板
轨道端头板，作为穿梭车最重要的安全挡板和检测用板，需要每周定期目视巡检：
① 禁止在端头挡板脱落的巷道内，存放穿梭车、托盘和货物，必须更换好后才可以进行存储作业；
② 禁止在端头挡板松动、变形的巷道内作业，必须更换端头挡板后才可进行相关作业。

（3）支撑立柱
对于立柱、横档、轨道支撑板，当发生以下情况时，需要做修复性确认后，才可以使用：
① 立柱因承载产生垂直方向上的弯曲变形，变形量可以通过目测看到，此情况下禁止使用；
② 立柱被叉车等其他车辆、物体撞击后，虽未变形但有安全隐患，此情况下需要先确认后再使用；
③ 立柱横档、轨道支撑片等，被叉车撞击后，产生变形从而影响轨道尺寸，此情况下需要先确认后再使用。

7.3.5 穿梭车对托盘的要求

① 无论是木制托盘、塑料托盘，还是钢制托盘，当目测到明显变形时，禁止将其存放到穿梭式货架上；
② 托盘在使用过程中，发生木条或塑料件残缺时，禁止将其存放到穿梭式货架上；
③ 托盘中心点的挠度变形量，在满载时大于 25mm 时，必须停止使用。

7.3.6 穿梭车设计简例

（1）往复穿梭车特点
往复穿梭车是轨道导引式搬运设备，安装有速度控制处理器。其最主要特点是：结构简单，运行速度快，加减速平稳。往复穿梭车的电力传输通过拖线电缆或滑线电缆来实现。
实现站点的准确停止方法有：
① 通过计算脉冲编码器的脉冲数进行加减速控制；
② 通过激光测距方法控制距离；
③ 通过检测安装在轨道边的定位板来精确控制停止位置；
④ 通过电缆与上位机的通信信号连接控制；
⑤ 通过光载体与上位机的通信信号连接，实现总线控制模式，由上位机调度系统实现

多站台站点控制。

表7-9为一般往复穿梭车的主要参数。其优点是：微处理器实现对加减速的优化控制；采用变频器控制小车的加减速度，保证物品在小车上的稳定性；采用编码器使速度及停止位置的控制简化；能耗低、噪声小、维修方便。

表7-9　一般往复穿梭车的主要参数

项目	行走速度 /(m/min)	加速度 /(m/s²)	输送速度 /(m/min)	行走定位精度 /mm	额定载重 /kg
参数	100～180	0.3～0.5	12～15	±5	500～1500

（2）机械系统构成

图7-78为穿梭车机械系统构成要素图。

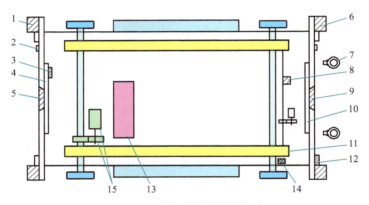

图7-78　穿梭车机械系统构成

1—进货端激光传感器；2—启动按钮；3—红外线接收器；4—前托盘识别传感器；5—前定位测距传感器；6—出货端激光传感器；7—牵引环；8—升降限位传感器；9—后定位测距传感器；10—后托盘识别传感器；11—升降运动装置；12—安全防撞传感器；13—电池盒；14—从动轮转角检测传感器；15—动力传动系统

① 减速机构。图7-78中15为传动比为 $i=5$ 的链传动系统。优点是结构紧凑、传动平稳、噪声小、成本低。

② 升降机构。图7-78中11为穿梭车顶起货物的升降机构。图7-79为穿梭车升降机构示意图。通过电动机和传动系统驱动曲柄连杆机构、四杆机构，使承载货台上下移动。

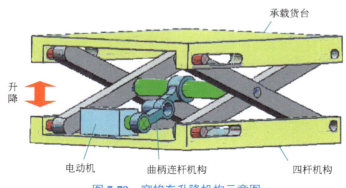

图7-79　穿梭车升降机构示意图

图 7-80 为升降机构原理示意图。其动作顺序为：当货物在小车正上方时，光电传感器感应后将信号传给 PLC 并驱动升降电动机正转，抬起货物；小车到达终点后电动机反转，卸货。

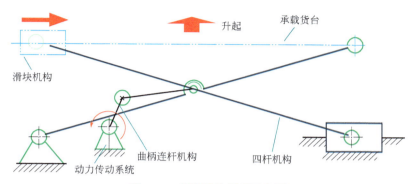

图 7-80　升降机构原理示意图

（3）速度曲线设计

穿梭车运行位移曲线的微分就是速度曲线。速度曲线直接影响到出入库输送系统的能力、效率。穿梭车在行走过程中，通过变频调速控制，使其缓启缓停，减少对搬运货物的冲击，防止货物在搬运过程中因为突启突停使物品倾倒、坠落。通过变频调速控制，对位移曲线的始末段进行修正，使其近似修正梯形曲线、修正等速曲线或者修正正弦曲线。这些曲线的最大速度 v_m、最大加速度 a_m、最大跃度 J_m 的值较低，使运动更加平稳。

穿梭车按照图 7-81 所示的速度曲线运行，运动噪声小、运动平稳、冲击振动小、安全性好。

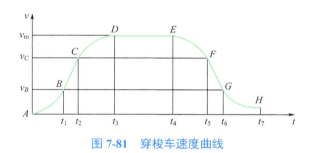

图 7-81　穿梭车速度曲线

7.3.7　充电柜及其充电原理

（1）充电柜

充电柜有两个充电电池槽，每个电池槽内放一个电池进行充电，即同时可为 2 个 24V 30A·h 电池充电。

使用 3 年之后，或充电 1000 次之后的电池，其电量大约会下降至额定容量的 80%。这可能需要根据实际情况更换电池。图 7-82 为充电柜。

（2）充电原理

图 7-83 为充电器充电原理图。分别显示 L1 和 L2 两个充电器在充电时的显示状态。

图 7-82 充电柜

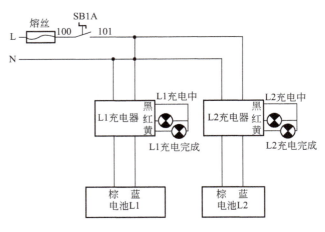

图 7-83 充电器充电原理图

7.3.8 设备故障处理

（1）设备故障诊断

1）故障归属

首先初步确定故障范围，如穿梭车本体、遥控器、电池、充电柜、货架和托盘等。

2）检查内容

① 托盘：检查托盘是否合格，若托盘严重变形等，将会导致穿梭车故障。

② 轨道：检查轨道是否产生变形，轨道内是否夹杂异物、缠绕物，轨道上是否有油、脂、水等。这些问题会造成穿梭车无法行走、打滑。轨道严重弯曲会使穿梭车在斜坡上无法停位、爬坡等。

③ 电池：检查电池是否有电。电池无电将使穿梭车、遥控器等都无法使用；若电池有电，仍无法启动时，则更换新电池再启动。

④ 遥控器：当穿梭车发生故障时，其故障代码会通过 PLC 发送到车载显示屏、遥控器显示屏上，对比故障代码可以判定穿梭车的故障原因。当遥控器手持端、车载接收端或其相互之间通信故障，故障代码无法显示时，可通过切换遥控器的选车功能键，对比其他车或遥控器，来判定是否是手持端遥控器或车载端遥控器发生故障。

⑤ 穿梭车本体部分：穿梭车本体故障可以分为电气、软件或硬件等故障。

a. 硬件故障包括机械传动故障，如行走电动机无法启动、举升电动机无法举升或下降。

b. 电气故障包括各传感器、编码器、PLC、接触器、继电器等故障。

c. 软件故障是指 PLC 程序软件或判定逻辑部分产生的故障。

（2）故障应急对策与故障代码

穿梭式货架系统发生故障时，可对照表 7-10 处理故障。

表 7-10 故障代码对照表

故障编号	地址	故障说明	备注
ERR.01	V210.0	电动机温度过高	Motor temperature is too high
ERR.02	V210.1	定位错误	Positioning error
ERR.03	V210.2	电池组电压低	Battery voltage

续表

故障编号	地址	故障说明	备注
ERR.04	V210.3	在 A 端超速报警	In A side overspeed alarm
ERR.05	V210.4	在 B 端超速报警	In B side overspeed alarm
ERR.06	V210.5	A 面巷道有异物	A face roadway have foreign body
ERR.07	V210.6	B 面巷道有异物	B face roadway have foreign body
ERR.08	V210.7	行走超时	Walk over time
ERR.09	V211.0	升降超时	Lifting overtime
ERR.10	V211.1	电动机驱动器故障	Drive fault
ERR.11	V211.2	请清洁传感器	Please clean the sensor
ERR.12	V211.3	保养维修	maintenance
ERR.13	V211.4		预留
ERR.14	V211.5		预留
ERR.15	V211.6		预留
ERR.16	V211.7		预留

（3）在线远程服务

可用远程在线监控穿梭车，以判定电气、硬件故障和 PLC 程序更新（不包含遥控器）。图 7-84 为远程示教图。

通过网络，工程师可以远程监控穿梭车 PLC 程序，并提供故障检测、更新程序等功能。

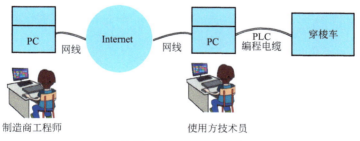

图 7-84　在线远程示教图

第 8 章

智能穿梭车及其设计计算简例

8.1 智能穿梭车案例

8.1.1 轨道输送穿梭车

轨道输送穿梭车与驶入式穿梭车（也称穿梭板）、提升机、驶入式货架、出入库输送机及 WMS 等构成了高密度、智能化自动仓储系统。轨道输送穿梭车可以分层配置，使整个自动化仓库系统配置柔性化。

（1）主要结构

图 8-1 为轨道输送穿梭车，主要由车架、行走轮、安全缓冲装置、车载输送机、车载控制系统、无线通信系统、传感检测器件等组成。

（2）主要技术参数和特点

轨道穿梭车主要参数如表 8-1 所示。

表 8-1 主要技术参数

序号	项目	参数值
1	车载输送机的输送速度 /（m/min）	0～12

续表

序号	项目	参数值
2	穿梭车行走速度 /（m/min）	0～120
3	最大载重量 /kg	1000
4	行走定位精度 /mm	±(3～5)
5	托盘尺寸 /mm	1200×1000×150（可定制）
6	载货尺寸 /mm	1200×1000×800（可定制）
7	每台穿梭车配装行走电动机	1.5kW 一台（带制动）
8	每台穿梭车配装输送电动机	0.75kW 一台（带制动）
9	调速方式	交流变频调速
10	供电方式	滑触线、非接触式
11	通信方式	载波通信、无线红外通信
12	位置检测	激光、条码

（3）设备特点

① 结构紧凑，高度低，节约空间，保证最大库容量。由于子车要驶在转轨穿梭车上，转轨穿梭车上的子车导轨与货架导轨等高，因此车身底梁薄，将输送电动机、行走电动机都安装在车体的两侧，使货架上的货物层间距压缩到400mm内。在穿梭车自动仓库巷道的一端配有换层提升机，子母车与换层提升机对接，驶入到换层提升机内，通过换层提升机的升降，到达目标层后子母车进行换层转轨。图8-2为多层穿梭车自动仓库。图8-3为多层穿梭车"货到人"拣货系统，图8-4为多层穿梭车"货到人"拣货系统作业。

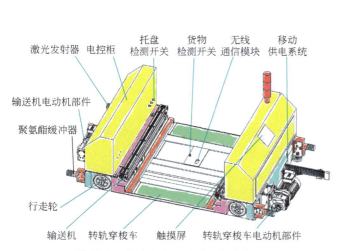

图8-1　轨道输送穿梭车基本构成（南京音飞）

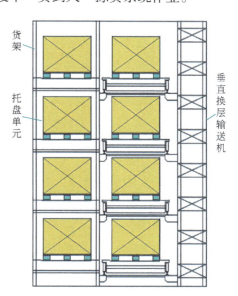

图8-2　多层穿梭车自动仓库（南京音飞）

图 8-3 多层穿梭车"货到人"拣货系统（南京音飞）

② 供电系统：转轨输送子母穿梭车供电系统采用滑触线供电方式。

③ 控制系统：转轨输送子母穿梭车的控制有位置控制、速度控制、移载机控制和方向控制等。采用 PLC 作为主控制器，负责处理运动规划、逻辑控制和各种安全保护，并与上位机进行通信。运动驱动选用具有伺服驱动性能的变频器，采用位置、速度、电流的全闭环方式控制。行走方向（X 方向）采用光电开关加编码器的双重认址方式，并通过计算目标来实现方向控制和位置控制。通过车体后部操作面板上的按钮对转轨输送子母穿梭车进行手动、半自动及自动操作。

图 8-4 多层穿梭车"货到人"拣货系统作业中（南京音飞）

④ 数据通信：智能自动仓库是一个复杂的自动化系统，主要由单机设备的自动控制系统、监控调度系统和计算机管理系统组成。转轨输送子母穿梭车是移动的设备，具有运行速度快、距离变化快等特点。转轨穿梭车子车与母车之间采用光通信方式，各个设备间采用总线通信方式，使各个设备的控制器 PLC 组态成主站和从站的关系。各从站与主站进行数据交换。监控计算机也通过总线与主站的 PLC 相连，通过主站来调度从站及转轨输送子母穿梭车。

⑤ 安全保护系统：转轨输送子母穿梭车的行走和输送电动机均有热保护及瞬时过流保护措施，保证在任何情况下电动机不会损坏。子车驶入和驶出都会经过漫反射光电开关检测，控制行走的行程、速度和极限位。另外在轨道的两端还装有保护撞头，转轨输送子母穿梭车车体的前、后安装有聚氨酯缓冲器。为了保护更可靠，车体前后还安装了机械式限位开关，起到多重保护作用。当出现异常情况时，转轨输送子母穿梭车会立即做出报警提示。

8.1.2 双轨直线穿梭车

（1）新型双轨直线穿梭车构成

图 8-5 为昆船第一机械公司开发的自动化物流线的双轨直线穿梭车，主要由车体、输送装置、导轨、车轮、认址装置、电动机、导向装置、电控系统和驱动控制器构成。

（2）构件之间关系及传动原理

框架式结构的车体在导轨上，在车体上装有导向装置。在车体上的导向装置采用槽钢结构，其内装有圆柱形导向滚。导轨两端各有一个输送开关 17。四个车轮 16 采用聚氨酯材料，并与主传动轴 13（A）采用张紧套式连接，保证了车体在长期运行状态下，主传动轴 A 与车轮之间没有间隙。行走电动机 11 为空心轴式减速电动机，并与主传动轴 13（A）连接。输送电动机 15 为空心轴式减速电动机，并与主传动轴 14（B）连接，主传动轴 B 与输送装置 4 连接，输送装置由链轮、链条组成。认址装置由同步带轮 6、同步带 7、位置编码器 8、对射开关 9 组成。其中同步带轮、位置编码器、对射开关装于车体 3 的下部，同步带装于导轨 5 的侧面，并与导轨采用胶粘或螺钉固定的连接方式，车体 3 置于导轨 5 上，其同步带 7 与同步带轮 6 相啮合。驱动控制器和电控系统装于车体内部，并由电缆线连接。

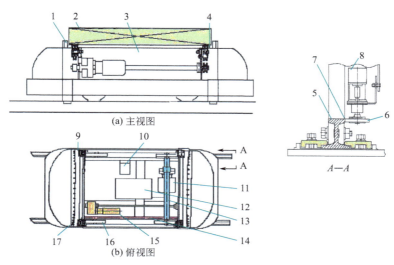

图 8-5　双轨直线穿梭车

1—导向装置；2—物料；3—车体；4—输送装置；5—导轨；6—同步带轮；7—同步带；8—位置编码器；9—对射开关；10—驱动控制器；11—行走电动机；12—电控系统；13—主传动轴 A；14—主传动轴 B；15—输送电动机；16—车轮；17—输送开关

当需要输送物料时，由电控系统 12 向驱动控制器 10 发信号，使行走电动机 11 启动，小车在导轨 5 上行走，从一个站台快速行驶到需要输送物料的另一站台。当小车接近接货站台时，由位置编码器发出信号，使行走电动机减速。当小车到达接货站台时，对射开关 9 发出信号，使行走电动机停止，电控系统再次发出信号，输送电动机启动开始接货。待物料到位后输送开关 17 开启，输送电动机停止，由电控系统发出信号，行走电动机再次启动将物料送到另一个输送站台，完成一个循环。

（3）优点

双轨直线穿梭车，大幅度提高了穿梭车的行走速度（最高达 180m/min）；缩短了提速和减速时间；认址定位精度高；车体运行平稳、可靠；车体结构紧凑、合理；便于安装与维修；制造成本低。

8.1.3　输送机用移载式穿梭车

（1）构成和特征

江苏天奇物流公司改进的输送机用移载式穿梭车，克服了噪声大、链轮磨损快等缺点。其构成和特征如图 8-6 所示。车轨 1 和拖链组件 3 用螺栓固连在地面上。缓冲件 2 用螺栓固连在行车轨两端。主动轮组件 5 和从动轮组件 6、输入轴组件 11 利用带座轴承螺栓连接在框架 4 上，导向组件 7、驱动组件 8、支架 10、链条驱动组件 12 分别用螺栓连接在框架上。其中驱动组件 8 通过链条连接驱动主动轮组件 5。导向组件 7 卡在车轨 1 上，使小车在行车轨 1 上运行。链条驱动组件 12 通过链条与滚子部件 9 连接，而滚子部件 9 卡固在支架 10 上，链条驱动组件 12 与输入轴组件 11 连接，输入轴组件 11 与滚子部件连接。

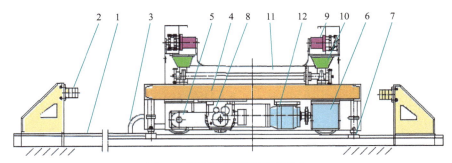

图 8-6 输送机用移载式穿梭车

1—车轨；2—缓冲件；3—拖链组件；4—框架；5—主动轮组件；6—从动轮组件；7—导向组件；8—驱动组件；9—滚子部件；10—支架；11—输入轴组件；12—链条驱动组件

（2）工作原理

穿梭车按照指令运行到物料输送线端部，输送机把物料移送到穿梭车滚子部件上，并按照指令运行到物料输出的输出线端部，其滚子部件把物料移送到输送线上。

（3）优点

采用滚子输入输出结构，无需张紧机构和过渡装置，缩短出入端的距离。因滚子具有导边，输送小车不用导向装置。载重量较大时，仍然运动平稳、精度高、噪声较小、设备寿命长。

8.1.4 穿梭车轨道改进设计及其穿梭车系统

（1）改进前的穿梭车轨道存在的技术问题

① 改进前穿梭车轨道直接利用未经机械加工的工字钢，难以保证轨道、滑触线及定位系统三者的安装精度。图 8-7 为改进前的轨道结构示意图。

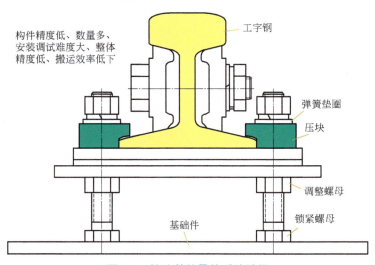

图 8-7 技改前的导轨系统结构

② 安装轨道需要提前预埋板件后螺栓固定，接头与接头之间还需要焊接处理。

③ 地轨安装完成后，还需安装滑触线支架和条码带支架，才能固定滑触线和条码带。在接头与接头之间还要打磨焊缝。特别是各个安装面未经过精确的机械加工，安装面之间的位置精度、安装面本身的平直度等十分粗糙，难以保证设计精度。

（2）新型穿梭车轨道及其穿梭车技术特征

北京机械工业自动化研究所研发的新型穿梭车轨道如图 8-8 所示。其技术特征如下：

① 穿梭车轨道为工字形铝型材结构平面。新型穿梭车工字形轨道，各个安装面平直度高，之间的位置精度良好。

② 条码带的外表面上有聚酯薄膜保护层。

③ 新型穿梭车系统。此系统包括供电系统、定位系统、控制系统、轨道导引小车和穿梭车轨道。图 8-9 为新型穿梭车结构立体示意图。由图可知车架、传动机构、控制器、行走轮、水平靠轮等之间的位置关系。驱动装置包括输送电动机和驱动电动机。

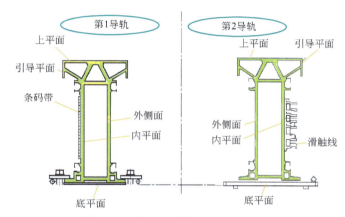

图 8-8　穿梭车轨道新型结构示意图

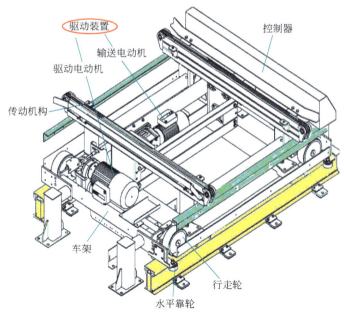

图 8-9　新型穿梭车结构立体示意图

供电系统分别与控制系统及穿梭车轨道连接。定位系统分别与控制系统及轨道导引小车连接。控制系统与轨道导引小车连接。轨道导引小车行走在穿梭车轨道上。其特征在于,穿梭车轨道包括导轨、用于供电的滑触线和用于定位的条码带。导轨包括平行设置的第一导轨和第二导轨。第一导轨和第二导轨的截面均为工字形结构,工字形结构包括上平面、内侧面、外侧面和用于安装的底平面。滑触线安装在第一导轨或第二导轨的外侧面上。条码带安装在与滑触线的安装导轨相对的另一导轨的外侧面上。

④ 新型导轨小车(RGV)主要运行参数。水平运行速度:140m/min;链条输送速度:18m/min;电动机:变频调速;控制方式:单机自动、联机自动、监控手动、维修手动;通信方式:以太网无线通信;供电方式:安全滑触线;定位系统:BPS 定位系统;定位精度:±2mm。

⑤ 工作原理。条码阅读装置安装在行走设备上,条码带全程安装在行走轨道中(安装在工字形轨道的侧面),当 RGV 在轨道上行走时,安装在 RGV 上的条码阅读装置实时扫描当前的条码,通过内置解码器输出小车当前的位置信息。

BPS 的解码速度为 500 次/s,从条码带阅读器到条码带之间的空间安装范围为 90~170m。BPS 与轨道导引小车的最大行走速度可达 7m/s,BPS 的重复精度为 ±2mm,响应时间为 16ms。当行走速度在 4m/s 以下时,BPS 的重复精度可达 ±1mm,响应时间缩短至 8ms。

BPS 系统的条码带是贴有聚酯薄膜保护层的特殊材料,具有良好的抗紫外线、抗化学溶剂和工业清洗剂的腐蚀能力。条码带的黏合剂具有超强的黏合能力,能在 -40~+120℃的环境温度下正常工作。条码带最长达 1 万米,基本满足现有的工业测距要求。条码带通常不需要很精确地贴到轨道上,读取装置内置的"自学习"功能可根据现场情况随意设置参考零点,减少了安装的复杂程度。

RGV 优选西门子 PLC 控制器,负责各种逻辑控制、安全保护、库端设备与上位机通信等。操作人员可以通过旋钮进行 RGV 的手动前进、后退及链式机的正反转及自动操作等。

导轨单根长度达到 6m,安装方便。将安装支架固定在地面上,调整到要求的直线度,导轨则可直接固定在此安装支架上,无需处理接头。在两根平行的工字形导轨上,例如,第一导轨用来安装滑触线,同步条码带贴在第二导轨的侧面上。其中,第一导轨和第二导轨也可分别安装条码带和滑触线。这样保证滑触线供电的防触摸安全和条码带的防划伤安全。图 8-10 为新型穿梭车系统结构示意图。

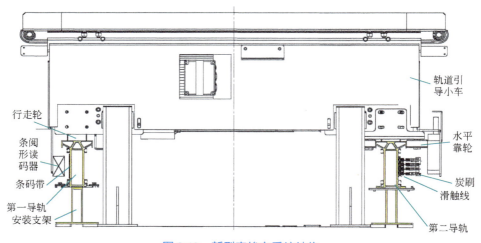

图 8-10　新型穿梭车系统结构

⑥ 新型穿梭车优点：

a. 直线度高。单根 6m 长的导轨，直线误差小于 1／1000。在运行距离较长的情况下，也能控制导轨小车在整条线上运行的位置偏差，运行平稳。

b. 强度高。轨道最大承载可达到 3t，除去轨道导轨小车车体的质量，运载托盘的质量最大是 2t。

c. 运行噪声低。轨道上表面宽度达到 110mm，导轨小车聚氨酯包胶轮宽度为 70mm，在高速情况下，运行噪声极低。

d. 安装方便、易于保养。

8.1.5 新型遥控穿梭车

（1）技术特点

上海英锋工业设备有限公司开发的遥控穿梭车如图 8-11 所示。图 8-12 为其侧视图。其结构采用偏心轮、连杆机构，具有结构简单、外形紧凑、举升稳定、刚性好、运行灵活的优点。遥控穿梭车在巷道内将托盘单元从货架取出或者存入，再通过叉车把托盘单元搬离巷道口，完成库房内货物的运转。

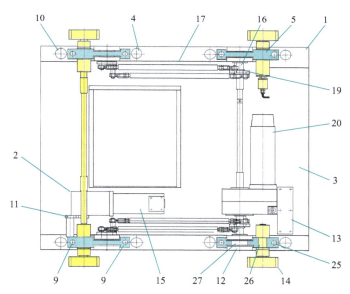

图 8-11 遥控穿梭车结构示意图

1—车架；2—行走机构；3—举升机构；4—弹簧储能器；5—支撑块；9—导杆；10—储能器座；11—行走电机支架；12—举升轴座；13—举升电机座；14—行走轮；15—行走电机；16—偏心轮；17—连杆；19—连杆孔；20—举升电机；25—导杆孔；26—轮轴孔；27—滑槽

（2）遥控穿梭车组成

遥控穿梭车主要由车架 1、行走机构 2、举升机构 3、弹簧储能器 4、行走电机 15 及举升电机 20 等构成。

① 车架 1 为矩形板状，其四角处安装有导杆 9、储能器座 10 及举升轴座 12。车架左侧有行走电机支架 11，右侧有举升电机座 13。

② 行走机构 2 由四个行走轮 14 及四个支撑块 5 组成。

行走电机 15 安装在行走电机支架 11 上，其输出轴经联轴器与其中一对行走轮 14 的轴连接；举升机构 3 的偏心轮 16 与车架 1 的举升轴座 12 对称设置，且偏心轮 16 的主轴与车架 1 的举升轴座 12 铰接。偏心轮 16 的偏心轴经轴承 18 安装在支撑块 5 的滑槽 27 内。举升电机 20 安装在车架 1 的举升电机座 13 上，且输出轴经联轴器与一对偏心轮 16 的主轴连接。弹簧储能器 4 由弹簧座 21 与车架 1 的储能器座 10 连接，顶杆 23 的端头与顶杆座 28 接触。

③ 举升机构 3。举升机构 3 由两对偏心轮 16、连杆 17 及轴承 18 组成。

④ 弹簧储能器 4。弹簧储能器由弹簧座 21、弹簧 22 及顶杆 23 组成。

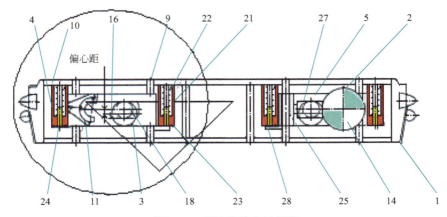

图 8-12　遥控穿梭车侧视图

1—车架；2—行走机构；3—举升机构；4—弹簧储能器；5—支撑块；9—导杆；10—储能器座；11—行走电机支架；14—行走轮；16—偏心轮；18—偏心轴驱动轴承；21—弹簧座；22—弹簧；23—顶杆；24—顶杆孔；25—导杆孔；27—滑槽；28—顶杆座

(3) 遥控穿梭车调试工艺

① 车架的水平行走。图 8-13 为遥控穿梭车顶起托盘的状态。行走轮 14 置于轨道 8 上，车架 1 处于落下状态。行走电机 15 驱动一对行走轮 14 转动，实现车架水平行走运动；通过安装在行走轮 14 上的编码器，实现测量和控制车架的行走距离。

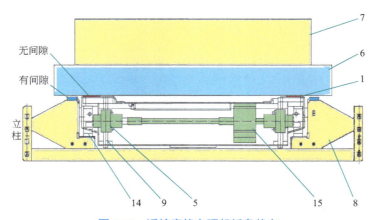

图 8-13　遥控穿梭车顶起托盘状态

1—车架；5—支撑块；6—托盘；7—物料；8—轨道；9—导杆；14—行走轮；15—行走电机

② 车架的垂直升降。图 8-14 为穿梭车落下托盘单元状态。为了把托盘 6 及物料 7 输送至预定的位置，车架 1 行走至托盘 6 的下方后，启动举升电机 20（图 8-11）。其输出轴经联轴器驱动一对偏心轮 16 的主轴转动。由于两连杆 17 分别铰接在两个偏心轮 16 法兰盘上的连杆孔 19 之间，形成平行四边形机构，使得另一对偏心轮 16 的主轴与其同步转动。此时，偏心轮 16 上的偏心轴驱动轴承 18 在支撑块 5 的滑槽 27 内运动。由于偏心值，使车架 1 升起，实现车架 1 将托盘 6 及物料 7 托起。实现车架 1 与托盘单元分离。

③ 弹簧储能器工作。弹簧储能器 4 由弹簧座 21 和储能器座 10 构成。弹簧 22 在车架 1 与支撑块 5 之间，当车架 1 空载时，弹簧 22 仅承受车架 1 的自重作用，产生一个自重变形量。当车架 1 承载时，弹簧 22 除承受车架 1 的自重作用，还要承受托盘单元的重力作用。此时，弹簧 22 将产生一个自重变形量加托盘重力的变形量，随变形量增大，弹簧 22 的弹力增大。

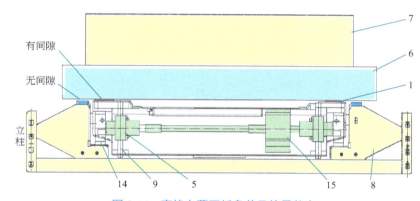

图 8-14 穿梭车落下托盘单元使用状态

1—车架；5—支撑块；6—托盘；7—物料；8—轨道；9—导杆；14—行走轮；15—行走电机

8.1.6 交叉轨道穿梭车用双向行走机构

图 8-15 为山东轻工业学院研发的一种具有双向行走机构交叉轨道穿梭车轴测示意图，图 8-16 为双向穿梭车结构示意俯视图。两组升降机构在车体内垂直交错安装，其上分别安装纵向和横向行走机构。安装电气系统的电器仓安装在车体的上方。穿梭车行走装置，具有结构紧凑不受车体大小限制、双向行走机构稳定性好的优点，适合用在高速搬运物料场及密集式仓储系统。

（1）穿梭车用双向行走机构

穿梭车用双向行走机构由车体、升降机构、纵向行走机构、横向行走机构、电器仓和电气系统构成。车体为矩形刚性框架，在车体四个角的侧板上，具有安装滑动轴承座的孔，框架的底部有横梁。纵向和横向的行走机构通过升降机构安装在车体上。电气系统安装在电器仓内，并与升降机构、纵向和横向行走机构的驱动电机相连接。

（2）穿梭车用升降机构

穿梭车用升降机构由滑动轴承座、偏心盘、减速伺服电机、蜗轮、蜗杆、蜗杆轴、蜗杆轴支承座、滚动轴承、同步带、同步带轮、同步带张紧轮等构成。

在车体四面侧板上的滑动轴承座孔内安装滑动轴承座，其内安装有偏心盘，其偏心孔内安装滚动轴承。蜗轮安装在偏心盘上，并与蜗杆构成蜗轮蜗杆副。支承蜗杆轴的支座固于车体侧板上，同轴的两套蜗轮蜗杆机构为一组。在同轴的两组蜗轮蜗杆机构之间为减速伺服电机，其扭力臂安装在扭力臂固定座上。扭力臂固定座安装在车体框架底部的横梁上。减速伺服电机两端驱动轴与蜗杆轴连接，其上有主动同步带轮。主/从动同步带轮之间的同步带用张紧轮预紧。同理，在车体框架内共有8组蜗轮蜗杆机构，分别和8个车轮连接。

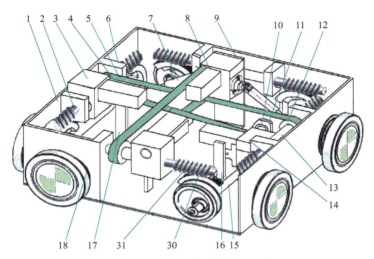

图 8-15 双向穿梭车结构轴测示意图

1—车体；2,13—蜗杆轴；3—减速伺服电机；4,12—同步带轮；5—同步带；6—蜗杆轴支座；7—万向传动轴；8—纵向驱动减速电机；9—电机支架；10—同步带张紧轮；11—张紧轮固定座；14—横向驱动减速电机；15—驱动轴；16,17—扭力臂固定座；18—轴承座孔；30—蜗轮；31—蜗杆

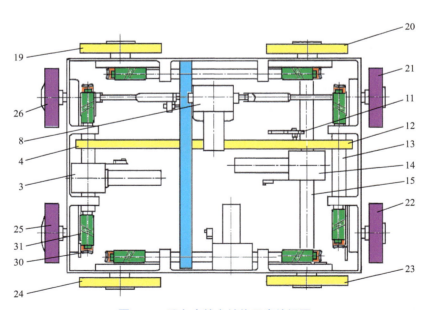

图 8-16 双向穿梭车结构示意俯视图

3—减速伺服电机；4,12—同步带轮；8—纵向驱动减速电机；11—张紧轮固定座；12—同步带；13—蜗杆轴；14—横向驱动减速电机；15—驱动轴；19,24—横向行走从动轮；20,23—横向行走驱动轮；21,26—纵向行走驱动轮；22,25—纵向行走从动轮；30—蜗轮；31—蜗杆

(3) 穿梭车纵向行走机构

穿梭车纵向行走机构由驱动减速电机、两组主/从动轮、万向传动轴和电机支架构成。两个行走主动轮安装在升降机构偏心盘的偏心孔内的滚动轴承内带万向接头的回转轴颈上。两个从动轮安装在升降机构偏心盘的偏心孔内的滚动轴承内的轴颈上。驱动减速电机安装在车体底部的电机支架上。驱动减速电机的两端动力输出轴上安装万向接头。用万向传动轴将驱动减速电机的两端动力输出轴分别与两个纵向驱动轮连接。

(4) 穿梭车横向行走机构

穿梭车横向行走机构由驱动减速电机、两组主/从动轮、驱动轴和扭力臂固定座构成。主动减速电机与驱动轴连接。电机扭力臂安装在其固定座上。驱动轴的两端安装在升降机构偏心盘的偏心孔内滚动轴承内，其轴颈上分别安装两个横向行走驱动轮。两个横向行走从动轮分别安装在升降机构偏心盘的偏心孔内的滚动轴承内的轴颈上。

(5) 双向行走机构的电气系统

双向行走机构的电气系统由控制单元、充电电池组、电流逆变器和相应的连接电缆构成。电气系统安装在车体上方的电器仓内并与升降机构、纵/横向行走机构的驱动电机相连接，同时与仓储系统的上位计算机控制系统相连接。

(6) 传动工艺路线

图 8-17 为双向穿梭车结构示意主视图，图 8-18 为双向穿梭车结构示意侧视图，图 8-19 为双向穿梭车轴测图，图 8-20 为升降机构局部结构示意图。各个构件之间的结构及传动关系一目了然。

(7) 优点

双向行走机构稳定性更好，适合高速应用场合。此双向行走机构的穿梭车用于物流系统中，可以组成多种形式的密集式仓储系统，具有占地面积小、货位布局紧凑、作业灵活、作业效率高的特点，具有广阔的应用前景。

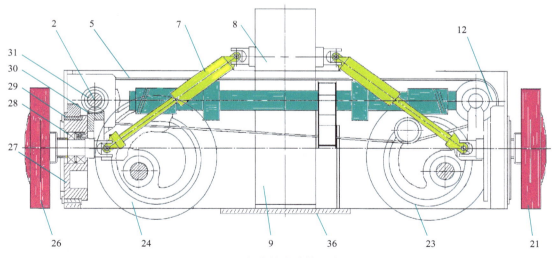

图 8-17 双向穿梭车结构示意主视图

2—蜗杆轴；5—同步带；7—万向传动轴；8—纵向驱动减速电机；9—电机支架；12—同步带；21, 26—纵向行走驱动轮；23—横向行走驱动轮；24—横向行走从动轮；27—偏心盘；28—滚动轴承；29—滑动轴承座；30—蜗轮；31—蜗杆；36—横梁

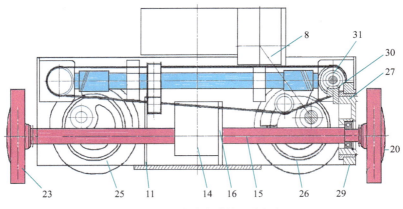

图 8-18 双向穿梭车结构示意侧视图

8—纵向驱动减速电机；11—张紧轮固定座；14—横向驱动减速电机；15—驱动轴；16—扭力臂固定座；20,23—横向行走驱动轮；25—纵向行走从动轮；26—纵向行走驱动轮；27—偏心盘；29—滑动轴承座；30—蜗轮；31—蜗杆

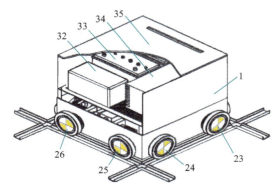

图 8-19 双向穿梭车轴测图

1—车体；23—横向行走驱动轮；24—横向行走从动轮；25—纵向走从动轮；26—纵向行走驱动轮；32—控制单元；33—充电电池组；34,35—电器仓

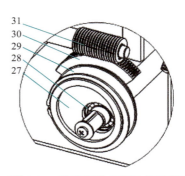

图 8-20 升降机构局部结构示意图

27—偏心盘；28—滚动轴承；29—滑动轴承座；30—蜗轮；31—蜗杆

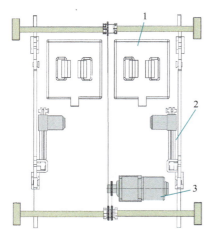

图 8-21 轨道穿梭车内部整体布局图

1—可充电电池组；2—顶升机构；3—行走机构

8.1.7　智能穿梭车平面凸轮顶升机构

（1）穿梭车顶升机构作用及种类

穿梭车顶升机构托起托盘或托盘单元，使之与导轨脱离，再利用行走机构将托盘搬运到指定位置停止，最后车体下降与托盘分离，托盘放于导轨上，穿梭车则离开当前位置。

顶升机构种类较多，常用的有偏心机构、凸轮机构、杆机构等。

（2）穿梭车平面凸轮顶升机构

为了机构紧凑、噪声小、节约能耗、稳定性好、空间利用率高，上海某公司开发研究了穿梭车平面凸轮顶升机构。

图 8-21 为轨道穿梭车内部整体布局。

图 8-22 为穿梭车的顶升机构示意图。图 8-23 为穿梭车的顶升机构立体图。

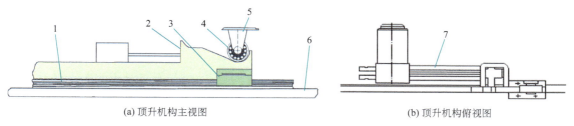

(a) 顶升机构主视图　　　　　　　　(b) 顶升机构俯视图

图 8-22　穿梭车顶升机构示意图

1—线性滑轨；2—平面凸轮；3—滑块；4—圆柱滚子轴承；5—穿梭车顶板；6—穿梭车底座；7—电动推杆

穿梭车的特征是：安装在穿梭车底座上的线性滑轨 1、平面凸轮 2 通过滑块 3 与线性滑轨接触，圆柱滚子轴承 4 设于穿梭车顶板 5 上且与平面凸轮表面接触。电动推杆 7 一端设于穿梭车底座上，另一端连接平面凸轮。

（3）机构及其运动原理

穿梭车的顶升机构的线性滑轨 1 通过螺栓固定在穿梭车底座 6 上。平面凸轮 2 和滑块 3 也通过螺栓连接为一整体，并装在线性滑轨 1 上。滑块 3 可沿线性滑轨 1 滑动。圆柱滚子轴承 4 固定在穿梭车顶板 5 上，其外表面与平面凸轮 2 接触。电动推杆 7 一端固定在穿梭车底座 6 上，另一端固定在平面凸轮 2 上。通过电动推杆 7 的伸缩运动使平面凸轮 2 前后运动，最终实现穿梭车顶板 5 的升降运动。

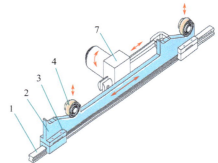

图 8-23　穿梭车顶升机构立体图

1—线性滑轨；2—平面凸轮；3—滑块；
4—圆柱滚子轴承；7—电动推杆

（4）优点

智能穿梭车的顶升机构采用滚动爬坡原理，摩擦阻力小。平面凸轮只需承载车体顶板和托盘单元的重量，降低能量消耗。滚动摩擦的摩擦系数低于滑动摩擦，滚动时也不会打滑，定位精度高，并可同时受上下左右方向的负荷，组装容易、互换性好。顶升机构结构简单，整体高度较低，不仅稳定性好而且能提高货架空间利用率。

8.1.8　密集储存轨道穿梭车齿轮齿条升降机构

（1）工艺布置

由上海精星物流设备公司研发的智能穿梭车齿轮齿条升降机构，其工艺布置方案如图 8-24 所示。行走机构系统 1 主要由行走轴、链轮链条机构和行走电动机等构成；升降机构系统 2 主要平面凸轮、齿轮和导轨等构成。左右对称共两套，可通过控制系统实现同步顶升；两块可充电电池 3，主要为轨道穿梭车提供动力。

（2）穿梭车齿轮齿条升降机构构成及升降原理

图 8-25 为轨道穿梭车齿轮齿条升降机构轴测图，图 8-26 为其主视图。齿轮齿条升降机构包括承重部分 1、平面凸轮 2、齿轮传动部分 3、底座 4、导轨 5 和滑块 6。其中承重部分 1 由轴承 Ⅰ-1 及其支架 Ⅰ-2 组成。支架 Ⅰ-2 固定于轨道穿梭车顶板上，轴承 Ⅰ-1 沿平面凸轮 2 啮合面运动；齿轮传动部分 3 由齿轮齿条和行走电动机组成，齿条固定于平面凸轮 2 上，

安装于行走电动机上的齿轮带动齿条前后水平移动，平面凸轮将水平移动转化为承重部分的升降运动。

导轨 5 固定于底座 4 上，滑块 6 与平面凸轮 2 通过螺栓连接为一体沿着指定导轨 5 做水平移动。

（3）行走轮的升起与下降状态

图 8-27 为行走轮的升起与下降状态，图 8-27（a）为横向行走轮下降纵向行走轮升起的状态。图 8-27（b）为横向和纵向行走轮全都下降状态。

（4）优点

采用齿轮齿条传动原理，把回转运动转变为直线往复运动，不仅能保证瞬时传动比恒定、传动平稳性好，而且传递的功率和速度范围大。齿轮齿条结构紧凑，工作可靠且寿命长。

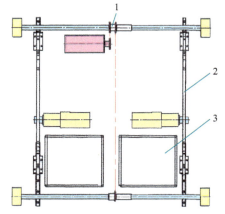

图 8-24　轨道穿梭车齿轮齿条升降机构布置
1—行走机构系统；2—升降机构系统；3—充电电池

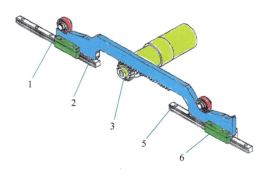

图 8-25　穿梭车的齿轮齿条升降机构轴测图
1—承重部分；2—平面凸轮；3—齿轮传动部分；5—导轨；6—滑块

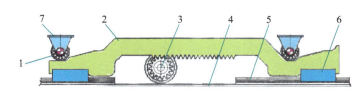

图 8-26　轨道穿梭车的齿轮齿条升降机构主视图
1—轴承；2—平面凸轮；3—齿轮传动部分；4—底座；5—导轨；6—滑块；7—支架

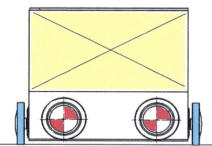　　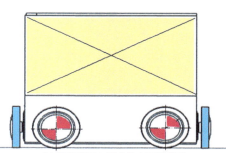

(a) 横向行走轮下降纵向行走轮升起状态　　(b) 横向和纵向行走轮全下降状态

图 8-27　行走轮的升起与下降状态

8.1.9 密集式智能穿梭车的换层及单立柱升降机

（1）穿梭车的换层及单立柱升降机构成

贵阳普天物流技术有限公司研发的单立柱升降换层机如图8-28所示，该单立柱升降机包括立柱1和升降托盘2。

立柱1经底座3固定在地面4上。立柱1上有一组导轨5，升降托盘上有一组滚轮6，滚轮与导轨5滚动连接；立柱1底部的驱动电动机7，经减速器8与驱动链轮9连接；立柱1顶部的导向链轮10、驱动链轮9和链条11构成链传动机构。链条11两端与升降托盘连接。升降托盘2的顶面有穿梭车轨道12。升降托盘2的盘口两侧设有安全门13。安全门13与解锁装置14连接。

（2）工作过程及原理

当穿梭车需要换层时，升降托盘2运行至需要换层的穿梭车所在层的轨道处，使升降托盘2上的穿梭车轨道12与密集库上的穿梭车轨道对齐，解锁装置14解锁，安全门13打开，穿梭车从密集库上运行至升降托盘2上，安全门13关闭。然后升降机通过驱动电动机带动链条将升降托盘2提升或下降至下一层轨道处与密集库上穿梭车导轨对齐，解锁装置14解锁，安全门13打开，穿梭车从升降托盘2的轨道上进入密集库的轨道上，安全门13关闭，从而完成穿梭车的换层操作。

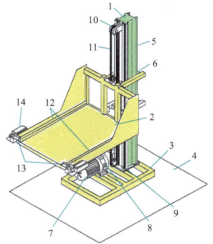

图8-28 穿梭车换层的单立柱机械

1—立柱；2—升降托盘；3—底座；4—地面；5—导轨；6—滚轮；7—驱动电动机；8—减速器；9—驱动链轮；10—导向链轮；11—链条；12—穿梭车轨道；13—安全门；14—解锁装置

（3）穿梭车用单立柱升降换层机械优点

为了适应穿梭车的需要在升降托盘的盘口设置安全门，以防止升降过程中穿梭车从升降托盘上坠落；安全门由解锁装置控制，为实现换层的自动化提供了有利条件。

该机构结构简单，速度高，采用简单结构便实现了原机构的功能，并可提高换层速度，从而大大提高了生产和安装效率，同时降低了成本，实现了密集库存储系统的进一步集成，可以大大提高密集库存储系统的出入库效率，降低人力物力，实现密集库存储系统内的穿梭车的快速换层，提高系统的工作效率。

密集式自动仓库穿梭车的单立柱换层升降机，可以简化换层装备、提高换层效率和出入库效率。

8.1.10 双工位穿梭车的传动装置

（1）改进前的双工位穿梭车的传动装置

在烟草加工工艺中，为了满足物料加工需求，常用一种双工位穿梭车来搬运200kg纸制烟箱。它通过固定轨道做往复直线运动，连接上下游设备输送200kg纸制烟箱。

① 技改前的双工位穿梭车构成。图8-29为技改前的双工位穿梭车构成。由车体1、车轮2、传动轴3、驱动电动机4、轨道5组成。

② 存在问题。车轮2与轨道5同为钢材制造，材料硬度与表面粗糙度接近。因车轮2与轨道5之间的摩擦系数较小，车体1沿轨道5运行时车轮2易出现打滑现象，造成双工位穿梭车在生产过程中出现运行缓慢或停止不动的故障现象。严重影响双工位穿梭车工作效率，

干扰后工序生产的正常进行,增加操作工、维修工劳动强度。

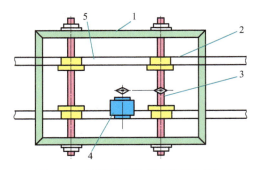

图 8-29　改进前的技术结构示意图

1—车体；2—车轮；3—传动轴；4—驱动电动机；5—轨道

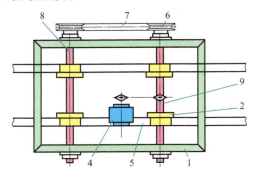

图 8-30　改进后的技术结构示意图

1—车体；2—车轮；4—驱动电动机；5—轨道；6—带轮；
7—传动带；8—后传动轴；9—前传动轴

（2）改进后的双工位穿梭车的传动装置

① 构成。河南中烟工业有限责任公司研制的双工位穿梭车的传动装置如图 8-30 所示。主要部件有车体 1、车轮 2、前传动轴 9、后传动轴 8、驱动电动机 4、轨道 5。

② 工艺连接。驱动电动机 4 与后传动轴 9 传动连接，前传动轴 8 和后传动轴 9 同侧一端分别设有带轮 6 并通过传动带 7 传动连接。传动带 7 为传动三角带。根据传动力矩需要，设定三角带根数。

改进后的双工位穿梭车改变了双工位穿梭车驱动方式，将原有两轮驱动增加为四轮驱动，使四个车轮在双工位移动皮带机使用过程中同时转动，四个车轮驱动力矩均衡平稳，消除双工位穿梭车在使用过程中出现的运行缓慢或打滑现象。

③ 优点。新型结构简单实用，安装简易，能提高车体行走效率，从而提高整体设备工作效率，提高物料输送能力。

8.1.11　具有爬坡功能的智能四向穿梭车

上海速锐信息技术有限公司研发的具有爬坡功能的智能四向穿梭车，不但能够前后左右四向行驶，而且在多层自动仓库中可以实现换道和换层运动，即爬坡运动。图 8-31 为智能四向穿梭车结构示意图。图 8-32 为智能四向穿梭车升降装置的结构示意图。图 8-33 为智能四向穿梭车驱动装置的结构示意图。图 8-34 为智能四向穿梭车托板与气缸活塞连接的结构示意图。总体构成及工艺如下：

① 此智能四向穿梭车，主要包括车体、升降装置、驱动装置和控制系统。升降装置、驱动装置和控制系统等固定在车体上。

② 在车体 1 的中央位置的电池组 9 通过导线分别与空压机 10 和伺服电动机 12 连接。

③ 升降装置包括空压机 10、储气罐 11、电磁阀集成盒 20、升降车轮气缸 6、升降托板气缸 15、气缸活塞 19、铰接机构 18 和托板 2。

④ 空压机 10 通过气管与储气罐 11 连接。储气罐 11 通过气管与电磁阀集成盒 20 连接。电磁阀集成盒 20 通过气管分别与升降车轮气缸 6 和升降托板气缸 15 连接。

⑤ 驱动装置包括伺服电动机 12、减速器 3、转向器 4、链条 7、固定长驱动轴 5、短驱动轴 16、升降驱动轴 14、转向器输出轴 17 和车轮 13。

⑥ 伺服电动机 12、减速器 3 和转向器 4 固定于车体 1 中部底板上面。伺服电动机 12 通

过联轴器与减速器 3 连接，减速器 3 通过链条 7 与转向器 4 连接。

⑦ 控制系统 8 包括控制电器和控制软件。控制电器包括工控机、继电器、变压器、编码器、驱动器和水平仪。

⑧ 穿梭车行驶轨道有横向和纵向之分。使用时，将穿梭车放置在横向轨道上，升降装置中的四个气缸活塞 19 上升顶起托板 2，使托盘与货架分离。此时与导轨接触的四个车轮 13 即为行走轮，其余四个车轮 13 悬空。驱动装置驱动穿梭车前进，当穿梭车到达纵横轨道交会处时，未接触轨道的四个车轮 13 在其余四个气缸活塞 19 顶力的作用下，下降一定高度，使已经接触的车轮 13 悬空。不同方向的四个车轮 13 的行走方向是相互垂直的。

⑨ 穿梭车能在平直轨道上做四向行驶工作，也可在一定坡度的轨道上行驶。

⑩ 能够在客户端对穿梭车进行远程控制。

⑪ 穿梭车通过电池组 9 提供电量，电池组 9 是通过智能变压器来进行充电及控制的。变压器通过 COM 串口与工控机相连，然后通过工控机与变压器的交互可以实现对输出电压电流及其他参数的设置和对电压、电流及充电量等其他参数的实时监控，并且还可以通过对历史记录的查看了解某段时间的电量消耗等。通过电池组 9 的供电可以让穿梭车稳定地工作在低压安全的环境下。

⑫ 工作人员通过向控制系统 8 的工控机发送指令来控制伺服电动机的运转，然后由伺服电动机带动穿梭车的运动。可以控制伺服电动机以不同的工作模式运转，来达到准确控制穿梭车运行参数的目的。

⑬ 控制电器可以让穿梭车停止在斜坡上，该器件的加入增强了伺服电动机 12 本身的制动功能，更保证了穿梭车能够及时准确地停止。

⑭ 优点和有益效果

a. 采用八个车轮实现穿梭车沿四个方向行驶。

b. 采用智能四向穿梭车的自动仓库只需留出几个出入口供货物进出，而无需人员和叉车进入库区即可实现货物进出仓库，提高了货物存取效率及仓库的空间利用率。

c. 控制系统是通过水平仪实现托板调平的，具备一定角度爬坡功能（不小于 15°），从而可以实现换层作业，节约了其他种类穿梭车换层需要的叉车和堆垛机，从而提高了效率，节约了投资。

d. 控制系统实现智能控制，整车工作具有全自动和半自动两种模式，较现有遥控器手动控制模式具有明显优势，运行效率高，可提高储量 40％～50％，节约投资 30％左右。

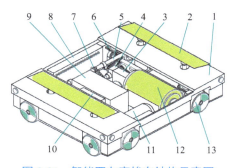

图 8-31　智能四向穿梭车结构示意图

1—车体；2—托板；3—减速器；4—转向器；5—固定长驱动轴；6—升降车轮气缸；7—链条；8—控制系统；9—电池组；10—空压机；11—储气罐；12—伺服电动机；13—车轮

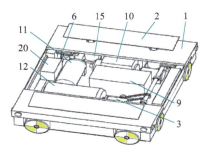

图 8-32　智能四向穿梭车升降装置的结构示意图

1—车体；2—托板；3—减速器；6—升降车轮气缸；9—电池组；10—空压机；11—储气罐；12—伺服电动机；15—升降托板气缸；20—电磁阀集成盒

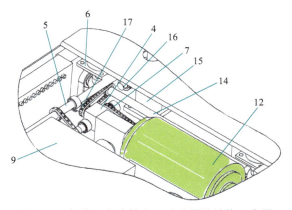

图 8-33　智能四向穿梭车驱动装置的结构示意图

4—转向器；5—固定长驱动轴；6—升降车轮气缸；7—链条；9—电池组；12—伺服电动机；14—升降驱动轴；15—升降托板气缸；16—短驱动轴；17—转向器输出轴

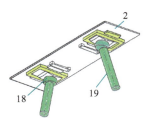

图 8-34　智能四向穿梭车托板与气缸活塞连接的结构示意图

2—托板；18—铰接机构；19—气缸活塞

8.2　智能穿梭车设计方案分析

8.2.1　智能穿梭车出入库流程

图 8-35 为智能穿梭车出入库流程。

（1）入库作业

入库作业流程：运输工具库外卸车—叉车搬运到储存区—扫描条形码并把数据传输到上位计算机—系统指定储区—把物料放入垂直升降机并提升到指定层数—同层横向输送机的穿梭车移动到升降机和辊筒输送机位置—叉取物料并送入横向深度位置。

（2）出库作业

出库作业流程如下：输入取货信息—上位机指令该区巷道穿梭车取货并送到同列货架端—同层横向穿梭车取货并送到辊筒输送机—垂直升降输送机—出库辊筒输送机—分类工作台—扫描集货—打包发货。图8-36为自动仓库智能穿梭车作业俯视图。

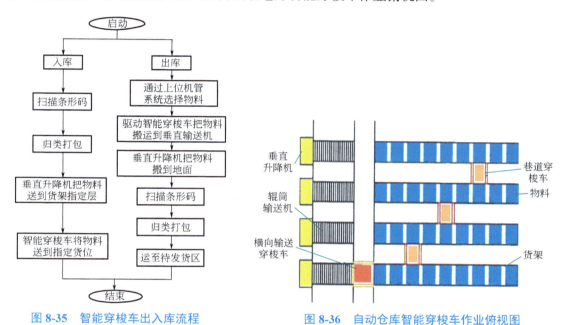

图8-35　智能穿梭车出入库流程　　　　图8-36　自动仓库智能穿梭车作业俯视图

8.2.2　智能穿梭车整体构成

穿梭车功能模块有行走、伸叉、电源、传感器和控制系统模块等。

智能穿梭车结构设计最主要是行走模块和伸叉模块的设计。图8-37为穿梭车各个模块之间的关系。

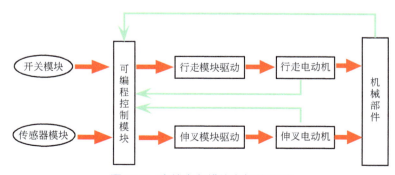

图8-37　穿梭车各模块之间的关系

8.2.3　智能穿梭车技术要求

穿梭车在货架直线轨道上运行，要求工作平稳、重载。具体设计要求如下：
① 车体具有较高强度和抗压能力，不变形，因此车身材料多选用合金板材压制而成。
② 车轮材料选用聚氨酯。聚氨酯具有高的耐磨性、耐腐蚀性以及耐油性等优点。橡胶车轮寿命短、耐磨性差、抗撕裂强度较差，故不选用。
③ 穿梭车的一般性能要求及主要技术参数见表8-2。

表 8-2　穿梭车的性能要求及主要技术参数

序号	项目	技术参数
1	车体自重 /kg	100
2	穿梭车最大载重 /kg	50
3	穿梭车外形尺寸 /mm	1000×900×300
4	物料外形尺寸 /mm	600×900×700，500×900×600，400×900×500
5	行走最大速度 /(m/s)	2（空载），1.5（负载）
6	行走定位精度 /mm	±2
7	伸叉定位精度 /mm	±2.5
8	供电方式	安全滑触线
9	通信方式	无线通信
10	报警方式	声光报警
11	运行定位方式	光电编码器定位及位置闭环的电动机控制方式

8.2.4　智能穿梭车安全装置设计

（1）电气联锁保护装置
穿梭车的货叉伸缩和行走装置是互锁的，即在巷道中水平行走时，必须保证货叉伸缩装置锁定在收缩状态，同样当穿梭车存取货物即伸叉机构工作时，行走机构是锁定的。

（2）检测装置
穿梭车必须具有物料超长、超宽和超高的检测装置，如激光测距、超声波反射、红外识别等。当检测到物料超过系统设定的最大长、宽或高时，穿梭车停止运行，并将情况反馈给上位机管理系统处理。

（3）货叉回位检测装置
穿梭车还具有检测货叉是否完全回位的装置。如果货叉没有完全回位，穿梭车就不能水平运行，以免发生事故。

（4）断电保护
如果发生意外断电时，行走和伸叉的电动机自动锁住电动机轴，穿梭车停止工作，将情况反馈给上位机管理系统，并保持断电时的工作状态。

（5）过载保护装置

一般超载限制器有机械式或电子式，集控制、显示、报警功能于一体。当伸叉机构存取的货物超过限定的最大负载值时，穿梭车的过载保护装置启动，穿梭车立刻停止工作，并将情况反馈给上位机管理系统。

（6）物理保护装置

当电子保护元器件失灵或者操作失误时，穿梭车碰撞不可避免。此时物理保护装置可以有效减少冲击力，降低车体的损坏程度。一般在车体周围安装挡板或者在穿梭车关键部位放置橡胶等防撞装置。

（7）异常对策装置

当异常状况发生时，禁止穿梭车运行，且发出警报声。

8.2.5 穿梭车参数

智能穿梭车的车身采用合金板材压制而成，这种材料强度较高且不易变形。表 8-3 为常用穿梭车的具体参数。

表 8-3 穿梭车参数

项目	技术参数
行走方式	沿轨道水平往复运动
存/取方式	伸叉机构驱动货叉收缩
驱动方式	电动机驱动
负载能力 /kg	50
穿梭车尺寸 /mm	1000×900×300
货位尺寸 /mm	1000×700×800
货叉机构最大伸出行程 /mm	900

8.2.6 电动机功率计算

选择直流电动机，其优点是在巷道中往复运行、变换位置以及快速出入库时平稳调速。采用滑触线供电。行走和伸叉的电动机选用无刷直流电动机，可降低金属货架的电磁干扰。

（1）行走电动机

行走电动机功率 P 由平稳运行的静态功率 P_1 和加速启动时的动态功率 P_2 构成。

① 穿梭车承载最大负载稳定运行的电动机静态功率 P_1：

$$P_1 = \frac{Fv}{1000\eta} \tag{8-1}$$

式中　P_1——工作机实际需要电动机静态功率，kW；

　　　F——穿梭车所受工作阻力，N；

　　　v——穿梭车承载最大载荷时的线速度，m/s；

　　　η——传动装置总效率。

设穿梭车自重为 m_1=100kg，最大载荷 m_2=50kg，穿梭车最大载荷时的最大运行速度 v=1.5m/s，传动装置总效率 η=0.97。穿梭车克服车轮与轨道的摩擦力为 f_1，空气阻力为 f_2，行走车轮直径 D=200mm，车轮材料为聚氨酯，车轮与刚性导轨之间摩擦系数 μ=0.4，重力加速度 g=9.8m/s^2。

图 8-38 为穿梭车行驶过程受力示意图。

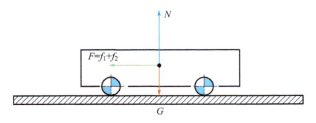

图 8-38 穿梭车受力图

穿梭车室内行驶空气阻力可忽略不计。

则：$F=f_1=\mu(m_1+m_2)g=588\text{N}$，把 F 和 v 值代入公式：

$$P_1 = \frac{Fv}{1000\eta}$$

得 P_1=909W

② 穿梭车加速运行时所需动态功率 P_2：

$$P_2 = \frac{G_m \sum v^2}{9800 t_1} + \frac{1.1m(GD_M^2 + GD_C^2)\sum n^2}{365000 t_1} \tag{8-2}$$

公式（8-2）中第一部分最为重要，即穿梭车直线运动时，由穿梭车和物料总质量引起的加速时的动态功率。第二部分按照经验取值约为第一部分的 15%。即：

$$P_2 = \frac{1.15 G_m \sum v^2}{9800 t_1} \tag{8-3}$$

式中　P_2——工作机械实际需要的电动机动态功率，kW；

　　　G_m——运动部分总重力，N；

　　　v——穿梭车承受最大载荷运行时的线速度，m/s；

　　　t_1——穿梭车启动时间，s。

由于：$\sum G_m = (m_1+m_2)g = 1470\text{N}$，$t_1$=2s。把相关数据代入公式（8-2），得：

$$P_2 \approx 194\text{W}$$

穿梭车行走电动机功率 $P \geq P_1+P_2=909+194=1103(\text{W})$。

根据电动机手册初选穿梭车电动机为：功率为 1243W 的 120WS13 无刷直流电动机，其转矩为 4.75N·m，转速为 2500r/min。穿梭车运行需要总驱动力矩 $M=\dfrac{FD}{2}=58.8$N·m。由此，减速比最小值 $i_{min}=\dfrac{58.8}{4.75}=12.38$。

穿梭车负载运行速度 v=1.5m/s，行走车轮直径 D=200mm，行走轴的转速为：

$$n = \frac{v}{\pi d} = \frac{1.5}{3.14 \times 0.2} \approx 2.39 \text{r/s} = 143 \text{r/min}$$

可得减速比最大为 $i_{max} = \frac{2500}{143} = 17.48$。

最后选择行走电动机减速比为 17 的 120ZWS 无刷直流减速电动机，其外形尺寸为 ϕ120mm×246mm。

（2）伸叉电动机确定

因穿梭车车体自重为 m_1=100kg，最大载重为 m_2=50kg，可取货叉活动部分重量为 m=20kg，货叉伸缩时滚动摩擦系数 μ=0.15。传动效率 η=0.9×0.98≈0.882。其中，0.9 为减速电动机传动效率，0.98 为齿轮传动效率。

可用以下的公式计算出货叉的最佳伸缩速度：

$$v_叉 \approx 0.5\sqrt{B \times a_z} \tag{8-4}$$

式中　$v_叉$——货叉最佳伸缩速度，m/s；
　　　B——货架宽度，B=0.9m；
　　　a_z——货叉伸缩的加/减速度，a_z=2m/s²。

$$v_叉 \approx 0.5\sqrt{B \times a_z} = 0.5\sqrt{0.9 \times 2} \approx 0.67(\text{m/s}) \approx 40.25(\text{m/min})$$

货叉伸缩阻力：

$$f = \mu(m_2+m)g = 102.9 \text{（N）}$$

伸缩叉时需要动力：

$$P = \frac{fv_叉}{\eta} \approx 76.6\text{W}$$

初选功率为 85W 的 57ZWS02 无刷直流电动机，该电动机的额定转矩为 0.27N·m，额定转速为 3000r/min。该电动机的外形尺寸为 ϕ57mm×85mm。

8.2.7　行走机构结构设计

行走机构为穿梭车直线往复行走提供驱动力，主要包括确定动力源、选定驱动方式、分析导向装置、计算行走轴等。

行走电动机通过传动轴把动力传递给两端的行走车轮，从而驱动穿梭车直线往复运动，同时在车体左右两侧各安装有紧贴导轨的导向轮，以防穿梭车在运行中出现大幅度的摆动或路径偏离。

（1）前轮转向后轮驱动式

图 8-39 为前轮转向后轮驱动式穿梭车机械结构示意图。前面两个转向轮和后面两个驱动轮分别由独立电动机驱动，机械结构简单。

（2）前转向轮为驱动轮式

图 8-40 为前轮转向并驱动穿梭车前后移动的本体机械结构示意图。

当采用前轮驱动时，穿梭车在起步提速时车体重心后移，致使前轮对地面的压力减小，前轮与地面的摩擦也随之减小，导致前轮驱动时起步性能较差。

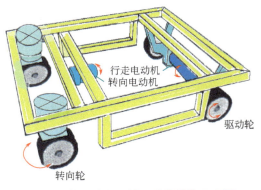 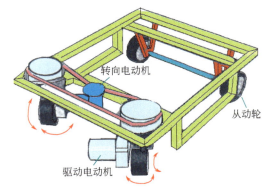

图 8-39　前轮转向后轮驱动式结构示意图　　图 8-40　前轮转向并驱动车体移动的结构示意图

当采用后轮驱动时，穿梭车在减速停车时车体重心前移，使后轮对地面的压力减小，后轮与地面的摩擦也随之减小，使后轮驱动时减速性能较差。

当采用四轮驱动时，动力源同时驱动四个车轮，传动效率较高，可控性较好。但是电动机数量增加，致使车体重量和成本增加。

在货架巷道间的轨道上行驶的穿梭车，主要功能是快速完成货物在自动仓库中的入库、出库作业，无需穿梭车的转向功能，故采用两轮或四轮驱动式结构的智能穿梭车为宜。

（3）导向装置选择

导向装置一般选择滚动轴承为宜。穿梭车沿巷道内固定轨道运行时，车辆的加速或减速对车体的直线运行都会产生影响，这就要求有良好的适应这种变化的导向装置。导向装置一般安装在车体的左右两侧，并始终压靠在导轨面上，通过限制穿梭车左右方向的移动来避免车体与轨道侧壁间产生摩擦或碰撞，从而确保穿梭车沿轨道直线运行。

8.2.8　行走轴的计算

轴的设计主要包括材料的选取、尺寸计算及结构化、刚度和强度的相关校核。常用轴的材料很多，一般选用 45 钢，并经过调质处理和精确加工。在确定轴承位置、载荷点及必要空间之后则可确定轴的长度。通过求支点反力和弯矩等方法来计算轴的大小并结构化，其基本计算公式如下：

$$\sigma = \frac{M_v}{0.1d^3} = \frac{10 \times \sqrt{M^2+(\alpha T)^2}}{d^3} \leqslant [\sigma_{-1}] \quad (8-5)$$

式中　σ——轴的计算截面上的工作应力，MPa；

M_v——轴计算截面的当量弯矩，N·mm；

M——轴计算截面上的合成弯矩，N·mm；

α——考虑转矩和弯矩的作用性质差异的系数；

T——轴计算截面上的转矩，N·mm；

d——轴的直径，mm；

$[\sigma_{-1}]$——对称循环的许用弯曲应力，MPa。

穿梭车负载运行时，平均每个车轮承受穿梭车和物料总重量的 1/4（约 3750N），而行走轴受到车轮处的支反力产生的弯矩和电动机传输的转矩。每个车轮处的支点反力 $F_0=G/4=367.5N$。

初选轴的支撑位置，即车轮与光轴支撑座之间的距离 $L=30\text{mm}$。分析行走轴的受力情况可知，轴所受载荷作用在光轴支撑座上，所以行走轴的危险截面为轴承支撑处。

则支座处弯矩 M：

$$M=F_0L=1025\text{N}\cdot\text{mm}$$

根据转矩性质确定折算系数 α，即当切应力按对称循环变化时 $\alpha=1$，当切应力按脉动循环变化时 $\alpha\approx 0.6$，当切应力不变化时 $\alpha\approx 0.3$。一般传动轴的弯曲正应力对称循环变压力，取 $\alpha=1$。

计算传动轴承受的转矩 T：

$$T=\frac{9550P}{n} \tag{8-6}$$

式中 T——轴计算截面上的转矩，$\text{N}\cdot\text{m}$；
P——电动机输出功率，W；
n——电动机输出转速，r/min。

把 P、n 数值代入公式（8-6），得：

$$T=4748.26\text{N}\cdot\text{m}$$

轴的材料为 45 钢调质处理，其许用应力 $[\sigma_{-1}]=40\text{MPa}$，将上述求得的各值代入公式（8-5），最终求得 $d\geqslant 14.42\text{mm}$。选取轴的直径 $d=20\text{mm}$。

8.2.9　行走机构结构形式

图 8-41 为行走机构传动示意图。该机构主要包括行走轮、轴承座、传动轴、行走电动机、齿形皮带传动副等。

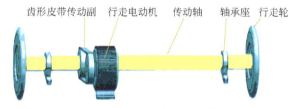

图 8-41　行走机构传动示意图

8.2.10　伸叉机构组成及其原理

伸叉机构的工艺动作：接收到出库或入库（取货或存货）指令—穿梭车自动运行到货架的指定位置—伸叉电动机驱动货叉伸出并取出或存入货物—货叉缩回车体—完成命令。

伸叉机构运行时货叉板并不承受所载货物的重量，只承受活动部分货叉的重力和货叉板之间相对运动的摩擦力。

伸叉机构主要部件包括伸叉电动机、货叉板、动力传输机构、工字形导轨、轴承、拨叉机构等。

8.2.10.1　机械传动方案的分析与选择

穿梭车在自动化仓库中的主要任务是完成存货、取货，其工作性能取决于伸叉机构的机械传动装置的性能。

常用的货叉伸缩传动方式有齿轮齿条传动、同步带传动等。

（1）齿轮齿条传动

图 8-42 为齿轮齿条传动机构，即将齿轮的回转运动转变为齿条的直线往复运动，或将齿条的直线往复运动转变为齿轮的回转运动。

该机构优点是结构紧凑、传动效率和精度高、承载量大、工作可靠、传动比稳定、寿命长。特别是斜齿轮齿条机构由于重叠系数大于直齿轮，传动平稳、噪声小。

（2）同步带传动

同步带也叫齿形带，图 8-43 为同步带传动机构，该机构由主动轮、从动轮和同步带组成。其工作原理是利用齿形带与主动轮和从动轮啮合来传递旋转运动和动力，是综合了齿轮传动、链传动、带传动各自优点的一种新型传动方式。

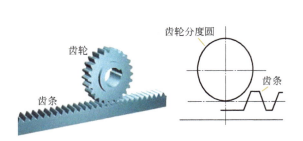

图 8-42 齿轮齿条传动机构

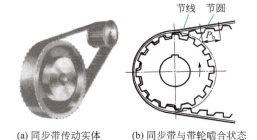

图 8-43 同步带传动机构

该机构优点是结构简单、传动平稳、传动精度高，可以缓冲吸振，而且不需润滑、成本低、有良好的挠性和弹性、运转噪声低、使用维护方便。

图 8-44 为同步带在物流输送机中的应用。图 8-45 为智能四向穿梭车实体。

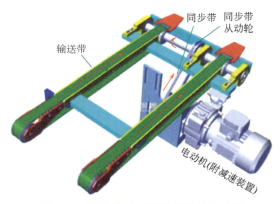

图 8-44 同步带在物流输送机中的应用

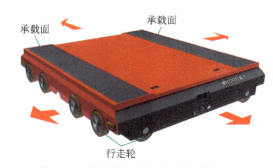

图 8-45 智能四向穿梭车实体（南京音飞）

8.2.10.2 伸叉机构的工作原理

（1）同步带三层直线差动机构选择分析

虽然穿梭车传动行程不大，但要求传动快速、平稳、伸叉定位精度达 ±2.5mm。为了实现穿梭车在货架巷道内双向取货，伸叉机构必须双向驱动和伸缩，且货叉宽度在收缩状态时要比巷道的宽度小，而完全伸展后的长度要大于巷道宽度，小于巷道和单排货架宽度的总和。因此必须使用三层货叉直线差动机构才能满足作业要求。

同步带三层直线差动机构由三层货叉板（下叉、中叉、上叉）、下叉与中叉之间的动力传输机构、中叉与上叉之间的动力传输机构组成。

三层直线差动机构多用同步带轮机构、齿轮齿条机构或者同步带与齿轮齿条机构的组合。

图 8-46 为同步带三层货叉机构采用同步带示意图。中叉和上叉之间采用同步带传动机构，图 8-46（a）为三层货叉收缩状态，图 8-46（b）为三层货叉伸出状态。由图可知，在中叉的左右两端各安装一个同步轮，与左端同步轮啮合的同步带分别固定在上叉和下叉的右端，与右端同步轮啮合的同步带分别固定在上叉和下叉的左端，既可以平衡总体装置的受力情况，又可以实现货叉的双向驱动和双向取货。当中叉水平移动时，上叉在同步带传动机构的作用下，相对中叉同方向移动两倍的距离，达到行程增倍的目的。

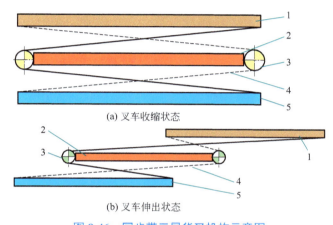

图 8-46 同步带三层货叉机构示意图

1—上叉；2—中叉；3—同步轮；4—同步带；5—下叉

（2）同步带和齿轮齿条机构组合的伸叉机构工作原理

① 伸叉机构的组成。图 8-47 为同步带和齿轮齿条组合的伸叉机构示意图。图 8-47（a）为三层货叉收缩状态示意图，图 8-47（b）为三层货叉全伸状态示意图。伸叉机构主要由伸叉电动机、下叉、中叉、上叉、工字形导轨、导轨滚轮轴承、齿轮齿条传动机构、同步带传动机构、拨叉机构等组成。

a. 下叉：固定在穿梭车上，靠近中叉一侧装有起导向支撑作用的导轨滚轮轴承。

b. 中叉：与工字形导轨相连。

c. 上叉：靠近中叉的一侧装有起导向支撑作用的导轨滚轮轴承。

d. 齿轮齿条传动机构：在中叉靠近下叉的侧面固定有齿条，下叉与中叉之间有齿轮，且齿轮通过支架固定在下叉上。

e. 同步带传动机构：在中叉左右两端对称位置固定分别有一个相同的同步轮，这两个同步轮和齿轮齿条机构的齿轮被包络在同步带内，中叉与上叉之间的同步带上固定有一个滑台，上叉通过滑台与同步带固定在一起。

f. 拨叉机构：由电动机、轴、联轴器、拨叉等构成，该机构置于上叉的上端。

② 伸叉机构的工作原理。伸叉电动机驱动齿轮旋转，则齿条与中叉水平移动，中叉相对于下叉伸出距离为 L_1。上叉在同步带机构的驱动下与中叉同方向水平移动，相对于中叉伸出距离为 L_2。结果，上叉相对于固定下叉水平移动的距离为 L，$L=L_1+L_2$，即为货叉所伸

出的总行程。

齿轮顺时针旋转时,驱动中叉、上叉向右伸出,而当齿轮逆时针旋转时,驱动中叉、上叉向左伸出,由此实现货物入库(存货)、出库(取货)的动作。

下叉与中叉之间的动力传输采用齿轮齿条传动机构,图 8-48 为齿轮齿条副啮合状态。当伸叉电动机启动时,齿轮旋转,齿条水平移动,且移动的速度和行程为齿轮旋转的两倍,这样就完成了速度和行程的增倍。

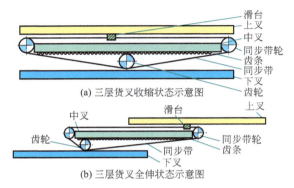

图 8-47　同步带和齿轮齿条机构组合的伸叉机构工作原理示意图

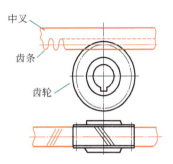

图 8-48　齿轮齿条副啮合状态

8.2.11　货叉传动机构动力计算

为使穿梭车存取货物时动作灵敏可靠,货叉动力传输机构应尽可能减少机构运动间隙和摩擦力;因为穿梭车工作空间受限,为合理利用高层货架的空间,动力传输机构在满足刚度要求和货叉双向伸缩、双向取货的前提下,应尽可能降低车体高度,结构也应尽量简单紧凑。

(1)齿轮齿条传动机构的计算

① 齿轮、齿条的材料选取。一般齿轮、齿条选用 45 钢,调质、淬火处理、精度 7 级。

② 按齿面接触疲劳强度计算。齿轮的分度圆直径试计算公式:

$$d_1 \geqslant \sqrt[3]{\frac{2KT}{\phi_d} \times \frac{\mu \pm 1}{\mu} \left\{ \frac{Z_H Z_E}{[\sigma_H]} \right\}^2} \tag{8-7}$$

查询《机械设计》手册,确定公式(8-7)内的相关数值。

③ 选取使用系数 K_A=1;动载系数 K_v=1.2;齿间载荷分配系数 K_α=1.2;齿向载荷分布系数 K_β=1.19。由此求得载荷系数 $K=K_A K_v K_\alpha K_\beta$=1.7136。

④ 选取圆柱齿轮的齿宽系数 ϕ_d,因齿轮做悬臂布置,可查得 ϕ_d=0.4～0.6,又因齿轮为软齿面,所以 ϕ_d 取偏下限的数值,则取 ϕ_d=0.4。

⑤ 齿轮传递的转矩:

$$T = \frac{95.5 \times 10^5 \times P}{n} \approx 2533.08 \text{N} \cdot \text{m}$$

⑥ 选取螺旋角 β=0;α=20°;Z_1=20。

⑦ 齿轮齿条传动是将齿轮的回转运动转变成齿条的直线往复运动,因为齿条相对齿轮来说可以看成无限长,所以传动比 μ 可以看成无穷大。即:

$$\frac{\mu \pm 1}{\mu} = 1$$

⑧ 选取区域系数 Z_H=2.5；弹性影响系数 Z_E=189.8。
⑨ 许用接触应力：

$$[\sigma_H] = \frac{K_{HN}\sigma_{lim}}{S} \quad (8-8)$$

式中，疲劳强度安全系数 $S=S_H=1$；接触疲劳寿命系数 K_{HN}=0.98；齿轮的疲劳极限 σ_{lim}=600MPa。
由此求得：

$$[\sigma_H] = \frac{K_{HN}\sigma_{lim}}{S} = (0.98 \times 600)/1 = 588(\text{MPa})$$

综合以上计算数值代入公式（8-7），得

$$d_1 \geq \sqrt[3]{\frac{2KT}{\phi_d} \times \frac{\mu \pm 1}{\mu} \left\{\frac{Z_H Z_E}{[\sigma_H]}\right\}^2} = \sqrt[3]{\frac{2 \times 1.7136 \times 2533.08}{0.4} \times 1 \times \left(\frac{2.5 \times 189.8}{588}\right)^2} \approx 24.18(\text{mm})$$

最终求得：$d_1 \geq 24.18$mm。
⑩ 计算模数和齿轮分度圆直径。齿轮模数 $m=d_1/Z=24.18/20=1.209$，取标准模数为 1.5。根据圆整后的模数求分度圆直径：

$$d = mZ = 30\text{mm}$$

则圆周速度：

$$v = \frac{\pi dn}{60} \approx 0.503 \text{m/s}$$

⑪ 齿轮几何参数计算
按照《机械设计手册》渐开线标准直齿圆柱齿轮传动几何尺寸计算公式计算即可，在此略。

（2）同步带传动机构的计算
带轮材料常采用灰铸铁、钢、铝合金或工程塑料等，这里选用应用最广泛的灰铸铁。表 8-4 为不同齿形同步带的区别，根据穿梭车的实际应用场合，同步带型选择梯形齿（普通转矩传动）。确定同步带主要是确定其带型、带长、带宽。通过查询《机械设计手册》，确定以下各计算数值。
① 确定同步带的设计功率 P_d。要求传动装置实现上叉相对于中叉速度和行程增倍即可，增速传动比 $i=2$。根据穿梭车运行的工作环境和负载情况，可取载荷修正系数 K_A=1.5。在增速传动中，选取 K_A 时，要增加一定的系数值，查表可知当增速比为 1.75~2.49 时，要增加的系数为 0.2。因此最终取 K_A=1.5+0.2=1.7。

$$P_d = K_A P = K_A P_{额} \eta_{齿} = 1.7 \times 85 \times 0.98 \approx 0.142(\text{kW})$$

表 8-4 不同齿形同步带的区别

齿形	型号	应用场合
梯形齿	MXL、XL、L、H	普通转矩传动
	T	轻载传动、普通传动
	AT	高负载传动
	SOT	高转矩传动
圆弧齿	POM	高转矩传动
	UPPM	超高转矩传动

② 选定带型和节距。根据 $P_d \approx 0.142\text{kW}$ 和 $n_{齿} = \dfrac{v_{叉}}{\pi d} = \dfrac{40.25}{3.14 \times 0.03} = 427(\text{r}/\min)$，选择 L 型齿形带，节距 P_b=9.525mm，基准宽度 b_s=25.4mm。

③ 为使上叉相对于中叉实现速度和行程的增倍效果，其带速：
$$v = 2v_{叉} = 2 \times 0.67 = 1.34 \text{（m/s）}$$

④ 带长。能将两个同步轮和齿轮齿条传动机构的齿轮都封闭在内，满足刚度要求，能正常运动即可。

⑤ 根据带型 L 查得，基准宽度同步带的许用工作拉力 T_a=244.46N，单位长度的质量 m=0.095kg/m，则基本额定功率：
$$P_o = \dfrac{(T_a - mv^2)v}{1000} = \dfrac{(244.46 - 0.095 \times 1.34^2) \times 1.34}{1000} \approx 0.327(\text{kW})$$

⑥ 查表可知，L 型带的基准宽度 b_{s0}=25.4mm，K_s=1，则所需带宽：
$$b_s = b_{s0} \sqrt[1.14]{\dfrac{P_d}{K_s P_0}} = 25.4 \times \sqrt[1.14]{\dfrac{0.142}{1 \times 0.327}} \approx 12.22(\text{mm})$$

根据结果查表选取带宽代号为 50 的 L 型带，其 b_s=12.7mm，即选择同步带为 L50。

8.2.12 伸叉机构基本结构形式

巷道穿梭车根据指令行走到货架的指定位置时，伸叉电动机驱动货叉向货架内取出或送入货物，完成取货或存货动作。其主要部件包括伸叉电动机、齿轮齿条传动机构、同步带传动机构、下叉、中叉、上叉、工字形导轨、导轨滚轮轴承、拨叉机构等。图 8-49 为伸叉机构三维示意图。

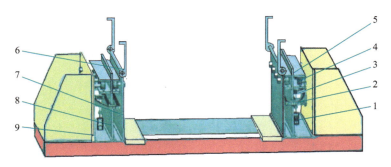

图 8-49　伸叉机构三维示意图

1—伸叉电动机；2—同步带传动机构；3—齿轮齿条传动机构；4—导轨滚珠轴承；5—工字形导轨；
6—拨叉机构；7—上叉；8—中叉；9—下叉

参 考 文 献

[1] 刘昌祺. 物流配送中心设计. 北京：机械工业出版社，2002.
[2] 刘昌祺. 自动化立体仓库设计. 北京：机械工业出版社，2004.
[3] 广重茂延. 倉庫自動化システムハンドブック. 東京：流通研究社，2000.
[4] 菊田一郎. 物流配送ャンターシステムハンドブック. 東京：流通研究社，2001.
[5] 菊田一郎. 物流ャンターシステム事例集Ⅱ. 東京：流通研究社，2000.
[6] 菊田一郎. 物流システム机器ハンドブック. 東京：流通研究社，1999.
[7] 间野 勉. 无人搬运车システム事例集. 東京：流通研究社，2002.
[8] 三野重和. 物流设备机器计划. 设计ハンドブック. 東京：流通研究社，2002.
[9] 间野勉. 物流机器システム综合カタログ集. 東京：流通研究社，2003.
[10] 大和田国男. 自动搬运. 東京：ジャパンマシニスト社，1990.
[11] 间野勉. 自动仕分けシステムハンドブック. 東京：流通研究社，2002.
[12] 间野勉. 回转ラシクシステムハンドブック. 東京：流通研究社，2001.
[13] 石川与法. 配送ャンター设计の实务. 東京：物流技术情报ャンター，1994.
[14] 福原元一. 立体自动仓库システム设计通则. 東京：日本规格协会，1995.
[15] A.A. 斯麥霍夫. 自动化仓库. 北京：机械工业出版社，1984.
[16] JB/T 7016—1993 有轨巷道堆垛起重机技术条件.
[17] 孙海蛟，黃國鐘. 物流倉儲設備手冊. 臺北：經濟部商業司，1997.
[18] 王鹰. 连续输送机械设计手册. 北京：中国铁道出版社，2001.
[19] 《运输机械设计选用手册》编辑委员会. 运输机械设计选用手册（下）. 北京：化学工业出版社，1999.
[20] RCC 搬送機器研究會. 物流机器、机材の基礎知識. 東京：流通研究社，2009.
[21] [物流センタ-構築計畫マニュアル] 研究會. PDO ハンドブック 物流センタのシステム構築. 東京：流通研究社，2010.
[22] 刘昌祺，金跃跃. 仓储系统设施设备选择及设计. 北京：机械工业出版社，2010.
[23] 中华人民共和国商务部. 冷库设计规范. 北京：中国计划出版社，2010.
[24] 陈绍桥. 国外高层自动化冷库情况介绍. 冷藏技术，1994.
[25] 谈向东. 日本冷库考察记实. 冷藏技术，2008.
[26] 陈绍桥. 日本的立体自动化冷库. 冷藏技术，2003.
[27] 真島良雄. 物流基礎知識. 東京：流通研究社，2005.
[28] 宋曼华，等. 钢结构设计与计算. 北京：机械工业出版社，2003.
[29] 刘昌祺，等. 物流配送工程管理技术及其设计应用. 北京：中国物资出版社，2010.
[30] 刘昌祺，徐正林. 自动化立体仓库实用设计手册. 北京：机械工业出版社，2009.
[31] 刘昌祺. 物流配送中心拣货系统选择及设计. 北京：机械工业出版社，2005.
[32] Material Flow. RFID 實踐實例集. 東京：流通研究社，2009.
[33] 日本規格協會. 物流. 東京：日本規格協會，2007.
[34] Material Flow. 超高精度ピッキングシステムで都市型の機能高度化を追求. 東京：流通研究社，2009.
[35] Material Flow. 國內最大規模の冷凍物流きよてん，自動化で品質と效率徹底追求. 東京：流通研究社，2010.

[36] Material Flow. [コスト削減と省力化]をテーマに物流改善を提案します. 東京：流通研究社，2010.

[37] Material Flow. [ピースピッキングに先進システム，ミス激減と作業効率化を實現]. 東京：流通研究社，2010.

[38] 中国物品编码中心. 物流标准汇编. 北京：中国标准出版社，2010.

[39] "物流技術與戰略. 現代物流"編輯部. 物流中心營運案例集Ⅱ. 臺北：物流技術與戰略雜誌社，2008.

[40] 原田啟二. 物流經營戰略の新常識. 東京：流通研究社，2011.

[41] GB/T 27924—2011　工业货架规格尺寸与额定荷载.

[42] 刘昌祺，王倪明，张俊霖. 物流配送中心设计及其应用. 北京：机械工业出版社，2013.

[43] 金跃跃，刘昌祺. 物流储存分类机械及实用技术. 北京：中国财富出版社，2013.

[44] 广重茂延. 物流情報機器システム綜合カタログ集. 東京：流通研究社，2010.

[45] 石田俊廣. 生產情報システム. 東京：同友館發行社，2003.

[46] 唐澤豐. 現代ロジステイクス概論. 東京：NTT出版社，2000.

[47] JB/T 9018—2011　自动化立体仓库设计规范.

[48] SB/T 10166—1993　金属轻型组合货架.

[49] 田奇. 仓储物流机械与设备. 北京：机械工业出版社，2008.

[50] 長谷川 勇. 圖解物流改善. 東京：株式會社經林書房出版社，2000.

[51] 刘昌祺，刘庆立，蔡昌蔚. 自动机械凸轮机构实用设计手册. 北京：机械工业出版社，2012.

[52] 间野勉. ロジステイクス情報システムハンドブック. 東京：流通研究社，2010.

[53] GB/T 2934—2006　联运通用平托盘　主要尺寸及公差.

[54] GB/T 4995—1996　联运通用平托盘　性能要求.

[55] GB/T 4996—1996　联运通用平托盘　试验方法.

[56] 彭国勋. 物流运输包装设计. 北京：印刷工业出版社，2006.

[57] 中国物品编码中心中国标准出版社第四编辑室. 物流技术卷集装单元化器具分册. 北京：中国标准出版社，2010.

[58] 金跃跃，刘昌祺，杨玮. 物流仓储配送系统设计技巧450问. 北京：化学工业出版社，2015.

[59] 郑保华，刘昌祺. 现代物流中心构筑实用手册. 北京：化学工业出版社，2016.

[60] 徐正林，刘昌祺，毛建云，等. 一本书看懂现代化物流. 北京：化学工业出版社，2017.